Volume 3

# História da Literatura no Rio Grande do Sul

Publicado com o apoio de:

UFRGS
PPGLET
PROGRAMA DE PÓS-GRADUAÇÃO EM LETRAS

CAPES

PPGL
PROGRAMA DE PÓS-GRADUAÇÃO EM LETRAS

Brazil LAB
Princeton University

**Luís Augusto Fischer**
Coordenador geral

# História da Literatura no Rio Grande do Sul

Volume 3

## A Era Erico

Anos 1930 a 1950

coragem

Editora da furg

Porto Alegre e Rio Grande
2024

*Organização e coordenação geral*
**Luís Augusto Fischer**

*Capa e projeto gráfico*
**Flávio Wild**

*Diagramação e produção editorial*
**Thomás Daniel Vieira**

*Preparação de texto*
**Cláudia Laitano, Laura Rossini dos Santos e Rodrigo Ennes**

*Revisão final*
**Mauro Nicola Póvoas, Nathália Boni Cadore e Olívia Barros de Freitas**

*Fotografia da capa*
**Acervo do Museu de Porto Alegre Joaquim Felizardo**

EDITORA CORAGEM
www.editoracoragem.com.br
contato@editoracoragem.com.br
(51) 98014.2709

Dados Internacionais de Catalogação na Publicação (CIP)

E65 A Era Erico: anos 1930 a 1950 / Luís Augusto Fischer, coordenador; Fábio Augusto Steyer ... [et al.]. – Porto Alegre: Coragem; Rio Grande: Editora da FURG, 2024.
392 p. : il. – (História da Literatura no Rio Grande do Sul; v.3)

ISBN: 978-65-85243-32-2

1.Literatura – Rio Grande do Sul – História. 2. Romance – Literatura gaúcha. 3. Verissimo, Erico. 4. Romance de 30 – Rio Grande do Sul. 5. Quintana, Mario. 6. Cesar, Guilhermino. 7. Pinto, Aureliano de Figueiredo. 8. Machado, Dyonelio. I. Fischer, Luís Augusto. II. Steyer, Fábio Augusto. III. Série.

CDU: 869.0(816.5)(091)

Bibliotecária responsável: Jacira Gil Bernardes – CRB 10/463

Editora da FURG
Campus Carreiros
Avenida Itália, km 8
CEP 96203-900
Rio Grande – RS – Brasil
editora@furg.br

# Sumário

A Era Erico: anos 1930 a 1950

Fábio Augusto Steyer

# 3.1

# Contexto da Era Erico

Na primeira metade do século XX, período em que os escritores da Era Erico publicaram boa parte de suas obras, o Brasil foi profundamente marcado por uma série de transformações decisivas para os rumos da história do país. Ainda no final do século XIX, a Abolição da Escravatura (1888) e a Proclamação da República (1889) já prenunciavam algumas dessas mudanças; soma-se a isso o incremento do processo de chegada dos imigrantes europeus, intensificado a partir de 1870.

O coronelismo, a "política dos governadores" e a "política do café com leite" da República Velha foram abalados a partir da 1ª Guerra Mundial, que teve como consequência alterações bastante profundas na ordem econômica global. Como afirma José Hildebrando Dacanal, "o antigo sistema exportador de matérias-primas alimentícias e importador de manufaturados esgotara suas possibilidades".[1] O processo de substituição de importações, aliado a um crescente incremento da industrialização e dos processos migratórios, estimulou a urbanização e o surgimento de novos atores sociais, especialmente as classes médias e o movimento operário, cada qual buscando seu espaço de participação na sociedade. A crise econômica gerou uma série de manifestações políticas através das quais os diferentes segmentos sociais buscavam apresentar suas reivindicações, tais como as primeiras atuações

1. José Hildebrando Dacanal, *O Romance de 30*, p. 20.

do movimento operário, a Revolta da Chibata (1910), o levante do Forte de Copacabana (1922), a Revolta Paulista (1924) e a Coluna Prestes (1924–1927), entre outros movimentos ligados àquilo que ficou conhecido como "tenentismo".

A Grande Depressão de 1929 desestruturou de vez a chamada "política do café com leite", resultando na Revolução de 30, marco de novas e profundas mudanças no País, capitaneadas pelos governos de Getúlio Vargas, que compreenderam, em parte, o chamado período entre guerras, de amplo desenvolvimento da obra literária dos autores da geração de Erico Verissimo.

A Revolução de 30 talvez represente, pelo menos de forma simbólica, a passagem definitiva de um Brasil agrário para um Brasil em crescente processo de urbanização e industrialização, em que as velhas estruturas oligárquicas definitivamente entraram em crise, abrindo espaço para novos atores sociais e novas estruturas políticas e econômicas, processo, aliás, intensamente retratado pela literatura gaúcha e brasileira a partir de então, como veremos a seguir. Como afirma o historiador Luciano Aronne Abreu, os pronunciamentos de Getúlio Vargas às vésperas da Revolução revelam

> [...] o desejo de fazer com que a revolução marcasse o fim de uma era na história política brasileira. Depois de passadas as arbitrariedades, fraudes, falta de liberdade, corrupção, a revolução de 30 iniciava uma nova era, sob a liderança de Getúlio Vargas, que promoveria as reformas necessárias para o desenvolvimento do Brasil. Vitoriosos, os revolucionários, em discurso próprio formulado, apresentam-se como regeneradores da política e da República brasileira, e têm em Vargas o grande líder e mentor.[2]

O Rio Grande do Sul foi marcado, nesse período, por sucessivos governos de orientação positivista, desde o final do século XIX, com Júlio de Castilhos (1893–1898), até as gestões de Borges de

2. Luciano Aronne Abreu, *Getúlio Vargas*: a construção de um mito (1928–1930), p. 113.

Medeiros (1898–1908 e 1913–1928), ambos do PRR — Partido Republicano Rio-Grandense. Aliás, é de um grupo dissidente de Borges de Medeiros no interior do PRR, que discordava em parte das proposições políticas do grande líder do partido, o chamado Bloco Castilhista[3] ou geração de 1907, que surgiu a figura política de Getúlio Vargas[4], que lideraria o grupo político que anos mais tarde tomaria o poder com a Revolução de 30.[5]

O estado sofreu, em parte, dos mesmos problemas enfrentados em nível nacional, sendo também fortemente atingido pela crise econômica, principalmente a partir de 1929. Novos atores sociais também surgiram a partir do processo de industrialização e urbanização iniciado já no final do século XIX e capitaneado, em parte, pelos imigrantes europeus (principalmente italianos e alemães), na capital e em diferentes regiões do interior do estado. Houve conflitos, como as greves promovidas pelo movimento operário[6] e a própria Revolução de 23, promovida pela oposição ao regime borgista após uma série de conflitos gerados pela crise econômica e política de então.

Em Porto Alegre, é nesse período que apareceram o automóvel, a energia elétrica, o cinema, a imprensa calcada nos valores do jornalismo moderno, um incremento significativo do comércio e da indústria e uma série de outros fatores que marcam definitivamente uma grande transformação na cidade, cujo cerne foi o acelerado processo de urbanização, com suas

3. Nome utilizado por Moacyr Flores em sua *História do Rio Grande do Sul*.

4. Ao lado de outras lideranças importantes, como João Neves da Fontoura, Maurício Cardoso, Lindolfo Collor, Paim Filho e César Obino, entre outros.

5. As principais discordâncias políticas entre o grupo da "geração de 1907" e os "republicanos históricos" são abordadas por Luciano Aronne Abreu, *op. cit.*, p. 30-37 e p. 120-121.

6. De acordo com Moacyr Flores, entre 1890 e 1913 foram organizadas 73 greves, culminando com a de 1917, que durou 64 dias e praticamente paralisou o Rio Grande do Sul, "pois contou com o apoio dos empregados da Carris e dos ferroviários. O bonde (carril) era o único meio de transporte urbano e o trem o principal meio de transporte de cargas e passageiros para o interior do Estado". Flores, *op. cit.*, p. 172-173.

modificações de ordem material e nos hábitos e costumes da população. Como afirma Sandra Jatahy Pesavento,

> Chega-se, assim, ao período da renovação e da busca de uma modernidade urbana para a cidade de Porto Alegre, que vem associada a profundas modificações na estrutura econômico-produtiva do País e às transformações político-institucionais que se refletem na forma como os agentes urbanos e os "notáveis" da comunidade local projetam esses novos momentos para a cidade.[7]

Acompanhando uma tendência nacional, a capital gaúcha vivia um intenso processo de industrialização que, de acordo com Célia Ferraz de Souza e Dóris Maria Müller, não se devia

> [...] somente à existência de um mercado consumidor relativamente amplo. Vem juntar-se a ele o estrangulamento da importação de produtos manufaturados durante as duas guerras mundiais, que forçam a aceitação inicial do produto nacional e proporcionam-lhe, assim, tempo para firmar-se no conceito da população e [...] no mercado.
>
> Observa-se em Porto Alegre a mesma tendência à industrialização verificada em todo o País e também no interior do Estado. [...] Porto Alegre sobrepõe-se às demais cidades rio-grandenses pelo [seu] tamanho e vigor [...]. Assim como São Paulo se sobreporá em nível nacional às demais cidades brasileiras, por ter contado, na época de sua expansão industrial, com um mercado consumidor consideravelmente maior que qualquer outra cidade brasileira.
>
> Comparada a outras cidades rio-grandenses ressalta a diversificação da indústria instalada em Porto Alegre

7. Sandra Jatahy Pesavento, *Memória Porto Alegre*: espaços e vivências, p. 99.

> que, além dos ramos tradicionais [...] conta com um importante ramo, o metalúrgico.[8]

Quanto ao crescimento populacional, Porto Alegre contava com cerca de 73 mil habitantes no final do século XIX, número que subiu para 130 mil em 1910, e para 225 mil em 1920. Na década de 1930, a capital gaúcha já tinha mais de 250 mil habitantes;[9] em 1940, Porto Alegre contava com cerca de 275 mil habitantes.[10] O Rio Grande do Sul como um todo, que em 1890 possuía 850 mil habitantes distribuídos em 58 municípios, em 1940 contava com 3,32 milhões de habitantes vivendo em 88 municípios.[11] De acordo com Margareth Bakos, nas duas primeiras décadas do século XX "a cidade torna-se atraente para movimentos migratórios face à multiplicação de suas fábricas, casas de comércio e serviços relacionados com a educação e aparelhos do Estado, que ali se encontram duplamente por ser a capital do Estado".[12]

É claro que os problemas de uma cidade em processo de modernização urbana também atingem a capital gaúcha, como bem aponta Sandra Pesavento:

> A Porto Alegre das primeiras décadas do século XX já continha em si o drama das grandes cidades da época, sofrendo seus problemas locais: o trânsito de pedestres, carroças, carros e bondes em sua área central; os cuidados com o asseio público, com a coleta de lixo e matérias fecais, a implantação de sistemas de esgotos, de iluminação pública, de abastecimento d'água.[13]

8. Dóris Maria Müller e Célia Ferraz de Souza, *Porto Alegre e sua evolução urbana*, p. 79-80.

9. Margareth Bakos, *Porto Alegre e seus eternos intendentes*, p. 20, e Olympio de Azevedo Lima, *Recenseamento da população do município de Porto Alegre – 1921*.

10. Müller e Souza, *op. cit.*, p. 80.

11. *Ibid.*

12. Bakos, *op. cit.*, p. 20.

13. Pesavento, *op. cit.*, p. 59.

Mais alguns dados importantes: em 1912, Porto Alegre contava com cerca de 154 fábricas e oficinas. Em 1923, já são 190 fábricas. Em 1927, o número de estabelecimentos industriais salta para 621, empregando cerca de 8.700 operários. Seis anos depois, em 1933, são 735 fábricas, ocupando 8.900 operários, e, em 1937, o número de indústrias aumenta para 1.082, empregando quase 15 mil operários.[14] Esses dados revelam um crescimento econômico e populacional forte.

A energia elétrica foi um fator de fundamental importância para o processo de modernização urbana. Embora as experiências com eletricidade na capital tenham iniciado ainda no final do século XIX, limitadas a algumas casas de comércio, foi no início do século XX que efetivamente a cidade passou a contar com essa tecnologia. O ano de 1908 é particularmente importante, pois marcou a inauguração de duas usinas elétricas, sendo a mais importante a Usina da Companhia Força e Luz. Estas duas usinas passaram a fornecer energia para a iluminação pública do centro e de vários "arrabaldes", para os bondes elétricos e para os estabelecimentos comerciais e industriais. Isso possibilitou, entre outras coisas, o incremento da vida urbana noturna, com um funcionamento mais amplo dos teatros, cinemas e cafés e a intensificação dos horários das linhas de bonde do centro para os bairros, facilidade esta que permitia a uma significativa parcela da população ir ao cinema ou ao teatro. Segundo Archymedes Fortini, em meados da década de 1910 havia bondes que funcionavam até tarde da noite (após os espetáculos de teatro e cinema, por exemplo) para as linhas do Menino Deus, Escola de Guerra, Teresópolis, Glória, São João, Navegantes e Independência.[15]

De acordo com Charles Monteiro, houve a partir daí "uma expansão da vida pública, [sendo] os antigos saraus e a Sociedade Bailante substituídos pela vida elegante [...] nos cafés [...], nas

14. *Ibid.*, p. 22, e Sérgio da Costa Franco, *Porto Alegre*: guia histórico, p. 219.

15. Archymedes Fortini. *Histórias da nossa história*, p. 117-118.

confeitarias [...] e nos cinemas".[16] É importante lembrar que a vida noturna da cidade não era restrita à elite da população. O cinema, por exemplo, "popularizou o cenário artístico-cultural da cidade, sendo acessível a todas as camadas da população, tendo ampla penetração em vários setores da sociedade a atraindo maiores parcelas de público até mesmo para locais tradicionalmente frequentados pela elite, como o Theatro São Pedro".[17] Em 1909, o então *Jornal do Comércio* assim se pronunciou sobre a questão:

> [...] Na realidade o cinematógrafo é para a vida intensa das populações laboriosas a distração mais própria.
>
> É essencialmente democrata, não exige apuros de toilette, o operário, sem mesmo mudar a blusa de trabalho, pode vê-lo e admirá-lo.
>
> Instrui e deleita, sem nos roubar sequer o tempo que se consagra ao repouso.
>
> É numa palavra cômodo e barato.[18]

A partir de 1928, como bem assinala Sérgio da Costa Franco, a concessão dos serviços de eletricidade para o grupo norte-americano *Bond and Share* e consequente construção de uma usina térmica, localizada no início da rua dos Andradas, "dobrou em pouco tempo a capacidade instalada, o que permitiu, durante alguns anos, o desenvolvimento do sistema de iluminação e da rede de bondes e o desafogo das indústrias".[19]

No que se refere à política, as primeiras décadas do século XX foram marcadas por aquilo que Margareth Bakos denomina "fenômeno continuísta"[20], desde 1897 até 1937, com o amplo

16. Charles Monteiro, *Porto Alegre, urbanização e modernidade*: a construção social do espaço urbano, p. 37.

17. Fábio Augusto Steyer, *Cinema, imprensa e sociedade em Porto Alegre (1896–1930)*, p. 133.

18. *Jornal do Comércio*, 16 jun. 1909, p. 8.

19. Franco, *op. cit.*, p. 150.

20. Bakos, *op. cit.*, p. 12.

domínio do Partido Republicano Rio-Grandense (PRR) na administração municipal, amparado pelos governos estaduais de Júlio de Castilhos e Borges de Medeiros, do mesmo partido. Esse continuísmo na Intendência Municipal iniciou com a indicação de José Montaury de Aguiar Leitão, por Júlio de Castilhos (1896), passando por Otávio Rocha (1924), indicado por Borges de Medeiros, e, finalmente, Alberto Bins (1928), todos ligados ao PRR.

Sob a inspiração do Positivismo de Auguste Comte, os intendentes do PRR procuraram seguir uma política de continuidade administrativa, visando o progresso da cidade em termos de redefinição urbanística, através de obras relacionadas a serviços básicos como pavimentação, esgotos, iluminação pública e transportes, entre outros. Entre essas melhorias, podemos citar a implantação dos esgotos cloacais no perímetro Ramiro Barcelos — Venâncio Aires — João Alfredo (por José Montaury), a abertura de novas avenidas e a ampliação das redes de esgoto, iluminação pública, abastecimento e tratamento de água (por Otávio Rocha, apontado por Sérgio da Costa Franco como o "grande reformador da cidade"[21]), e o incremento da rede viária, inclusive nos bairros (por Alberto Bins), concluído já na década de 1930. Portanto, como afirma Charles Monteiro, "o PRR no poder, dentro dos pressupostos da orientação positivista, pretendia prover os serviços públicos necessários ao desenvolvimento".[22]

Outro fator extremamente importante no processo de modernização urbana foi o incremento artístico e cultural da cidade, sendo o cinema um elemento de destaque. As primeiras sessões de "cinematógrafo"[23] na capital gaúcha ocorreram em novembro

21. Franco, *op. cit.*, p. 350.

22. Monteiro, *op. cit.*, p. 41.

23. O cinematógrafo, aparelho inventado pelos irmãos franceses Auguste e Louis Lumière, rivalizava, no final do século XIX, com uma série de outros aparelhos que buscavam a reprodução do movimento. Entre eles, podemos citar o cinetoscópio, de Thomas Edison, um de seus principais concorrentes. Prevalecendo sobre os demais devido a suas facilidades técnicas, o cinematógrafo deu origem à palavra "cinema", que utilizamos até a atualidade.

de 1896, realizadas por ambulantes em salões, teatros, cafés e até mesmo ao ar livre no centro da cidade e arredores. As primeiras salas de cinema propriamente ditas, exclusivamente para exibições cinematográficas, foram inauguradas em 1908, a partir da abertura do Recreio Ideal. Durante as duas primeiras décadas do século XX o cinema rapidamente se incorporou à vida cultural da cidade, tornando-se quase que hegemônico diante das demais modalidades artísticas e provocando uma séria crise na área teatral.[24]

Em 1918, por exemplo, a revista *Máscara* assinalava a decadência do teatro, ressaltando o esvaziamento das salas da capital, numa nota com o sugestivo título "Palcos sem vida...":

> O velho São Pedro continua fechado, bocejando de tédio, espreitando da sombra o momento sonhado para a reconstrução das anteriores e magníficas noitadas em que se via feericamente iluminado, abrigando o quanto o nosso mundo elegante contém de fino.[25]

O cinema, mesmo conquistando amplo espaço na vida sociocultural da população, era mal visto por diversos intelectuais da época, como é o caso do poeta Eduardo Guimarães, que assim se pronunciou no jornal *A Federação*, em 1920:

> [...] o cinema, absorvente e corruptor, declina, aborrece, cansa. [...] o teatro sem palavras [...] se faz compreender sem nenhum esforço mental, pela ignorância; [...] só pode irritar e prejudicar, pela libertinagem de certas de suas concepções de arte, os espíritos débeis e mal orientados.[26]

Mesmo com todas essas críticas, o cinema cada vez mais fazia parte dos hábitos artísticos e culturais e dos divertimentos da população, sendo um dos principais fenômenos do processo

---

24. Para maiores informações e dados a esse respeito, ver Fábio Augusto Steyer. *O cinema em Porto Alegre (1896–1920)*, 1999.

25. "Palcos sem vida...", *Máscara*, 9 mar. 1918.

26. Eduardo Guimarães, "Teatro nacional", *A Federação*, 21 maio 1920.

de urbanização em andamento. Termos como "fazer fita" tornaram-se de uso frequente, inclusive nas seções policiais dos jornais da época, referindo-se a simulações de suicídio.[27] Na obra literária de vários autores da "Era Erico", este termo aparece com frequência, sendo uma marca daqueles tempos. Aliás, o cinema é uma presença constante na obra do próprio Erico Verissimo e de contemporâneos seus, como é o caso de Telmo Vergara.

Também era muito comum a imitação das pessoas com relação às vestes das "estrelas" de cinema, tanto os homens quanto as mulheres. Havia coleções de figurinhas com fotos de artistas. Concursos eram realizados tendo como temática os filmes e artistas do momento. Os filmes em série, exibidos durante várias semanas, em capítulos, tal como os folhetins publicados nos jornais da época, também faziam sucesso. Todos esses elementos aparecem na composição literária dos principais escritores da época. O cinema pode ser considerado, portanto, uma marca importante do processo de urbanização por que passava a cidade.

Ainda no campo cultural, cabe destacar a fundação da Faculdade de Ciências Políticas e Econômicas dos irmãos maristas (futura PUCRS), em 1931, e da Universidade de Porto Alegre (futura UFRGS), em 1934. Uma série de escolas de ensino fundamental e médio é fundada ou aumenta sua capacidade, nesse mesmo momento.

Outro fator importante para o processo de urbanização de Porto Alegre, nas primeiras décadas do século XX, foi o transporte coletivo, além do automóvel, que apareceu com vigor, de acordo com Sérgio da Costa Franco, a partir dos anos 20.[28] O agito urbano da cidade, com seus automóveis e bondes elétricos, também aparece na produção literária do período.

27. Como exemplos temos as notas publicadas na *Gazeta do Povo*, de Porto Alegre, em 25 de fevereiro (p. 2) e 19 de março (p. 2) de 1915.

28. Franco, *op. cit.*, p. 406.

Outro acontecimento muito importante da primeira metade do século XX é a questão da Gripe Espanhola (ou "Hespanhola", como se grafava na época) de 1918, uma epidemia de ocorrência internacional que atingiu Porto Alegre de maneira fulminante, provocando a morte de milhares de pessoas. Afinal, a urbanização também trouxe seus males, especialmente devido ao fato de Porto Alegre ser uma cidade portuária. Entre os meses de outubro e novembro daquele ano, período em que se alastrou a peste, os estabelecimentos comerciais e de ensino ficaram fechados, e até mesmo a imprensa foi censurada pela Intendência Municipal para não provocar pânico na população. A cidade parou. De acordo com Sérgio da Costa Franco, estando os próprios coveiros do cemitério da Santa Casa de Misericórdia doentes ou falecidos, os governos estadual e municipal foram obrigados a convocar alguns presos para trabalhar nos enterros.[29]

O desenvolvimento da imprensa porto-alegrense é outro fator que merece ser destacado. Seguindo a classificação de Francisco Rüdiger[30], que divide a história da imprensa gaúcha em quatro fases, podemos perceber a relevância da imprensa como um fenômeno próprio da urbanização e da modernização da cidade. A primeira fase da imprensa gaúcha, iniciou em 1827, com a publicação do primeiro jornal gaúcho, o *Diário de Porto Alegre*, órgão oficial do governo da província. Os primeiros jornais gaúchos eram essencialmente políticos, tendo origem nos conflitos que levaram à Revolução Farroupilha (1835–1845). Eram verdadeiros panfletos políticos, tanto farroupilhas quanto legalistas, feitos de forma amadorística por pessoas que muitas vezes chegavam a ser verdadeiros mercenários, mudando de lado por dinheiro com relação à política.

Ainda no século XIX, teria surgido, de acordo com Rüdiger, o "Jornalismo Político-Partidário", fase em que houve uma maior

29. *Ibid.*, p. 153.

30. Francisco Rüdiger, *Tendências do jornalismo*.

profissionalização da imprensa gaúcha a partir da íntima relação dos jornais com os principais partidos políticos da época. Aliás, os jornais eram órgãos oficiais dos partidos: eram os casos de *A Federação*, jornal oficial do Partido Republicano Rio-Grandense (PRR), que chegou a ser o segundo mais importante do estado, atrás apenas do *Correio do Povo*; e de *A Reforma*, periódico oficial do Partido Liberal, chefiado por Silveira Martins. Segundo Rüdiger, "o jornalismo político-partidário desenvolveu a concepção de que o papel dos jornais é essencialmente opinativo, visa veicular organizadamente a doutrina e a opinião dos partidos na sociedade civil".[31]

No final do século XIX e nas primeiras décadas do século XX ocorreu o surgimento de dois outros modelos que, de acordo com Rüdiger, podem ser associados ao intenso processo de modernização e urbanização por que passava o estado naquele momento. O "Jornalismo Literário Independente" marcou a incorporação pela imprensa das novas necessidades da "urbs" em construção, impulsionada pelo surgimento de um grupo de intelectuais que se preocupavam com a cultura, as ciências e as humanidades. O jornalismo passou a ser mais informativo e menos opinativo, tratando das notícias do dia a dia e não apenas de política. As artes e espetáculos, a literatura, os esportes, as notas policiais, a moda, entre outros, foram assuntos que passaram a fazer parte da rotina da imprensa gaúcha. Fizeram parte desse modelo os jornais *Gazetinha*, *O Independente*, *O Diário*, *Jornal do Comércio* e *Gazeta do Povo*, entre outros, e as revistas *Máscara* e *Kodak*.

Outro modelo importante foi o do "Jornalismo Informativo Moderno", a partir do qual os jornais e as revistas passaram a ter uma organização empresarial, nos moldes capitalistas, sendo o seu principal suporte a publicidade (que igualmente aparece no estado, de uma forma profissional, apenas nos anos 1920 e 1930) e os valores que regem o jornalismo moderno (independência,

31. *Ibid.*, p. 25-26.

objetividade, imparcialidade, informação em detrimento da opinião). Essa fase pode ser considerada como o verdadeiro nascimento das empresas jornalísticas e de um modelo em que "os jornais eram apenas veículos imparciais de informações, responsáveis pelo registro nervoso dos dias em curso e a divulgação profissional e verídica dos acontecimentos".[32] Fazem parte deste modelo o *Correio do Povo* (1895 até a atualidade), jornal gaúcho de maior circulação no período estudado, e a *Revista do Globo* (1929–1967). De um modo geral, podemos dizer que grande parte dos escritores da "geração Erico" foram intensos colaboradores destes periódicos.

Aliás, é importante destacar que o *Correio do Povo* e a *Revista do Globo* foram, talvez, em se tratando de imprensa, os maiores incentivadores da literatura gaúcha no período estudado. A própria literatura produzida aqui no Rio Grande do Sul também é importante fator para nosso processo de modernização, visto que está intimamente associada ao crescimento do mundo urbano, registrando esta passagem do rural para o urbano, sofrendo suas influências e também influenciando neste processo. A literatura gaúcha das primeiras décadas do século XX está intimamente associada à imprensa, visto que grande parte dos escritores também eram jornalistas ou colaboradores de nossos órgãos de imprensa. Uma literatura que muitas vezes extrapolou o estado, atingindo inclusive o centro do país.

Antes de abordar a literatura gaúcha do período, cabe uma rápida contextualização literária nacional para que se compreenda melhor os rumos que a literatura brasileira daqueles tempos tomou, especialmente a partir da Semana de 1922 e das peculiaridades do movimento modernista que se seguiu a ela. Após a "febre" inicial de manifestos e movimentos que

---

32. *Ibid.*, p. 57. É claro que um posicionamento mais crítico a respeito dos valores do Jornalismo Informativo Moderno mostra que as questões da objetividade, da imparcialidade e da independência são extremamente problemáticas. No entanto, esses são os valores em que se baseava este modelo e nos quais se baseia grande parte da imprensa atual.

pretendiam renovar a literatura nacional, muitas vezes de uma forma um tanto radicalizada, os escritores brasileiros acabaram direcionando suas obras para temáticas ligadas à realidade brasileira, tanto urbana quanto rural, e que em grande parte das vezes estavam ligadas ao processo de superação do velho mundo agrário e oligárquico em prol da construção de um mundo urbanizado e industrializado. Como afirma Regina Zilberman,

> Passados os anos mais ardentes do Modernismo [...] a narrativa de 30 [dirige] a atenção para a realidade brasileira do momento, desequilibrada e desproporcional no que diz respeito à pirâmide social. O fortalecimento de novas camadas na sociedade revelou a condição atrasada e primitiva das antigas, pobres ou ricas. Em vista disso, a narrativa encontrou novos assuntos e renovou também os rumos da ficção nacional.[33]

Já em 1944, Manoelito de Ornellas destacava que "a revolução estética e política de 1922 atingiu com seu estilete todos os campos da sociedade e da arte",[34] quais sejam, a música, a pintura, a arquitetura, o cinema e a literatura, entre outros. Com relação à literatura, ele dizia que:

> A Semana de Arte Moderna em São Paulo abriu arejados caminhos para uma literatura de incontestáveis moldes nacionais. A ficção do nordeste, do centro e do sul do país só depois focalizou aspectos até então quase desconhecidos da vida nacional, os costumes e problemas sociais e econômicos de todos os nossos diferençados contingentes humanos.
>
> [...]
>
> E bastaria um olhar superficial em todas as nossas manifestações de arte para se aferir o intenso benefício que colhemos em 20 anos de reafirmações. Do norte,

33. Regina Zilberman, *A literatura no Rio Grande do Sul*, p. 81-82.
34. Manoelito de Ornellas, *Caminhos do Modernismo*, p. 181.

> conhecemos mais a fundo a vida dos engenhos, o drama das secas, a tragédia dos mocambos. Aí estão os livros de José Lins do Rego, de Jorge Amado, de Rachel de Queiroz, [...] de Graciliano Ramos [...]. Do sul, conhecemos uma nova forma de romance com Erico Verissimo, Dionélio Machado, Athos Damasceno Ferreira, De Sousa Júnior, Darcy Azambuja, Cyro Martins, Telmo Vergara e Pedro Wayne.[35]

Antes disso, em agosto de 1941, Reynaldo Moura, em texto originalmente publicado no *Correio do Povo*, sintetizava muito bem o sentimento de sua geração com relação à literatura brasileira da época:

> Desde aquela novelinha já recuada no tempo, a Biblioteca de José Américo, até os últimos romances de Graciliano Ramos, José Lins do Rego, Cyro Martins, Amando Fontes, desde as primeiras manifestações dessa literatura nova interessada nos problemas e soluções nacionais, até os últimos depoimentos ruidosos como essa *Fronteira agreste* de Ivan Pedro Martins, a ficção brasileira tem sido um permanente exame dos mais diversos setores da vida humana em seus grandes dramas regionais, e tem sido esse agitar de verdades que até então jaziam obscuras nos porões de nossa existência de povo, que vem conseguindo formar uma consciência mais nítida das nossas necessidades, uma visão política mais real sobre os problemas fundamentais do Brasil.[36]

E Reynaldo Moura vai além, afirmando que foram os escritores daquela geração que deram ao povo uma "consciência da situação" nacional (aquela mesma que José Hildebrando Dacanal chamou de "otimismo ingênuo" e "crítica panfletária"), desde o norte até o sul do país:

35. *Ibid.*, p. 177-178.

36. Reynaldo Moura, "Ficção e consciência nacional", p. 584.

> Esses [...] anos de literatura, desde 1930 até hoje, constituem como que um renascimento do espírito brasileiro, marcam a fase de interesse pelos temas profundamente nacionais, fase que contém ainda o aparecimento de valores novos, um grupo numeroso de escritos, no norte, centro e sul do país, marcante pela sua força, pelo seu apego artístico à realidade, pelo conhecimento sentido nos dramas e aspirações do povo.
>
> O resultado de todos os esforços literários dessa fase aí está, no conhecimento que hoje possuímos dos problemas das diversas regiões do país. Conhecemos o nordeste, o centro, o sul pelo depoimento dos ficcionistas, que é um depoimento [...] interessado apenas na realidade como elemento de arte, como força insubstituível de criação literária.
>
> Esses escritores lançaram luz sobre essas realidades ocultas. Trouxeram para o cenário das discussões mais amplas esses problemas fundamentais do homem brasileiro, como que deram à Nação consciência de suas misérias.[37]

O chamado "Romance de 30" parece ter sido o que mais expressivamente permaneceu nos anais da história da literatura brasileira daquela geração de autores, embora seu conceito seja extremamente complicado e impreciso. No processo de sua afirmação, a Editora Globo teve um papel decisivo. A *Revista do Globo*, lançada em 1929, passou a fazer parte do *Correio do Povo*, sendo os dois os maiores divulgadores da literatura gaúcha de então, publicando contos, novelas, ensaios, poemas e críticas dos principais nomes da intelectualidade da época. Só para se ter uma ideia, desde os anos 1930 até os anos 1960 a *Revista do Globo* publicou textos de Erico Verissimo, Viana Moog, Mario Quintana, Darcy Azambuja, Cyro Martins, Roque Callage, Vargas Netto, Homero Prates, Manoelito de Ornellas, Dante

37. *Ibid.*, p. 585.

de Laytano, De Souza Júnior, Walter Spalding, Aurélio Porto, Augusto Meyer, Athos Damasceno Ferreira, Olintho Sanmartin, Ernani Fornari, Reynaldo Moura, Dyonelio Machado, Sérgio de Gouvêa, Emílio Kemp e Telmo Vergara, entre outros. Escritores fundamentais para a história da literatura gaúcha foram praticamente lançados pela *Revista do Globo*, como é o caso de Mario Quintana e Erico Verissimo.

De acordo com Carlos Dante de Moraes, é a partir desse grupo de escritores que praticamente "elabora-se a ficção rio-grandense".[38] Ainda, giravam em torno da *Revista do Globo* (e da Editora Globo) e do *Correio do Povo*, que possibilitou que o retrato urbano começasse a se sobrepor ao retrato do mundo rural:

> Cada um desses escritores se aproxima de um setor da realidade, buscando traduzi-lo na sua visão pessoal. A paisagem que neles predomina já não é a rural ou campesina dos regionalistas, mas a urbana, com seus tipos e cenários. Mas a proporção de objetividade e subjetividade que entram na trama ou na estrutura de seus contos, novelas ou romances varia com a singularidade de cada um.[39]

A partir da década de 1930, além da publicação da *Revista do Globo*, a Editora Globo intensificou a publicação de livros, não apenas de autores gaúchos, mas também de escritores estrangeiros, tornando-se uma das principais casas editoriais brasileiras. De acordo com Elizabeth Torresini, entre 1931 e 1937 a Globo publicou 840 livros, sendo 213 de literatura estrangeira e 78 de literatura gaúcha. Entre 1938 e 1948, foram 834 livros, sendo 325 de literatura estrangeira e 81 de literatura rio-grandense.[40] Um dos grandes impulsionadores da editora é Erico Verissimo,

---

38. Carlos Dante de Moraes, "Condições histórico-sociais da literatura rio-grandense".
39. *Ibid.*
40. Elizabeth Torresini. *Editora Globo*: uma aventura editorial nos anos 30 e 40, p. 78 e 103.

contratado para a elaboração de novos projetos editoriais e um dos principais tradutores da empresa.

Além da projeção nacional da própria editora, especialmente devido às traduções, alguns escritores gaúchos passaram a ter repercussão nacional devido ao lançamento e qualidade de suas obras. O caso de Erico Verissimo é singular, pois representa o ápice da modernização literária do Rio Grande do Sul, tendo atingido não apenas o resto do país, mas também o mercado internacional. O sucesso de Erico veio efetivamente a partir de *Olhai os lírios do campo*, publicado em 1938. No final de 1939, o livro já estava em sua 7ª edição, com mais de 27 mil exemplares vendidos, quando o normal, de acordo com a própria editora, seria de 5 a 8 mil exemplares, com otimismo.[41] De acordo com Torresini, até o início dos anos 2000 foram vendidos mais de 1 milhão e meio de exemplares do livro apenas no Brasil.[42]

Em 1939, Justino Martins, então diretor da *Revista do Globo*, chegou a falar em "ressurgimento da literatura no Rio Grande", citando os autores acima mencionados e destacando a ampla repercussão da obra de Erico Verissimo:

> Sejamos sinceros! Até pouco tempo, tínhamos [...] a impressão de que no Rio Grande do Sul somente havia ensaístas. Erico Verissimo e Dyonelio Machado eram a desculpa, o descarte em defesa da ficção.
>
> [...]
>
> Com o aspecto erudito que sempre apresentam os ensaios, fugiam completamente a popularidade, permanecendo a nossa vida literária somente acordada para o público por um ou outro ruído que faziam os romances de Erico e os livros de contos de Telmo Vergara.

41. *Revista do Globo*, 16 dez. 1939, p. 16.

42. Elizabeth Torresini. *História de um sucesso literário*: Olhai os lírios do campo, de Erico Verissimo, p. 19.

> [...] [Os] romances [de Erico Verissimo] foram arrastados uns pelos outros em edições contínuas, e finalmente, com seu admirável *Olhai os lírios do campo*, adjetivaram-no de "o melhor romancista do Brasil".[43]

Em 1940, a *Gazeta de São Paulo* publicou uma notícia sobre o mercado editorial do Rio Grande do Sul em 1938; nela, destacou que em 1938 foram lançadas 307 obras, com um total de 1.196.400 exemplares vendidos, e concluiu: "Indiscutivelmente, o Rio Grande do Sul é o Estado mais culto do Brasil".[44] Gilberto Freyre, em artigo publicado na imprensa do centro do país e republicado na *Revista do Globo*, afirma que há novos escritores gaúchos cuja literatura pode ser considerada "vital", atingindo o público do norte brasileiro. Entre eles aparecem nomes da "geração Erico":

> É o público do norte ainda mais que o do sul que se mostra encantado com os contos e os romances de Telmo Vergara. Erico Verissimo é hoje o romancista mais lido, mais admirado e mais louvado no norte do Brasil. E tanto Athos Damasceno Ferreira como De Souza Júnior, Vargas Netto, Dionélio Machado, Paulo Corrêa Lopes, Moysés Vellinho, Carlos Dante de Moraes, Reynaldo Moura, Darcy Azambuja, Dante de Laytano, Manoelito de Ornellas têm leitores no norte; alguns deles têm entusiasmos, devoções até.[45]

O crítico gaúcho Osório Borba destaca o crescimento da Globo com relação às editoras do centro do país:

> O Rio Grande do Sul o acompanha [acompanha São Paulo] hoje com a Globo, que é uma organização poderosíssima. Sem precisarem sair de seu Estado, tornaram-se

---

43. Justino Martins, "O ressurgimento da literatura no Rio Grande", *Revista do Globo*, 27 maio 1939, p. 48-51.

44. Nota publicada na *Gazeta de São Paulo apud* "Escritores e livros", *Revista do Globo*, 11 maio 1940, p. 9.

45. Gilberto Freyre, "Literatura vital", *Revista do Globo*, 10 ago. 1940, p. 58-59.

> nomes nacionais difundidos pelos prelos locais, Erico Verissimo com seus romances, Viana Moog com seus ensaios, os contistas e romancistas Telmo Vergara, Darcy Azambuja, Reynaldo Moura, Dyonelio Machado, Athos Damasceno Ferreira, De Souza Júnior.[46]

Outro comentário interessante foi feito pelo jornalista carioca Waldemar Cavalcanti, crítico da *Folha Carioca*:

> Os editores cariocas e paulistas precisam mesmo cuidar de sua vida. Os José Olympio, os Martins não devem perder de vista as manobras do imperialismo gaúcho. O que a Livraria do Globo vem fazendo ultimamente [...] é qualquer coisa de extraordinário. Em 1943 [...] espalhou pelo Brasil inteiro muita literatura. Os nossos editores que abram os olhos. Do contrário, o imperialismo gaúcho acabará tomando conta do mercado do livro.[47]

O crítico literário paulista Sousa Filho também ressaltou a intensidade da literatura e do mercado editorial do Rio Grande do Sul no final dos anos 30 e início dos 40:

> Um dos fatos dignos de registro, para quem acompanha o movimento literário do Brasil, é a notável expansão das letras sul-rio-grandenses nestes últimos anos. Antes de 1930, o Rio Grande do Sul era um Estado cujas atividades literárias mal chegavam a interessar os demais brasileiros, devido sobretudo aos excessos de regionalismo e àquela literatura centauriana que raiava com o incrível. Mas os seus motivos inspiradores desapareceram, pois as lutas em que se digladiavam os rio-grandenses já são coisa do passado. Hoje, os escritores gaúchos, plenamente integrados no ritmo da vida nacional, figuram entre os mais apreciados do Brasil.

46. Osório Borba, "Descentralização literária", *Revista do Globo*, 14 set. 1940.

47. Nota publicada originalmente na *Folha Carioca*, 4 fev. 1944, e reproduzida em "Escritores e livros", *Revista do Globo*, 19 fev. 1944, p. 16.

> Basta citar dois nomes: Viana Moog, o escritor das elites, e Erico Verissimo, o romancista das multidões.[48]

Portanto, o contexto da Era Erico, além de ter sido marcado por uma intensa modernização urbana, também denotou uma crescente modernização literária, no sentido de que foi a partir daquele momento, as primeiras décadas do século XX, que o Rio Grande do Sul efetivamente passou a ter um mercado editorial consolidado, expandindo-se para o resto do Brasil e revelando a qualidade de seus escritores. A literatura foi não apenas um fator entre tantos outros da modernização urbana. Ocorreu a modernização literária, no mercado editorial e na qualidade dos produtos, atingindo amplas parcelas de público e crítica em todo o Brasil.

## Referências

ABREU, Luciano Aronne. *Getúlio Vargas:* a construção de um mito (1928–1930). Porto Alegre: EDIPUCRS, 1997.

BAKOS, Margareth. *Porto Alegre e seus eternos intendentes*. Porto Alegre: EDIPUCRS, 1996.

DACANAL, José Hildebrando. *O Romance de 30*. Porto Alegre: Novo Século, 2001.

D'ORNELLAS, Manoelito. *Caminhos do Modernismo*. *In:* CAVALHEIRO, Edgar (Org.). *Testamento de uma geração*. Porto Alegre: Globo, 1944.

FISCHER, Luís Augusto. A cidade e sua literatura oculta. *In:* BISSÓN, Carlos Augusto (Coord.). *Sobre Porto Alegre*. Porto Alegre: Ed. Universidade/UFRGS, 1993, p. 163-177.

FLORES, Moacyr. *História do Rio Grande do Sul*. Porto Alegre: Nova Dimensão, 1996.

FORTINI, Archymedes. *Histórias da nossa história*. Porto Alegre: Grafipel, 1966.

FRANCO, Sérgio da Costa. *Porto Alegre*: guia histórico. Porto Alegre: Ed. Universidade/UFRGS, 1998.

48. Sousa Filho, "Dois romancistas do Sul", *Revista do Globo*, 22 mar. 1941, p. 12.

GIL, Fernando. *O romance da urbanização*. Porto Alegre: EDIPUCRS, 1999.

LIMA, Olympio de Azevedo. *Recenseamento da população do município de Porto Alegre* – 1921. Porto Alegre: Officinas Graphicas da Livraria do Commercio, 1922.

MONTEIRO, Charles. *Porto Alegre, urbanização e modernidade*: a construção social do espaço urbano. Porto Alegre: EDIPUCRS, 1995.

MORAES, Carlos Dante de. Condições histórico-sociais da literatura rio-grandense. *Província de São Pedro*, Porto Alegre, n. 19, 1954.

MOURA, Reynaldo. Ficção e consciência nacional. *In*: LIMA, Elaine Azambuja de. *Reynaldo Moura*: crônicas do *Correio do Povo* (1934–1944). 1996. Dissertação (Mestrado em Letras) – Pontifícia Universidade Católica do Rio Grande do Sul, Porto Alegre, 1996. v. II, tomo II. Originalmente publicado no *Correio do Povo*, 20 ago. 1941.

MÜLLER, Dóris Maria; SOUZA, Célia Ferraz de. *Porto Alegre e sua evolução urbana*. Porto Alegre: Ed. Universidade/UFRGS, 1997.

PESAVENTO, Sandra Jatahy. *Memória Porto Alegre*: espaços e vivências. Porto Alegre: Ed. Universidade/UFRGS, 1999.

RÜDIGER, Francisco. *Tendências do jornalismo*. Porto Alegre: Ed. Da Universidade/UFRGS, 1993.

STEYER, Fábio Augusto. *O cinema em Porto Alegre (1896–1920)*. Porto Alegre: edição do autor, 1999.

STEYER, Fábio Augusto. *Cinema, imprensa e sociedade em Porto Alegre (1896–1930)*. Porto Alegre: EDIPUCRS, 2001.

TINHORÃO, José Ramos. A *música popular no romance brasileiro*. São Paulo: Ed. 34, 2000. v. II.

TORRESINI, Elizabeth. *Editora Globo*: uma aventura editorial nos anos 30 e 40. São Paulo: EDUSP; Porto Alegre: Ed. da Universidade/UFRGS, 1999.

TORRESINI, Elizabeth. *História de um sucesso literário: Olhai os lírios do campo*, de Erico Verissimo. Porto Alegre: Literalis, 2003.

ZILBERMAN, Regina. *Literatura gaúcha:* temas e figuras da ficção e da poesia no Rio Grande do Sul. Porto Alegre: L&PM, 1985.

ZILBERMAN, Regina. A *literatura no Rio Grande do Sul*. Porto Alegre: Mercado Aberto, 1992.

Sergius Gonzaga

# 3.2
# Erico Verissimo

## As luzes da cidade

Quando, em dezembro de 1930, Erico Verissimo desembarcou na estação ferroviária de Porto Alegre, vindo de Cruz Alta, era apenas um rapaz interiorano de vinte e cinco anos, tímido e dividido interiormente entre duas disposições psíquicas antagônicas. De um lado, a memória de vários desastres pessoais: a desagregação familiar, resultante da separação inamistosa de seus pais, a secura desses relacionamentos entre pais e os filhos que, mesmo morando sob teto comum, comunicavam-se por cartas e bilhetes, a sofrida percepção da crise financeira que interrompera seus estudos e rebaixara socialmente o clã, e, por fim, a falência da farmácia que ele próprio dirigira, gerindo-a como um distraído sonhador e não como um capitalista eficiente. De outro lado, a fantasiosa certeza de que conseguiria um lugar ao sol, que iria se tornar escritor de sucesso, vivendo exclusivamente de seus direitos autorais, façanha jamais alcançada por nenhum autor até aquele período, excetuando-se Monteiro Lobato.

Erico chegou a uma cidade em expansão, que então contava 250 mil habitantes, com uma composição social já com certa complexidade. Formara-se na pequena metrópole uma burguesia empreendedora — muitas vezes de origem alemã —, ligada aos setores têxteis, metalúrgicos e de alimentos, e, em consequência, constituíra-se um significativo segmento proletário. A condição de capital do estado implicava também a existência de robusta aparelhagem administrativa, herança do PRR, que dominara o estado por cerca de 40 anos, e cuja concepção de poder centrava-se na expansão de uma burocracia disciplinada e partidarizada. Igualmente o comércio e o setor de serviços cresciam de modo geométrico, determinando que o domínio social na cidade pertencesse a expressivas camadas de classe média, com comerciantes, profissionais liberais, funcionários, prestadores de serviços etc.

Porto Alegre era nos anos 1930 a capital mais alfabetizada do país, a de melhor distribuição de renda e aquela na qual as ideias políticas estavam mais entranhadas no imaginário e na prática rotineira da população. Contudo, predominava na esfera da moralidade cotidiana um rígido conservadorismo, resultante de poderosa influência da tradição católica. A Igreja definia regras de conduta e de padrões existenciais. O crescimento urbano e a modernização relativamente acelerada exigiam um novo quadro de valores laicos, e esses viriam a se constituir, nas décadas seguintes; porém, diante do vácuo entre passado e futuro, o clero mantinha sua hegemonia intelectual, com mensagens de uma ética desatualizada face às mudanças que ocorriam.

O próprio Erico sentiria na carne o preconceito religioso contra algumas de suas obras (*Caminhos cruzados* e *O resto é silêncio*), contestadas no púlpito ou na imprensa por padres que zelavam pelos bons costumes do rebanho cristão e que viam naqueles textos a expressão da mais franca licenciosidade. Obviamente, esta arguição moral de fundo arcaico não atingia os verdadeiros donos do poder, isto é, aquele grupo de fazendeiros-caudilhos que, indiferentes à religiosidade, entregava-se de bom grado à *joie de vivre*. Proliferavam cabarés e cassinos pela cidade, onde os "coronéis" exerciam o *carpe diem* sem culpas nem arrependimentos. Décadas depois, em *O arquipélago*, o romancista descreveria com vigor irônico este lado noturno e dissoluto de Porto Alegre.

## Os anos de aprendizagem

Os anos seguintes testemunhariam sua luta para concretizar o sonho de sobreviver apenas com o trabalho literário. Tinha o apoio incondicional da jovem esposa Mafalda, com quem se casara em 1931 e que aceitava com bom humor a pobreza em que estavam mergulhados. Erico conseguira um emprego na Editora Globo, ou mais precisamente na *Revista do Globo*, em cuja minguada redação ele seria, simultaneamente, repórter, redator, contista, tradutor e poeta de pseudônimos orientais. Trabalhando com afinco, valendo-se das noites para verter obras diversas para a língua portuguesa e assim aumentar seu parco salário, e tendo como únicas diversões, além da leitura, o encontro ao fim da tarde com intelectuais e escritores no bar Antonello, e eventuais sessões de cinema nas inúmeras salas de exibição da cidade, ele escreveria os primeiros textos apenas nos fins de semana.

Sua carreira iniciara com um livro de contos, *Fantoches* (1932), ao qual se sucederiam vários romances: *Clarissa*, 1933; *Caminhos cruzados*, 1934; *Música ao longe*, 1935; e *Um lugar ao sol*, 1936. Pouco a pouco, seu nome foi se impondo na moldura do chamado Romance de 30, um conjunto de ficções de cunho realista, voltado para a temática rural ou urbana das diversas regiões brasileiras. Nessas obras, a problematização dos indivíduos era também a representação das graves mudanças sociais que abalavam o país e o Ocidente. Diante dessas mazelas, os romancistas deveriam exercer o seu espírito crítico, contestar as carcomidas estruturas do passado e refletir os câmbios sociais e históricos no momento mesmo em que eles estavam acontecendo.

Literatura comprometida, de linguagem coloquial, antivanguardista para ser amplamente acessível, impregnada da radicalização ideológica e das tensões políticas da década, o Romance de 30 teve no Nordeste seu centro irradiador, com as obras de Graciliano Ramos, Rachel de Queiroz, José Lins do Rego e Jorge Amado. Porém, se alguns das melhores narrativas então surgidas esmiuçavam a ascensão e/ou a derrocada do patriciado rural (*São Bernardo*, *Terras do sem fim*, *Fogo morto*) ou a situação aflitiva dos camponeses e dos pobres urbanos (*Vidas secas*, *Seara vermelha*, *Capitães da areia*), os relatos de Erico centravam-se nas nascentes classes médias citadinas, que o autor soube focalizar em seus impasses e alternativas, sem cair na caricatura grosseira com que normalmente esta camada era apresentada.

Ele conseguira intuir o processo modernizador que transformava a cidade e possibilitava a gênese de uma nova classe com ânsias de autonomia e em busca de identidade. Embora oriundo da velha oligarquia, o escritor aproximou-se afetivamente destas frações intermediárias que encontravam na urbanização crescente uma maior rede de oportunidades e expectativas mais liberais de vida. No seio dessa classe, o escritor se sentiria à vontade, inclusive para a crítica. Os burgueses apresentados em suas ficções seriam ridicularizados de forma contundente. Ora apareciam como patifes (Teotônio Leiria, em *Caminhos cruzados*); ora como fascistas (Felipe Lobo, em *Olhai os lírios do campo*); ou ainda como patéticos reacionários (Dr. Ximeno Lustosa, em *O resto é silêncio*). Tampouco os muito pobres foram bem expressos pelo romancista. Quando surgiam, obedeciam a inconvincente esquematismo social e humano. Em *O resto é silêncio*, por exemplo, o menino Sete, miserável vendedor de jornais, comprova as dificuldades do escritor com tipos subalternos, pois, embora votando piedade ao garoto marginal, não consegue lhe atribuir nenhuma função dramática significativa, obrigando-se a suprimi-lo do relato por meio de providencial atropelamento.

Nas primeiras narrativas havia poucas referências a fazendeiros, mas, pelo menos em *Um lugar ao sol*, uma cena de forte impacto sobrevive ao tempo. Nela condensa-se o mal-estar do escritor com o mundo que deixara para trás. O protagonista do relato, o jovem Vasco, é chamado para uma conversa com o general Campolargo, antigo e feroz cacique político de Jacarecanga (cidade imaginária do interior, que aparece em alguns dos romances inaugurais do autor). Apodrecido pela senilidade e pela doença, o general louva a violência, defende a degola dos inimigos e se queixa do presente, dominado por uma "raça de maricas", e, ao tentar agredir o jovem com um bastão, urina-se e chora. Vasco sai dali aturdido, nauseado, rumo à "luz dourada do sol" que existia na "cidade misteriosa de seus sonhos".

Jacarecanga é um espaço sufocante, um túmulo para os ideais juvenis, e tanto Vasco quanto sua prima, Clarissa, fugirão desse local decrépito, onde impera o bafio da ruína e da morte e onde eles se sentem como prisioneiros, sem horizontes e sem futuro. Ambos farão a travessia em direção a Porto Alegre, engrossando o núcleo principal dos personagens do que poderíamos designar, no conjunto da obra de Erico Verissimo, como *relatos inaugurais de temática urbana*.

## Por uma nova ética

Os protagonistas desses primeiros romances são quase sempre jovens, mais ou menos instruídos, de origem pobre ou decadente, situados economicamente na esfera da baixa classe média. Não guardam qualquer ilusão a respeito dos valores do passado e estão atentos às chances da vida presente. Dotados de um projeto existencial por vezes difuso, em que a situação financeira instável é temperada pela fruição da arte e da cultura e pelo debate das questões de uma nova ética que conciliasse triunfo pessoal e princípios humanistas, agitam-se em debates verbais e intentam por em prática suas ideias generosas. Todos eles, de uma forma ou outra, interrogam-se sobre o sentido da vida, e, por isso, os romances adquirem certa atmosfera filosofante, certo gosto por juízos definitivos; no mais das vezes, essa retórica tende à banalidade.

Foi com tal matéria-prima que o escritor elaborou *Olhai os lírios do campo*, impressionante êxito editorial, lançado em 1938. Por meio dos dilemas de um médico, Eugênio, que se alçara socialmente, desprezando a família humilde e a namorada para se casar com uma moça rica, a visão ideológica do ficcionista veio mais claramente à tona. A primeira parte da narrativa se concentra em um longo *flashback*, de Eugênio. Ele busca a mulher pobre que um dia amara e que agora agoniza em um hospital. No trajeto, ele examina criticamente sua vida e se dispõe a mudá-la. Já na segunda parte do texto a ação acaba sendo substituída por digressões morais e platitudes filosóficas, carregadas de sentimentalismo, em que se evidencia a adesão do narrador aos lugares-comuns emitidos por Eugênio a favor da solidariedade entre os homens. Esta ocorreria mediante ações bondosas e assistencialistas de cunho individual. Erico estava perto das teses filantrópicas que Dickens e Victor Hugo haviam anunciado em seus romances, na primeira metade do século XIX, e do sentimentalismo social de Cronin, romancista então lido por milhões de pessoas.

O fulgurante sucesso do relato mais tarde envergonharia o escritor: "Há em *Olhai os lírios do campo* uma filosofia salvacionista barata que me faz perguntar a mim mesmo como pude escrever tais coisas, mesmo levando-se em conta o fato de haver atribuído essa filosofia a personagens do livro".[1] Contudo, o êxito da obra confirmava o aparecimento de um novo tipo de leitor, aquele que — em meio à desorientação causada pelas profundas mudanças do país — intentava descobrir qual o seu papel

1. Erico Verissimo, prefácio de *Olhai os lírios do campo*, p. 9.

na sociedade que então se edificava. Independentemente do teor e da qualidade dos caminhos apontados por Erico Verissimo em resposta às angústias juvenis da década de 30, chama atenção o fato de que sua literatura dialogava intensamente com a época e de que as narrativas escritas (e não só as dele) ainda tinham um peso substancial junto à sociedade letrada da nação. Mais do que entretenimento, a arte literária impunha-se ao leitor como uma reflexão urgente sobre os indivíduos e suas circunstâncias.

Consagrado pelo público, Erico abandonou a *Revista do Globo* para se dedicar exclusivamente à produção ficcional e à indicação de obras a serem publicadas pela Editora Globo. Foi sob sua supervisão que, neste período, a empresa publicou um estupendo conjunto de autores internacionais, como Voltaire, Poe, Maupassant, Balzac, Stendhal, Tolstói, Conrad, Proust, Faulkner, Thomas Mann, entre tantos outros.

Em 1940, veio à luz *Saga*, um de seus relatos menos felizes, embora seja de notar o interessante fato de que um dos protagonistas, Vasco, tivesse se envolvido na Guerra Civil Espanhola, ao lado dos republicanos. "Considero o meu pior livro", declararia o escritor algum tempo depois. No ano seguinte faria sua primeira viagem aos EUA, descrita em *Gato preto em campo de neve*. Em 1943, lançou *O resto é silêncio* e viajou outra vez à América do Norte, só que desta vez para ficar dois anos na Universidade da Califórnia, ministrando classes de literatura brasileira. A mudança ajudou-o a libertar antigos fantasmas pessoais que vinham se infiltrando em sua memória desde os fins dos anos trinta, mas que ainda permaneciam encarcerados em um círculo de inconsciente culpa pessoal.

## O artista quando jovem

Comentando *Saga* e *O resto é silêncio* no calor da hora, o crítico Álvaro Lins advertiu profeticamente que Erico Verissimo ou mudava de rumo, ou ficava fora da literatura, "como um Eugène Sue qualquer". No entanto considerava que, embora sua fragilidade, as referidas obras indicavam "uma grande técnica em busca de uma grande temática". É bastante provável que Erico tenha lido essa análise corrosiva de seus últimos romances e que a mesma tenha servido para que ele, a partir de então, intentasse novos caminhos. Examinando-se hoje o conjunto dessa ficção, produzida até 1943, pode-se afirmar que, além da ênfase em personagens originários dos segmentos médios, alguns traços comuns a unificam temática e formalmente, a saber:

a) Conflitos centrados na ordenação familiar e na luta pela ascensão social

É no âmbito familiar que se reduplicam os valores conflituosos do universo social. E as tensões interiores dos protagonistas — resultantes da cisão entre obediência e revolta, alienação e consciência — encontram nesta estrutura cerrada o momento de maior exaltação e crise. Os indivíduos estão sempre rompendo com este universo, seja porque ele está degradado e os personagens precisam alcançar sua integridade em outra esfera, como Noel em *Caminhos cruzados*, e Vasco em *Um lugar ao sol* e *Saga*; seja porque a família asfixia os projetos de triunfo e mobilidade social, caso de Eugênio, em *Olhai os lírios do campo*.

Tanto a busca de autenticidade como a de riqueza corruptora nascem da ruptura com o clã; porém, algo contraditoriamente, essa busca remete para uma nova comunidade familiar, construída de maneira mais generosa e libertadora. É no território da família que se situa o espaço ideal da utopia. A ideia de Erico é a de que os seres humanos podem arquitetar um invulnerável reduto doméstico de bondade, recusando-se à desumanização da sociedade contemporânea, por meio de uma mescla de confiança, respeito e amor. Não à toa o escritor que colocou a família como instituição salvadora da falência de nossos tempos elaboraria as cenas mais pungentes de sua ficção no entrechoque e na separação de pais e filhos. Da mesma forma, o problema da escalada social é nuclear em sua obra. Nela, os conflitos dos indivíduos decorrem tanto do desajuste entre seus sonhos e as condições materiais da existência, quanto da ascensão através de mecanismos espúrios que aviltam a dignidade humana.

b) A visão de mundo liberal-humanista

Assumida vagamente pelo escritor no início da carreira, vai constituir o cerne de seu pensamento a partir de *Olhai os lírios do campo*, configurando-se com nitidez nas obras de maturidade. Em síntese, sua visão articula-se em torno da consciência crítica dos males do mundo e do respeito aos direitos civis, da liberdade de expressão e das formas democráticas de representação política. Para o jovem Erico, os seres humanos deveriam repudiar todo o uso da violência e impregnar suas ações de amor pela vida e pelos semelhantes, convertendo-as em atos de bondade e beleza.

Trata-se de um humanismo de substrato liberal, pois organizado a partir de opções de ordem estritamente pessoal. Apesar de viver em um universo opressivo e injusto, cabe ao sujeito escolher o seu destino e o seu grau de participação na vida coletiva. Em *Saga*, contudo, já se coloca para Vasco uma questão de ordem política: o que fazer diante da agressão fascista que deflagra a Guerra Civil Espanhola, em 1935? Sua resposta, o alistamento como voluntário nas forças republicanas, indica que, para Erico Verissimo, certas ocorrências exigiam uma tomada de posição menos individualista.

Nas décadas seguintes, o escritor redimensionaria sua visão. Preso aos mesmos princípios humanistas, percebeu que as ideias tendem a se fechar em sua própria abstração e que, em si mesmas, elas nada podem realizar. Por isso, nos últimos romances de sua carreira (*O senhor embaixador*, *O prisioneiro* e *Incidente em Antares*) a questão da responsabilidade do indivíduo perante a ação política converte-se no vértice narrativo. Digamos que a ideologia liberal dos anos 1930 a 40, nos moldes da tradição inglesa e americana, ainda que deturpada pelo sentimentalismo, transformou-se, a partir dos anos 50, em pensamento social-democrata, na linhagem europeia do século XX.

c) A habilidade técnica

Ao contrário da maioria de seus companheiros de geração, Erico sempre teve grande interesse pelos procedimentos estruturais da narrativa. Em *Caminhos cruzados* e *O resto é silêncio* utilizou pela primeira vez no Brasil a técnica do contraponto, desenvolvido por Aldous Huxley, fundada na justaposição e contraposição de uma série de protagonistas e situações, sem que haja no texto um centro narrativo único para onde todos os elementos convergissem. Mesmo em seus romances menos felizes, a composição é sempre instigante. Desde a montagem, passando por jogos temporais, multiplicidade de vozes narrativas, alternância entre painéis e passagens minimalistas, sente-se a presença de um escritor que reflete sobre a arquitetura de seus textos. A aprendizagem feita nos romances inaugurais serviria de base para a complexa articulação de *O tempo e o vento*, obra-prima de arquitetura literária.

Contudo, ao avesso dos grandes ficcionistas do Modernismo internacional (Joyce, Kafka, Hemingway e, sobretudo, Faulkner), Erico, no transcurso de sua trajetória, jamais pretendeu sacrificar a clareza, a eficácia direta e a energia persuasiva de seus textos em troca da criação de zonas de sombras, incertezas, dados escondidos e alusões enigmáticas. Nada fica oculto em seus romances: os motivos e causas das ações humanas, a lógica dos sentimentos e mesmo a razão das inquietudes e dúvidas dos personagens acerca da vida concreta ou da vida espiritual, tudo ou quase tudo é explicitado. O que poderia ser região obscura, terreno movediço, invariavelmente dissipa-se no processo de escrita e torna-se retrato nítido e sem mistérios. Apenas Luzia, a Teiniaguá de *O Continente*, escapa desse esforço de total esclarecimento; só ela adquire uma aura difusa, obrigando o leitor a tentar decifrá-la e, quem sabe, completar os seus vazios.

Em inúmeras entrevistas, Erico Verissimo designou a si mesmo como um "simples contador de histórias". Definição estreita para a riqueza de quem produziu um monumento literário do porte de sua trilogia. Trata-se de um romancista de primeira classe, embora fazendo parte de uma geração que desejava comunicar-se de qualquer maneira com o grande público, nem que para isso fosse preciso vincular seus relatos à feição mais tradicional do neorrealismo, inclusive mediante uma linguagem, por vezes, excessivamente convencional. Apesar dessa tendência simplificadora, é forçoso reconhecer que sua obra apresenta uma síntese harmoniosa entre voo imaginativo, testemunho de um mundo e estilo de plena acessibilidade.

## A caminho de Santa Fé

Em 1939, o escritor concebeu um "massudo romance cíclico que teria o nome de *Caravana*". Mas o projeto não se realizou, e a guerra que se avizinhava exigia uma atenção nervosa para a cena contemporânea. Tampouco sentia-se maduro para construir uma obra ficcional que representasse artisticamente os momentos decisivos da formação histórica do Rio Grande do Sul. Isso exigiria tanto o conhecimento completo do tema, quanto um absoluto domínio técnico, sem contar o elemento-chave para a consecução de um romance histórico, isto é, uma visão de mundo que norteasse o sentido dos acontecimentos e revelasse uma perspectiva singular desta civilização que emergira no Sul, durante os dois últimos séculos. No entanto, a modo dos autores realistas, começou a pesquisar o passado, acumulando notas e registros que depois lhe seriam valiosos na execução da obra.

O projeto que havia esboçado em 1939 pareceu tornar-se um pouco mais consistente quando da publicação de *O resto é silêncio*, quatro anos mais tarde. No relato destacava-se um escritor Tônio Santiago, visível *alter ego* de Erico por exprimir conceitos éticos e estéticos que coincidiam totalmente com os do romancista. Na cena final do livro, Tônio Santiago, assistindo a um espetáculo sinfônico no Theatro São Pedro, deixa-se arrebatar pela música enquanto sua imaginação viaja pelas origens da organização social rio-grandense. Era uma espécie de sinopse de *O tempo e o vento*:

> [...] o espírito de Tônio se enchia de quadros e cenas, vultos e clamores. Ele via o primeiro trigal e a primeira charqueada. Pensava na solidão das fazendas e ranchos perdidos nos escampados, nas mulheres de olhos tristes a esperar os maridos que tinham ido para a guerra ou para a áspera faina do campo. Imaginava os invernos de minuano, as madrugadas de geada, as soalheiras de verão e as glórias das primaveras. As lendas que iam surgindo nos matos, nas canhadas, nos socavões da serra, nos aldeamentos dos índios e nas missões. As povoações novas que surgiam e as antigas que cresciam, transformando-se em cidades. Refletia também sobre o fascínio das planuras largas que convidavam às arrancadas e à vida andarenga. [...]. Pensava também na luta dos homens contra os elementos e as pragas. Por sobre tudo isso, sempre e sempre, o vento e a solidão, os horizontes sem fim e o tempo.[2]

## O reencontro com os demônios familiares

Para produzir seu texto definitivo, precisou, antes de tudo, acertar contas com incômodos demônios interiores que há anos o vinham fustigando e desafiando-lhe a capacidade criadora. Eram demônios que se insinuavam nas lembranças não resolvidas de sua infância e juventude em Cruz Alta; nos fragmentos de

2. Erico Verissimo, *O resto é silêncio*, p. 402.

memórias de tios, avós e outros antepassados; na percepção, ainda difusa, de que a história do Rio Grande do Sul constituía um material muito mais intenso, vibrátil e múltiplo do que historiografia oficial fazia supor; e na consciência (um tanto quanto nebulosa) de que o acaso lhe havia possibilitado assistir simultaneamente ao apogeu e ao início da derrocada de um processo civilizacional, comandado pela poderosa classe dos estancieiros rio-grandenses, à qual por origem ele pertencia.

O convite do Departamento de Estado norte-americano para que trabalhasse dois anos numa universidade do país levou-o a Berkeley, na Califórnia, em sua segunda ida ao país. Desta vez levava a família consigo, e é possível que neste exílio voluntário o distanciamento do Brasil tenha lhe permitido uma reflexão sobre a realidade sul-rio-grandense e sobre sua infância e juventude, plasmadas nas intensas e sanguinárias disputas políticas regionais.

Examinar tanto o presente quanto os passados próximo e remoto de sua gente exigia antes de tudo que o escritor se reconciliasse com a figura do pai. Ele era o núcleo de sua angústia e de sua impotência em examinar os tempos idos com alguma isenção. Aquele homem valente, sedutor e, à sua maneira, generoso, que parecia condensar em si todos os desmedidos e altivos de um mundo que agora se decompunha, ferira a família com suas extravagâncias, sua prodigalidade, seus casos com amantes eventuais ou permanentes e seu desprezo pelas obrigações cotidianas. Aquele homem rejeitado por Erico, mas que, em suas primeiras ficções, deixaria entrever (periférica e inconscientemente) nos traços de alguns personagens envelhecidos — quase sempre associados a sentimentos de culpa dos mais jovens –, aquele homem precisava ser assumido, com todos os seus paradoxos, como símbolo de um universo até então virtualmente ignorado pelo novelista.

Não por acaso, um dos momentos mais significativos de *O arquipélago* ocorrerá quando o romancista Floriano Cambará (outro *alter ego* de Erico) encontra-se com seu pai, o Dr. Rodrigo. É um encontro tenso e emocionante. Floriano sabe que o pai tem pouco tempo de vida e sabe também que no apaziguamento de suas mágoas em relação ao caudilho e na eliminação de todos os desconfortos e mal-entendidos entre ambos reside a chance do ficcionista de assumir plenamente o caminho do passado e recuperá-lo em sua totalidade contraditória e vital, que o pai tão bem representava. É como se tão somente sob a aceitação serena do fluxo das recordações familiares a elaboração artística do grande painel narrativo pudesse se efetivar.

Ao realizar o ajuste de contas com o pai, Floriano pode submergir numa longa viagem em direção às raízes familiares. Estas, por milagre artístico do romancista, cruzavam-se e se confundiam com as peripécias fundadoras da província, fazendo com que as escolhas pessoais também adquirissem uma dimensão pública, quando não expressamente política. Desse modo, as contradições individuais eram igualmente as contradições da História, e assim as interrogações sobre a existência transformavam-se em interrogações sobre o entorno social.

## A tipologia masculina e feminina

A partir do pai, Floriano-Erico constrói uma tipologia masculina, predominante entre os Cambarás, que de alguma forma encarna os valores que foram cultivados no Rio Grande pastoril, acima das diferenças entre as classes. Estamos diante de homens que exibem o gosto pelas paixões mais frementes: a audácia, o ímpeto guerreiro e o narcisismo machista, seja sob a forma do caudilhismo rústico do Capitão Rodrigo Cambará, seja a do caudilhismo ilustrado do Dr. Rodrigo Cambará.

O contraponto a essa hombridade exibicionista e violenta vem das mulheres, ou mais precisamente, no plano pessoal do escritor, da figura materna. Erico não pode esquecer nunca o ruído das pedaladas na máquina de costura que cortavam as madrugadas glaciais de Cruz Alta: sua mãe, Dona Bega, mulher da elite reduzida a modista, costurava sem trégua para que os filhos tivessem o que comer no dia seguinte. Dessa capacidade de resistência silenciosa ao infortúnio familiar, desse devotamento aos filhos, dessa inglória luta pela sobrevivência econômica, o romancista extrairia o modelo de suas matriarcas, mulheres sem voz ou poder, eternamente vestidas de preto, mas que, dominadas pela noção de continuidade da vida, enfrentariam, como fortalezas inexpugnáveis, todas as pulsões da dor, do desalento e da morte.

Através destes dois eixos paradigmáticos, o romancista teceria um fio de permanência entre as várias gerações de Terras e Cambarás. Os Terras (sobretudo as mulheres) delimitam-se pela aparente ou real secura, pela desconfiança em relação ao discurso militarista e pela firmeza diante das mais horríveis vicissitudes. Creem na família como forma de defesa contra a vulnerabilidade dos destinos humanos e rejeitam tanto a teatralidade épica, imperante na província, quanto a sangueira sem fim decorrente das ambições turvas, dos duelos, das revoluções e das intermitentes guerras civis e fronteiriças. Já os Cambarás (sempre homens) comprazem-se na ação épica, no radicalismo espalhafatoso e cruel das ideias políticas — comumente vazias de sentido — e na rejeição da vida doméstica em troca de uma vida aventureira e gloriosa, posto que breve.

Contudo, para não fazer de *O tempo e o vento* uma obra naturalista — cujo determinismo da herança "fisiológica" apontaria previamente os caracteres dos personagens — e igualmente para não montar o romance como um confronto esquemático entre gêneros (masculino x feminino), Erico Verissimo soube semear em sua narrativa figurantes que traduzem o desvio das normas, a descontinuidade comportamental e a imprecisão dos arquétipos. Há um Cambará (Floriano) capaz de abominar a gratuidade da violência que rege a vida na Campanha. Há um amigo da família (José Lírio) que rompe com a monotonia da bravura gauchesca e da impiedade guerreira. E há uma jovem vinda da Corte (Luzia) que quebra o modelo inteiriço das mulheres da província, ao expor atos originários de sentimentos intensamente perversos. Para ela, o prazer consiste no sofrimento alheio, e só assim, observando as configurações mais tenebrosas da dor, sente-se feliz. As cenas em que se desenha a sua desconcertante ruptura com a regra moral ora são mostradas na íntegra (o gozo que experimenta ao ver o enforcamento de um escravizado, por exemplo), ora são referidas com poucos detalhes: sua passagem por Porto Alegre em um momento que a peste grassava e onde permanece, para contemplar o desespero dos que se esvaíam nas ruas, retorcidos de desespero e solidão. A crônica desse torpe desejo pela dor alheia (e inclusive pelos próprios tormentos) não é apenas a fixação do êxtase do Mal — embora descortinem-se aí certas pulsões de morte que habitam a alma humana — mas um corte na sequência repetitiva de admiráveis senhoras, todas guardiãs e promotoras da vida, que haviam encontrado em Ana Terra e Bibiana Terra suas personificações mais perfeitas.

A evocação dos familiares, uma mescla variada de tipos insólitos e por vezes um pouco delirantes, oscilando entre a rudeza e o refinamento, a aventura e a domesticidade, a rebeldia e o conformismo, associada à memória da velha Cruz Alta — cidade a caminho da decrepitude, mas na qual, até a década de 1920, as circunstâncias históricas da província ainda se manifestavam em sua plena tipicidade —, inflaram a imaginação criadora de Erico Verissimo e possibilitaram a edificação desse largo afresco que é *O tempo e o vento*. Mais do que isso: conferiram ao texto uma enorme energia persuasiva e um alento épico que, na literatura brasileira, encontramos apenas em passagens de *Terras do sem fim*, de Jorge Amado, e em *Grande sertão: veredas*, de João Guimarães Rosa.

## Ficção e História

Todo o romance histórico traduz um esforço de totalização por parte do ficcionista, que tenta criar um simulacro o mais possível abrangente de determinada época já transcorrida, com seus momentos decisivos, suas classes sociais, seus costumes, suas mentalidades. Enfim, toda a variedade possível do humano. Ao mesmo tempo, trata-se de uma obra imaginária que expressa a concepção irredutivelmente pessoal do escritor, não só pela linguagem e pela técnica, ou ainda pela presença de seus fantasmas interiores, mas também pelo modo singular de compreensão e registro da História. Quanto mais complexo for este último aspecto, mais densa e espessa se tornará a narrativa. Desta maneira, a composição de um romance histórico pressupõe não apenas a crônica das características nucleares de uma época, como a anotação das relações subjetivas e objetivas dos indivíduos com o seu tempo.

Erico escolheu um largo período de 200 anos para o desenvolvimento da trama, revelando a ambição de mostrar a vida no Brasil meridional em sua extensão e plenitude. Esses dois séculos (aproximadamente entre 1745 e 1945), sobre os quais a trilogia se ergue, abarcam uma vasta série de fatos configuradores do nascimento, estruturação, apogeu e crise de um tipo de sociedade que, mesmo integrada ao resto do país, desenvolveu traços singulares. A proximidade com os países do Prata, as intermináveis lutas fronteiriças, a militarização permanente de parte significativa da população, os levantes contra o poder central, a intrepidez e a bravura como princípios viris por excelência, a taxa superior de escolarização, o peso mais consistente das ideias em relação ao resto do país, todos esses elementos seduziram o ficcionista e induziram-no à reconstituição de um mundo que começava a naufragar no instante em que ele se dispunha a fixá-lo através da escritura.

Nada que fosse relevante do ponto de vista histórico-social ficou fora do romance: os primeiros contatos entre europeus e nativos (as Missões Jesuíticas); a destruição sangrenta dos redutos missioneiros por tropas luso-espanholas; a chegada dos pioneiros; o nascimento de povoados e de uma cidade-síntese da formação sulina (Santa Fé); a consolidação da base econômica centrada na pecuária; a presença de gaudérios sem destino e de lideranças caudilhescas, assim como dos subalternos escravizados e seus descendentes; as guerras platinas e as civis; o conflito com o Paraguai; a vinda de imigrantes alemães e italianos; os efeitos da Abolição e da República; a emergência do poderoso Partido Republicano Rio-Grandense (PRR); o surgimento de uma elite ilustrada, coesa, preparada militar e politicamente para comandar o país; a conquista do poder nacional por Getúlio Vargas; o estabelecimento do Estado Novo; e, por fim, a derrubada de Vargas por meio um golpe militar, em 1945.

Esses acontecimentos não são descritos em pormenores. Alguns deles são referidos somente de passagem, como a Guerra do Paraguai e mesmo a Revolução Farroupilha. Outros são um pouco mais esmiuçados, a exemplo dos confrontos políticos que antecipam as guerras civis de 1893 e 1923 e a Revolução de 1930. Portanto, O *tempo e o vento* não é um mero reflexo do passado rio-grandense, e sim um esclarecimento simbólico dessa realidade. O que o escritor faz é inventar um mundo ficcional que representa o mundo concreto. Para que isso aconteça, seu olhar fixa-se nas vidas individuais — entendidas tanto como um produto das paixões de sua época quanto como o resultado de opções feitas pelos protagonistas, a partir de sentimentos universais como o amor, o desejo, a ambição, o orgulho, a vaidade, a reflexão existencial. A história coletiva e a existência particular confluem densamente.

Ainda que no longo relato todas as classes sociais existentes na região sejam postas em cena (fazendeiros, peões, agregados, capangas, gaudérios, burgueses, bacharéis, pequenos proprietários, militares, clero, prestadores de serviço etc.), o seu eixo narrativo centra-se na família Terra Cambará, que, por meio do casamento de Bolívar Cambará com Luzia Silva, alça-se socialmente e logo se torna um dos clãs dominantes de Santa Fé. *O tempo e o vento* retrata, pois, de modo nuclear, a camada dos estancieiros que exerceu o controle econômico e político (e também, em certo sentido, o controle militar) do Rio Grande do Sul por cerca de dois séculos. É sobre a sucessão de gerações desta casta que Erico se debruçará mais atentamente, seja para a construção de um imenso e totalizante painel de época, seja para esquadrinhar a alma de uma gente que sintetizou em seus atos a grandeza e a violência de um processo histórico único no país.

Sublinhe-se que as personalidades históricas reais pouco aparecem no texto. São quase que apenas aludidas. Sabemos do seu peso, do seu poder, das configurações da realidade que as tornaram possíveis, mas nunca as conheceremos por dentro, em sua intimidade mais reveladora. Rafael Pinto Bandeira, Bento Gonçalves, Silveira Martins, Júlio de Castilhos, Pinheiro Machado, Borges de Medeiros e o próprio Getúlio Vargas não passam de espectros, admiráveis ou odiosos, heroicos ou oportunistas, generosos ou inflexíveis, mas tão somente espectros que estão ali para conferir maior verismo aos confrontos políticos da província e da nação.

Em *O tempo e o vento*, a História flui dessas figuras monumentais, que viraram bustos e nomes de ruas, para os seres fictícios que a vivenciam na aspereza do cotidiano. Seres criados com tal força persuasiva que hoje Ana Terra, Bibiana, Rodrigo, Luzia e Floriano existem para nós muito mais intensa e dramaticamente do que os homens reais que fundaram e consolidaram a província meridional. Os personagens por vezes são tipos, é verdade, mas a grandeza do texto reside menos no aprofundamento psicológico e sim na infinita variedade de indivíduos e caracteres que, no transcurso dos séculos, compõem um descomunal afresco de humanidade e dão a plena e vívida impressão de realidade.

## A visão histórica do escritor

Revelar a contraditória e frequentemente irracional dinâmica dos fatos históricos e a não menos problemática atuação dos seres na torrente tumultuosa dos acontecimentos é a condição de grandeza do romance histórico, que não admite uma visão unívoca, seja a da exaltação do passado legendário, seja a da pura desmistificação das "belas mentiras", construídas por versões ufanistas na literatura ou na historiografia. Tanto a idealização dos tempos idos quanto o seu radical desmanche crítico simplificariam as relações humanas e sociais, transformando-as em meras ilustrações de conteúdos ideológicos restritos.

Por causa desta ameaça de empobrecimento da realidade literária, os romancistas históricos de maior peso dos últimos cem anos, inclusive Erico Verissimo, encontraram em *Guerra e paz* (1859), de Tolstói, o modelo insuperável de perspectiva polissêmica, capaz de oferecer ao leitor a ilusão de que o universo flui pelas páginas do relato e que a escritura condensa todos os frêmitos e fulgores da existência. Em sua obra-prima, o escritor russo abarca tantas camadas do universo concreto, tantos ângulos distintos sobre os fatos, que temos a sensação de observarmos a vida como ela é: paradoxal, equívoca e movediça. À linhagem aberta por Tolstói filiaram-se ficcionistas como Romain Rolland (*Jean Cristophe*); Roger Martin du Gard (*Os Thibault*; Thomas Mann (*Os Budenbrooks*) e mais recentemente Alejo Carpentier (*O século das luzes*) e Mario Vargas Llosa (*A guerra do fim do mundo*).

A concepção de mundo sobre a qual Erico construiu sua obra-prima lembra a de Tolstói, mas pode induzir o leitor a um engano: o de julgar que se encontra diante de um relato épico-laudatório da formação do Rio Grande. Esta é a impressão que fica da leitura de *O Continente*, em especial dos capítulos "Ana Terra" e "Um certo capitão Rodrigo", os mais apreciados da trilogia. No entanto, em alguns dos episódios seguintes ("A guerra", "Ismália Caré" e "O sobrado") e nos livros *O retrato* e *O arquipélago*, observamos que a visão do escritor não é retilínea: os conflitos internos e externos desencadeados pela formação espartana da província, o gosto pela ação bélica e a embriaguez da violência que se estende pelo cotidiano são impugnados no próprio transcurso da narrativa. Da mesma forma, a superioridade moral das mulheres, várias vezes explícita no texto, é solapada por meio dos atos ambiciosos e mesquinhos, a exemplo dos perpetrados por Bibiana Terra, na candente batalha que trava com a nora, Luzia, pela posse do sobrado, da fazenda do Angico e da educação do jovem Licurgo Cambará.

Podemos afirmar que a realidade em *O tempo e o vento* é de natureza ambivalente e não admite uma ótica exclusiva. Todos os personagens têm suas razões, toda a louvação deixa entrever sua antítese, toda a crítica conhece a sua negação. Os códigos viris são mostrados como implacáveis e cruéis, mas, ao mesmo tempo, quando o capitão Rodrigo, trabalhando na bodega do qual é sócio, revela o seu horror àquela existência medíocre, empestada pelos cheiros de charque, banha e fumo, e contempla saudosamente a coxilha com seu horizonte infinito, espaço de cavalgadas audaciosas e de batalhas onde o homem afirma a disposição para a glória e a beleza da ação, ninguém consegue ficar indiferente à dimensão épica que emana daquele personagem. Cotejada com tal cotidiano de riscos e aventuras, nossa própria vida mostra-se como mecânica e insípida.

Assim, o ponto de vista do ficcionista sobre o passado da província de São Pedro oscila entre o elogio e a perspectiva problematizadora, entre a saga e a ótica corrosiva, em um paradoxo muito caro aos ficcionistas da modernidade. Em *O tempo e o vento* alternam-se o canto da bravura dos conquistadores da terra e os infortúnios da condição feminina, o gosto oligárquico pela tirania e o sentimento libertário de alguns dos guerreiros do Pampa. Nobreza e vilania, brutalidade e ternura, lucidez e irracionalidade se sucedem de maneira constante. Talvez por isso não haja, na trilogia, o acento nostálgico e melancólico com que José Lins do Rego evocou a civilização da cana-de-açúcar, tampouco as tintas quase que exclusivamente críticas com que Jorge Amado pintou os brutais coronéis do cacau. Ao contrário, Erico Verissimo examina o fluxo temporal tomado pela certeza de que através de um único ângulo seria impossível restaurar o significado daquela civilização agonizante, já que esta era em sua essência multiforme, equívoca e contraditória.

Por isso, talvez, no final do romance, há um sutil deslocamento do eixo das interrogações — fortemente inscritas na realidade empírica e na história do Rio Grande do Sul e do Brasil — para a questão do significado da existência. Esta indagação metafísica não resulta de personagens extremamente complexos em sua psicologia ou em sua dimensão cultural, embora a narrativa desenvolva, no transcurso da longa duração temporal, uma noção de profundidade, de nuanças, de jogos de claro-escuro que revestem a práxis e a interioridade dos figurantes. Estes aspectos, que verticalizam o texto e lhe conferem um notável alargamento de sentidos, apenas se tornam visíveis pela leitura de toda a trilogia. Só então o leitor alcança a compreensão de que o universo narrado está condenado ao desaparecimento, que ninguém o salvará de sua inexorável decadência, porque, exceção feita ao vento com seus eternos giros e circuitos, toda a práxis humana, ocorrida naqueles 200 anos, será aniquilada pela força devastadora do tempo. Com isso, a epopeia dos conquistadores da província de São Pedro, dos Cambarás, dos Terras e de uma classe que se alçou por sobre as demais, tudo e todos serão varridos para a névoa do nada.

É neste momento que Floriano Cambará decide dar uma resposta à precariedade e à falta de sentido da existência. Senta-se à mesa e começa a escrever a crônica da família — transmitida oralmente pela memória feminina de Ana, Bibiana e Maria Valéria Terra. A crônica familiar é também a de um vasto período histórico. Floriano redige as duas primeiras frases: "Era uma noite fria de lua cheia. As estrelas cintilavam sobre a cidade de Santa Fé, que de tão quieta e deserta parecia um cemitério abandonado". O romance que começa a escrever é o que acabamos de ler. Assim, a escritura salvará dois séculos de História e, sobretudo, dois séculos de paixões humanas, que irão projetar-se por sobre as instâncias desintegradoras do tempo e permanecerão como o único triunfo possível do ser humano contra o absurdo da morte.

## Depois de O tempo e o vento

O capítulo final de *O arquipélago* tinha por título "A encruzilhada", indicando a confluência dos destinos individuais ainda não resolvidos e os dilemas do país frente à redemocratização. Embora o romance se situasse em fins de 1945, a escolha de Floriano Cambará remete o texto para as grandes indagações formuladas pela "intelligentsia" brasileira nos primeiros anos 1960, a respeito do papel do escritor na vida pública. Logo, "A encruzilhada" — criação sobre o passado — guardava o calor e as conotações morais do presente do autor (1962), registrando a coletiva sensação de incerteza e de dilaceramento ideológico diante do quadro histórico nacional, extremamente radicalizado após a posse de João Goulart, em 1961.

Tanto *O senhor embaixador* (1965) quanto *O prisioneiro* (1967) foram tentativas de respostas ao duro embate político que se intensificou com o golpe militar de 64, com a propagação da Guerra Fria e com os reflexos da Revolução Cubana (1959). Neste cenário conturbado, a omissão política parecia um crime, a exemplo do que ocorrera na década de 1930. Erico Verissimo, até então mais empenhado em fixar as existências provincianas, é tocado pela angústia da época decorrente do confronto maniqueísta entre sistemas opositivos, e sente-se impelido a reafirmar sua visão de mundo, criando ficções que não repugnassem sua consciência liberal e tampouco o apresentassem como um homem de direita, avesso à justiça social. Ocorre um retorno às interrogações morais explícitas, presentes sobremodo em seus primeiros romances e no último volume de *O arquipélago*. A partir de agora, a ética não mais seria pensada fora da órbita política.

Em *O senhor embaixador*, Erico discute o sentido das revoluções nos países periféricos, o papel dos intelectuais no contexto revolucionário e as questões da liberdade e do compromisso social. A republiqueta ficcional de Sacramento é a imagem simbólica de Cuba e do processo de mudanças ocorrido na ilha. Em plena sedição, começa a se tornar visível o enfrentamento político entre guerrilheiros marxistas e liberais pelo comando do processo histórico. Pablo Ortega, o personagem principal, despreza a ditadura corrupta e direitista que está sendo posta abaixo, mas não compartilha da visão de seus companheiros de esquerda. Disso resulta o conflito final do romance, quando os jovens comunistas começam a dominar a aparelhagem de estado e a impor um cerceamento às liberdades civis. Pablo pensa em partir, mas após algumas vacilações permanece em Sacramento, na tentativa de manter a chama liberal em meio às correntes totalitárias.

A obra causou polêmica na esquerda da época, e Erico Verissimo foi tachado de autor reacionário. No entanto, em *O prisioneiro*, o autor questiona moral e politicamente a intervenção norte-americana no Sudeste Asiático, mostrando a sua perspectiva hostil a todas as formas de violência e de desrespeito à autodeterminação dos povos. As referências à Guerra do Vietnã são visíveis, tanto quanto as denúncias do uso indiscriminado de tortura nos interrogatórios dos prisioneiros. Apesar das boas intenções éticas do escritor, a narrativa tem problemas em sua execução, pois os personagens agem mais como sombras de um mundo de ideias do que como indivíduos concretos e persuasivos.

Seu último romance, *Incidente em Antares* (1971), de enorme recepção popular, retoma a paisagem sul-rio-grandense, por meio da criação de uma cidade imaginária, Antares, onde a erosão do poder das antigas elites, a presença degradada da burguesia e a emergência de setores populares entrecruzam-se em várias intrigas paralelas. A primeira parte do livro resgata a história da cidade e da região, sob o domínio de duas famílias oligárquicas, os Campolargo e os Vacariano. Na segunda parte, no ano de 1963, ocorre o incidente de caráter fantástico: sete mortos — insepultos por causa de uma greve de coveiros — retornam ao centro de Antares e lá realizam um julgamento dos vivos. Processa-se então um desmascaramento coletivo, sobremodo dos poderosos de Antares.

A obra poderia terminar com o enterro dos sete mortos, porém o autor estende-a até o final da década de 1960, para estabelecer uma acusação ao regime militar por seu caráter repressivo e antiliberal. Desse modo, o romance assume uma índole alegórica, pois na verdade o que está posto em questão é o Brasil contemporâneo. O teor caricatural e a crítica por demais explícita do relato, além, é claro, da superação daquele áspero momento ditatorial, parecem ter esmaecido o entusiasmo e a energia vibrátil com que os leitores o fruíram na década de 1970.

## Referências

BORDINI, Maria da Glória; ZILBERMAN, Regina. *O tempo e o vento*: história, invenção e metamorfose. Porto Alegre, EDIPUCRS, 2004.

CHAVES, Flávio Loureiro (Org.). *O contador de histórias*: 40 anos de vida literária de Erico Verissimo. Porto Alegre: Globo, 1972.

CHAVES, Flávio Loureiro. *Erico Verissimo*: realismo e sociedade. Porto Alegre: Globo, 1976.
DACANAL, José Hildebrando. *O Romance de 30*. Porto Alegre: Leitura XXI, 2003.
GONZAGA, Sergius. *Erico Verissimo*. Porto Alegre: IEL, 1986.
VERISSIMO, Erico. *Olhai os lírios do campo*. Porto Alegre: Globo, 1966.
VERISSIMO, Erico. *O resto é silêncio*. Porto Alegre: Globo, 1979.
VERISSIMO, Erico. *Solo de clarineta*. Porto Alegre: Globo, 1973. v. 1.

Carlos Cortez Minchillo

# 3.2.1

# Erico Verissimo: escritor múltiplo, intelectual coerente

*Não temos dentro de nós dois eus, mas uma legião deles. E ninguém como o escritor de ficção — talvez apenas o ator — exerce com mais frequência essa faculdade de multiplicar-se.*
Erico Verissimo, *Solo de clarineta.*

Para os leitores de hoje, como repercute a obra literária de Erico Verissimo? Para o escritor Italo Calvino, "um clássico é um livro que nunca terminou de dizer aquilo que tinha para dizer".[1] Pensando bem, a ideia aplica-se a qualquer livro: do ponto de vista de seus leitores e intérpretes, a obra de um escritor está em permanente construção e têm de ajustar contas com novas ideologias, gostos literários e abordagens acadêmicas. Eventualmente, tais livros são traduzidos ou adaptados, ressurgem como filme, novela e seriado de televisão, história em quadrinhos, espetáculo teatral, hipertexto. Graças a esse tipo de manipulação, podem expressar sentidos até então imprevistos, ao mesmo tempo que atingem mais variada e ampla audiência. É o que certamente tem acontecido com os textos de Erico Verissimo, que em pleno século XXI continuam reverberando sob o impulso de novas edições, adaptações audiovisuais e trabalhos universitários. De todo modo, ainda cabe perguntar: o que mantém vivo

1. Italo Calvino, *Por que ler os clássicos*, p. 11.

nos nossos dias o interesse por uma obra ficcional que, por um lado, se voltou para o passado da nação e, por outro, debateu os problemas mais agudos de seu próprio tempo, no Brasil e no mundo? Essa pergunta talvez não encontre resposta única e precisa, mas sugere um ângulo interessante para se avaliar a carreira e a obra de Erico Verissimo.

Um dos segredos do continuado interesse pela literatura do autor talvez seja sua multiplicidade. Tem Erico Verissimo para todos os gostos. Da saga familiar de fundo histórico em *O tempo e o vento* ao relato da angústia existencial em *Noite*; dos bastidores da diplomacia e da política latino-americana em *O senhor embaixador* às chagas do imperialismo e do racismo norte-americano em *O prisioneiro*. E ainda: literatura infantil, relatos de viagens, volumes de memórias, panorama da literatura brasileira. Os leitores afeitos à prosa poética e aos temas sentimentais podem se encantar com seus primeiros romances, *Clarissa*, *Música ao longe*, *Um lugar ao sol* e *Olhai os lírios do campo*. Tais textos fazem parte do que foi batizado de "ciclo de Porto Alegre" e foram condenados por parte da crítica da época, que os considerava "fáceis", "açucarados", acusando o autor de se curvar ao gosto do público. De fato, Erico foi, como se sabe, um dos primeiros escritores *best-sellers* do Brasil, e em certa medida é verdade que há momentos de banalidade emocional em sua prosa. Algumas vozes, porém, se levantaram em defesa da "simplicidade chã de Erico Verissimo", como os críticos Antonio Candido e Otto Maria Carpeaux.[2]

Aproximadamente oito décadas depois de seu lançamento, esses primeiros romances provaram que resistem a leituras mais exigentes e conectam-se a temas que perpassam boa parte da obra de Erico: o papel social reservado às mulheres, a dificuldade

2. Antonio Candido, *A educação pela noite & outros ensaios*, p. 204. Ver também: Antonio Candido, *Brigada ligeira*, p. 63-72, e Otto Maria Carpeaux, "Erico Verissimo e a técnica novelística".

de inserção social e o compromisso ético do artista, o idealismo do ativista político, a luta por hegemonia entre os donos do poder, a violência da sociedade patriarcal e seu embate com as forças — nem sempre progressistas — da modernidade. É fato que o mundo ficcional desses romances está articulado a realidades que foram radicalmente transformadas, compondo um painel da sociedade rio-grandense da primeira metade do século XX. Mas, justamente por expressarem valores do passado, por guardarem em suas páginas outras modalidades de condutas humanas, reações emocionais, soluções políticas e filosóficas para alguns dilemas que ainda são os nossos, esses livros podem despertar grande interesse nas novas gerações. Flagrada, ora no cenário urbano, ora no vilarejo de província, a sociedade que Erico apresenta é complexa e variada, pondo em tensão adolescentes, homens e mulheres jovens, idosos; celibatários, heterossexuais e homossexuais; famílias abastadas e gente pobre e miserável; imigrantes espanhóis, alemães, italianos, judeus; senhores e escravizados; brancos e negros; professores, médicos, músicos, pintores, comerciantes, aventureiros, empreendedores, desempregados. Esse mesmo corte horizontal por entre tantas categorias e tipos sociais é o que desponta em um romance meio mal-ajambrado como *Saga* — que carrega o protagonista para a Guerra Civil Espanhola e o traz de volta ao Brasil — e no interessantíssimo *Caminhos cruzados*, em que Erico Verissimo praticamente inaugura na prosa brasileira a estrutura contrapontística, recorrendo a cortes temporais e colagens de perspectivas narrativas para dar conta das múltiplas vivências do ambiente urbano.

Erico fez ainda outras experiências com a técnica contrapontística e com a manipulação da cronologia, empregando-as em romances tão díspares no tema, cenário e intenção como *O resto é silêncio*, *O tempo e o vento*, *O senhor embaixador*, *O prisioneiro* e *Incidente em Antares*. Talvez se possa ver nisso mais um índice da postura radicalmente democrática do escritor gaúcho. Em todos esses romances, a pluralidade de vozes expõe as muitas formas de se perceber, pensar e sentir a realidade. Com isso, quase sempre se evita a simplificação entre certo e errado, abolindo-se, consequentemente, a oposição maniqueísta entre heróis e vilões. "O homem é um núcleo, um centro de relações ativas em contínuo processo de transformação"[3], diz um dos personagens de Erico, explicitando uma visão dinâmica e sutil de ser humano que, parece-me, coincidia com a percepção do próprio autor. A literatura de Erico pode, assim, ser associada a certas tendências estéticas e filosóficas identificadas com o que veio a ser chamado de pós-modernidade, como o romance polifônico, a relativização da verdade, os limites da apreensão do real e a noção de inacabamento do ser humano.[4] Tudo isso, porém, não comprometeu a capacidade de comunicação de uma obra literária que sempre privilegiou a linguagem coloquial e fluente, isenta de obscurantismo no plano expressivo ou conceitual, algo que Erico não aprovava e costumava chamar, com certo desprezo, de "escafandrismos psicológicos".[5]

Erico Verissimo foi igualmente diverso e inovador em sua vida profissional. Poucos escritores de sua geração assumiram tantos papéis diferentes. Erico foi tradutor e editor em Porto Alegre, ajudando a renovar e inovar o mercado livreiro do Brasil. Responsável por cursos universitários nos Estados Unidos, em mais de uma ocasião rodou aquele país fazendo dezenas de palestras para os mais variados públicos. Na década de 1950, assumiu por mais de três anos a direção de assuntos culturais na União Pan-Americana em Washington, o que consumiu suas energias e o afastou da produção literária. Por outro lado, nesse período o escritor pôde viajar pela América Latina, descobrindo os bastidores do poder,

---

3. Erico Verissimo, *O arquipélago*, p. 593.

4. Sobre os conceitos de romance polifônico e inacabamento,ver Mikhail Bakhtin. *Problemas da poética de Dostoiévski*.

5. Erico Verissimo, carta para Lara de Lemos.

estabelecendo contato com grande número de artistas, políticos e intelectuais e debatendo graves problemas do continente, como a situação social das crianças, a atuação dos militares, os abusos ditatoriais e o intervencionismo norte-americano. Isso tudo, que permeou sua obra ficcional e memorialista, e mais as várias temporadas que ainda viria a passar nos Estados Unidos, manteve Erico antenado com as questões mundiais contemporâneas. Apesar de sua afinidade de longa data com a cultura ianque, Erico pôde também aguçar seu senso crítico em relação à sociedade e à política internacional norte-americana, o que é digno de nota: se existe algo que não variou na vida e na carreira de Erico Verissimo foi sua radical oposição ao autoritarismo, a qualquer abuso de poder estatal ou partidário.

Considerava-se um social-democrata e jamais se filiou a partido algum. Execrava o stalinismo, mas criticou o fechamento do Partido Comunista Brasileiro na década de 1940. Em relação ao golpe militar de 1964, inicialmente se convenceu de que poderia haver alguma vantagem institucional, mas logo se posicionou publicamente contra a censura e as cassações, a perseguição, o exílio e a tortura. Reconhecia o valor das democracias ocidentais, mas lamentava as práticas agressivamente imperialistas dos Estados Unidos, assim como as disparidades sociais e raciais que aí se perpetuavam. Criticou Hitler, Franco, Salazar, Fulgencio Batista, Pérez Jiménez e Fidel e escreveu *Incidente em Antares*, que, lançado durante os mais violentos anos da ditadura militar, pode ser lido como um ataque audaz à situação sociopolítica brasileira. Essa isenção ideológica, até o limite onde isso é possível, abriga uma corajosa coerência ética. Até sua morte em 1975, Erico Verissimo se manteria fiel ao que confessou em carta a José Lins do Rego: "[c]ontinuo a detestar as ditaduras, sejam elas da direita, da esquerda... ou do centro".[6] Isso talvez prove, uma vez mais, que Erico e sua obra têm muito a dizer para os

6. Erico Verissimo, carta para José Lins do Rego.

leitores deste nosso tempo de afrontas à democracia, em nosso país e em muitas outras partes do mundo.

## Referências

BAKHTIN, Mikhail. *Problemas da poética de Dostoiévski*. Trad. Paulo Bezerra. Rio de Janeiro: Forense-Universitária, 1981.

BETTIOL, Maria Regina Barcelos; FLORES DA CUNHA, Patrícia Lessa; RODRIGUES, Sara Viola (Orgs). *Erico Verissimo*: muito além do tempo e o vento. Porto Alegre: Ed. da UFRGS, 2005.

BORDINI, Maria da Glória (Org.). *Caderno de pauta simples*: Erico Verissimo e a crítica literária. Porto Alegre: IEL, 2005.

BORDINI, Maria da Glória. *Criação literária em Erico Verissimo*. Porto Alegre: L&PM; EDIPUCRS, 1995.

CALVINO, Italo. *Por que ler os clássicos*. Trad. Nilson Moulin. São Paulo: Companhia das Letras, 1993.

CANDIDO, Antonio. "A nova narrativa". *In*: A *educação pela noite & outros ensaios*. São Paulo: Ática, 1989.

CANDIDO, Antonio. "Romance popular". *In*: *Brigada ligeira*. Rio de Janeiro: Ouro sobre Azul, 2004.

CARPEAUX, Otto Maria. Erico Verissimo e a técnica novelística. A *Manhã*, Rio de Janeiro, 5 abr. 1953.

CHAVES, Flávio Loureiro (Org.). *O contador de histórias*: 40 anos de vida literária de Erico Verissimo. Porto Alegre: Globo, 1972.

LUCAS, Fábio. Ética e estética em Erico Verissimo. Porto Alegre: AGE, 2006.

VERISSIMO, Erico. *Um certo Henrique Bertaso*. São Paulo: Companhia das Letras, 2011.

VERISSIMO, Erico. *Solo de clarineta*. São Paulo: Companhia das Letras, 2005. 2 v.

VERISSIMO, Erico. O *arquipélago*. Porto Alegre: Editora Globo, 1961.

VERISSIMO, Erico. [*Carta*] 18 jan. 1956, Washington, DC [para] Lara de Lemos. Casa de Rui Barbosa, CRB77.3149.

VERISSIMO, Erico. [*Carta*] 10 fev. 1954, Washington, DC [para] José Lins do Rego. Acervo Literário Erico Verissimo, 02a0275.

Pedro Brum Santos

# 3.3

# Romance de 30 e dissensão social: autores de tema rural

À altura da década de 1930, a ficção consagrou-se como um móvel de intervenção transformadora para um grupo de autores voltados à temática de extração rural no Rio Grande do Sul. Embora nem sempre tomada como forma exclusiva ou preferencial, foi através dela — da prosa ficcional — que Aureliano de Figueiredo Pinto, Cyro Martins, Pedro Wayne e Ivan Pedro de Martins lograram incorporar o recorte social aos assuntos locais de modo a reverberar eco àquela feição realista reconhecida por perceber a sociedade de baixo ou de viés.

Desambientação ou desconforto é traço recorrente nesse universo de criação, que, se bem observado, encontra origem na própria condição autoral. Estamos diante de um conjunto de escritores cuja feição letrada embaralha-se com situações que conheceram ou experimentaram em um estado social e mental próximo da condição ancestral do homem. Daí a dose documental que suas obras, por vezes, expressam. Em outras palavras, trata-se de criadores cujas escrituras alcançam a necessidade estética que a arte supõe como resultado de funda e particular experiência telúrica.

## Aureliano de Figueiredo Pinto

Dos quatro autores em questão, Aureliano de Figueiredo Pinto parece ser o que melhor identifica a posição de desconforto. A experiência de médico dedicado ao atendimento de população de baixa renda deu-lhe a atitude de intérprete privilegiado de uma matéria apreendida com a vivência rural que teve na infância. À sua existência nunca foi estranha a disputa afetiva entre o apelo da cidade — que frequentemente lhe foi ofertado — e o fascínio do universo rural — opção teimosa que perseguiu até o incontornável. De início, ao Rio de Janeiro, onde iniciou formação superior, preferiu a volta ao Sul. Mais tarde, igual sorte vingou sobre Porto Alegre, onde, já formado, contraiu matrimônio nos anos 1930. Porém, o que se prolongou definitivamente foi a morada de Santiago, pequena cidade interiorana, de arraigados hábitos rurais, reduto de início da vida profissional onde exerceu a clínica médica até morrer em 1959.

O ano de sua morte coincide com o lançamento, pela Editora Globo, de *Romances de estância e querência: marcas do tempo*. Foi seu primeiro livro, que ironicamente lhe chegou às mãos nos últimos instantes da existência. Sua arte, feita no recolhimento doméstico e dividida entre o círculo restrito de amigos, ainda renderia três títulos póstumos: *Romances de estância e querência: armorial de estância e outros poemas* e *Itinerário: poemas de cada instante*, que são obras vertidas em versos com ênfase na linha gauchesca (a primeira) e na lírica de tom amoroso (a segunda). A esses volumes de poemas, soma-se a novela *Memórias do Coronel Falcão*, espécie de contraprova da capacidade inventiva do autor.

Com mão firme de ficcionista e com a perspectiva crítica da sátira, *Memórias* é demonstração de sintonia com a efervescência política e institucional dos anos 1930, escrito que foi naquela quadra em que sua vida esteve dividida entre o desejo de fixar-se na Campanha e o apelo da atividade na capital. A comprovar-lhe o peso e o alcance tardiamente reconhecidos, a obra recebeu três edições em sequência, todas da Editora Movimento. Duas no biênio 1973–1974 e a terceira em 1986, quando contou com revisão cuidadosa do irmão Plínio de Figueiredo Pinto e dos historiadores Antero Marques e Romeu Beltrão.

Novela significativa no conjunto da produção rural de 1930, *Memórias do Coronel Falcão* é particular aposta na força da sátira social. A incorporação da duplicidade satírica, no caso, substitui a condição trágica do destino incontornável, tão própria da produção poética do autor, por uma equação de tragicomédia. Emerge o tom de farsa ou de falsete através do qual o narrador, em primeira pessoa, conduz o desfile de um apurado mostruário de tipos humanos, todos destinados a cumprir papéis que desvelam a perfídia de relações sociais e políticas de um pequeno burgo da Campanha rio-grandense.

Será fácil encontrar nessa novela instigante, tardiamente publicada, fartos exemplos de notações conflituosas surgidas do signo da ironia e denunciadoras do embate entre homem e sociedade. Fixemos três exemplos rápidos dessas notações e busquemos apontar o que, delineado na forma, acusa o sintagma histórico que está em causa.

O primeiro exemplo é o do trem em viagem para a capital. Nele desloca-se a comitiva saída da Campanha para tratar em palácio com os chefes partidários. À medida que o ponto de chegada se aproxima, menor é a autossuficiência do campônio, maior a engrenagem do urbano. A linguagem entrecorta-se em períodos curtos e simples. O planalto, literalmente, encolhe de tamanho.

O desfoque da história é outra ocorrência que o deslocamento do trem também evoca. O narrador, sob a verve afiada da ironia, enxerga, pelos caminhos percorridos, ruína de glória vencida. É o que acontece, por exemplo, na referência a Rio Pardo, poderoso reduto de revoluções passadas que, aos olhos do viajante, surge "acachapada de glória morta".[1]

O terceiro exemplo envolve a mesma comitiva em sua chegada ao Palácio do Governo. Numa tirada que lembra o retrato

1. Aureliano de Figueiredo Pinto, *Memórias do Coronel Falcão*, p. 49.

impiedoso que Lima Barreto compôs de Floriano Peixoto em *Triste fim de Policarpo Quaresma*, a investida de *Memórias*, na linha da dessacralização da autoridade, coloca no centro da cena a figura de Borges de Medeiros, típico representante do coronelato sulino que, quando o livro foi escrito, há pouco encerrara período de três décadas na presidência da província: "Atingíramos a última caverna naquele romance de aventuras. Aos nossos olhos, habituados à neblina, destacou-se um vulto de homem todo cor de neblina".[2]

Vazado nesses termos, o viés da sátira ganha autenticidade na voz narrativa, traduzida em primeira pessoa através da memória do Coronel Falcão. Esse narrador protagonista é proprietário rural com laivos de sabedoria e conhecimento de mundo — quando moço, tuberculoso, tratou-se na Áustria, situação que, supostamente, lhe dá o distanciamento necessário para usar o registro culto da linguagem e a perspectiva de quem olha o mundo ao redor com os olhos divertidos do estrangeiro em viagem. Mais autêntica torna-se essa voz pelos jogos temporais que presidem o relato. A posição de Falcão é ulterior aos fatos narrados. No presente da narrativa, os fracassos da carreira política e da atividade econômica já pertencem ao passado.

Considerar *Memórias do Coronel Falcão* em acorde com a safra alinhada à ficção de 1930, está visto, exige um exercício de acronia. A novela, é certo, foi produzida em 1936–1937 e resulta do envolvimento sócio-político do autor, oficial-médico no levante de 1930, mas que logo engrossou fileiras entre os decepcionados com os rumos do movimento — malgrado manter laços partidários que redundaram em funções públicas posteriores. Quanto às motivações da sátira, valha-nos o testemunho de Antero Marques[3], segundo o qual o livro respondia a desafio que ele, Marques, estabeleceu com Aureliano de modo

2. *Ibid.* p. 61.

3. Antero Marques, *Mensagem a poucos*.

a darem conta, pela escrita, dos desmandos e dos ideais traídos nos episódios históricos de 1923 (contenda local pelo poder) e 1930 (ascensão do Partido Republicano Rio-Grandense que guindou Getúlio Vargas à Presidência da República).

Fosse pelo zelo com o acabamento textual que o autor sempre teve em alta conta, fosse pela questão política em si, a verdade é que o texto permaneceu inédito mais de dez anos depois da morte de Aureliano. Mais que isso: consta que, certa feita, irritado com o filho que lhe descobriu os originais, jogou o calhamaço ao fogo. Graças à interferência da esposa, Zilá, evitou-se o pior.

Já adoentado, quando aquiesce em publicar seus guardados, a novela permanece expurgada. Aureliano, por certo, tinha motivações políticas para tamanha discrição. Mas, talvez, simplesmente tivesse em conta manter-se fiel ao projeto alinhado ao lado rude e algo primitivo da vida na Campanha. Como João Simões Lopes Neto, seu consagrado antecedente de ofício, julgava-se na obrigação de preservar esse ambiente contra a voragem de tempos marcados por profundas e rápidas transformações. Esse é, aliás, o argumento com que costumava situar seu ofício de poeta: "a nossa vida, na renúncia de sua modéstia, tem algo a dizer à mocidade de amanhã, porque foi vivida à nossa maneira, ao jeito do fio d'água que corre à margem da barulhenta cascata".[4]

*Memórias do Coronel Falcão* contradiz a percepção telúrica e vertical que anima os romances versificados. Em seu lugar, a novela proscrita alinha-se à linguagem apurada de andamento ágil e à horizontalidade satírica. A ênfase ao elemento visual e às formas geométricas e sintéticas de muitas descrições com vistas a apresentar fragmentos justapostos da realidade lembra a dinâmica do romance *Memórias Sentimentais de João Miramar* (1924), de Oswald de Andrade. Recorde-se, a propósito, que Tyrtheu Rocha Vianna, contemporâneo de Aureliano e habitante

4. *Ibid.*, p. 8.

de sua circunvizinhança (morava em São Francisco de Assis, nas proximidades de Santiago), publicara pouco antes, em 1928, seu *Saco de viagem*, caso único de conjunto de poemas que enfocam o universo rural rio-grandense sob a ótica futurista. Logo, pensar *Memórias do Coronel Falcão* nessa linha de relações modernas ou modernistas e contrapô-lo ao interesse permanente do autor pela tradução do universo da Campanha permite supor que Aureliano tenha deixado a novela, escrita sob o calor de eventos sociopolíticos e modismos literários, na conta de uma *boutade* pertencente a uma quadra que, definitivamente, considerava episódica e, como tal, enterrada.

## Cyro Martins

Enquanto na trajetória de Aureliano de Figueiredo Pinto o universo rural é apanágio confirmado e reforçado ao longo de existência discreta e reclusa, traduzindo-se em produção poética restrita a familiares e ao círculo de amigos, o que ocorre com Cyro Martins, se não é bem o oposto, é bastante diverso. Há, porém, a coincidência de ambos terem nascido na Campanha rio-grandense e, portanto, terem conhecido "causos", costumes e tradições fortemente arraigados àquele meio.

Em Martins, o traço saliente de início de carreira é a dificuldade em conciliar a profissão de médico com a atividade de escritor. Esse aspecto de sua produção, aliás, seria destacado pelo escritor em entrevista-balanço publicada na década de 1980: o fato de ter feito alguma literatura em meio à permanente dedicação clínica. Malgrado o devotamento lacunar à escrita, sua obra é extensa. Até morrer, em 1995, aos 82 anos, foram dezesseis livros de ficção (três deles de contos, sendo um póstumo), oito volumes de ensaios com ênfase na clínica médica e psicanalítica e um livro de memórias.

Na ficção, a despeito do reconhecimento conquistado com o passar do tempo, a propalada consciência crítica de sua obra custou a sagrar-se entre as hostes literárias sulinas. Primeiro, por certo estigma que a matéria regionalista, eleita como referência primordial de seus livros, experimentava em época de ascendente vanguardismo e interesse por temas de extração urbana. Depois, como consequência da dedicação assistemática às lides literárias.

Prova da recepção reticente aos primeiros livros é o fato de a Globo, justamente a casa editorial que vinha de congregar em Porto Alegre um ciclo intelectual animado por renovação, ter rejeitado os originais de *Sem rumo*. Essa, aliás, foi a razão pela qual a novela acabou saindo pela falimentar Ariel, do Rio de Janeiro, em 1936.

Com a trajetória titubeante do primeiro título, Cyro permanece dividido entre a literatura e a clínica médica entre as décadas de 1930 e 1940. Em todo caso, persiste na questão social acordada desde quando, médico recém-formado, percorrera a periferia da sua Quaraí natal, oportunidade em que, instigado, usou pela vez primeira a expressão "gaúcho a pé", que, *ad initium*, proclamava o sentimento autoral. Por fim, traduzida em literatura, a matéria vai povoar os dois títulos que definem seu estro de ficcionista: *Porteira fechada* (1944) e *Estrada nova* (1954), este último em data coincidente com o retorno de Buenos Aires, concluída a formação realizada no Instituto Psicanalítico da Argentina.

A conclusão da trilogia, na década de 1950, opera uma transformação no modo como a crítica passa a considerar a produção ficcional de Cyro Martins. O principal sinal dessa modificação é dado pela própria Editora Globo, que resgata *Sem rumo* e chancela a segunda edição do livro em 1957. A partir de então, o novelista passa a ser incluído entre os renovadores do regionalismo rio-grandense e sua obra ganha primazia no filão reconhecido por um realismo mais ou menos de recorte naturalista, às vezes enveredando para o romance proletário.

A reinscrição do regionalismo repercutiria no conjunto de uma obra caracterizada, como se vê, por consideráveis lapsos temporais de produção e por constante reescrita do já publicado. O núcleo inicial (*Sem rumo*, *Porteira fechada* e *Estrada nova*) acabou valorizado pela identidade temática. Somente na década de 1970, porém, por ocasião de reedições lançadas pela Editora Movimento com revisão do próprio autor, a expressão "trilogia do gaúcho a pé" seria consagrada pelo editor Carlos Jorge Appel.

Da extensa obra, que tem vários desdobramentos, sua intervenção mais incisiva é a fixação de uma espécie de anti-herói identificado com a marginalização social. Há ao menos dois aspectos decisivos como fatores de permanência e atualização desse recorte. Um deles é externo e diz respeito à consciência de que o processo de mecanização e a concentração urbana produziram profundas transformações na ordem econômica, social e cultural do espaço regional rio-grandense. Com o passar do tempo, a percepção da realidade social reforçou a autenticidade dos relatos. O outro aspecto está no equacionamento da voz narrativa. Neste particular, é interessante o testemunho do próprio autor, externado, sintomaticamente, em ensaio dedicado a Alcides Maya, escritor que, em mais de uma ocasião, definiu como um de seus ídolos de juventude:

> Sempre entendi que o regionalismo, para sobrepor-se às limitações do gênero, deveria submeter-se a um imperativo de intercomunicação dos grupos humanos que vivem mais ou menos segregados da comunidade nacional à qual pertencem. Com esse espírito o cultivei.[5]

Olhada pelo viés da intercomunicação como atributo da manifestação regionalista, a voz narrativa de seus textos é tanto mais

5. Cyro Martins *apud* Flávio Loureiro Chaves, "O Rio Grande sem máscara", p. 64.

eficiente e singular quanto mais se afasta do estilo opulento e rebuscado encontrado no mestre Alcides Maya. Entre ambos há a evidente aproximação referencial pelo solo comum da violência do campo e do êxodo rural, cujo trato primacial Cyro sempre reconheceu em seu antecessor. Em Maya, porém, fruto da sofisticação da voz, a despeito do realismo da cena, permanece insuperável a deformação romântica que distancia narrador e matéria narrada. Martins parece ter compreendido melhor a lição dos grandes realistas dos oitocentos, de sorte que a sustentação do regionalismo em sua ficção reside na apurada harmonia entre a voz e os demais componentes da narrativa.

Aos dramas humanos de fundo dramático coaduna-se, com a mesma intensidade harmônica, o jogo da farsa e do engodo, princípio e fim frequentemente utilizados como contraponto necessário ao equilíbrio da realidade representada. Entre as tantas referências tomadas do universo regional, a dos animais destaca-se — às vezes como riso, às vezes de modo sério — porque mostra até onde o efeito de contaminação do meio (do espaço, do ambiente) é nota marcante do conjunto da produção.

Sintomaticamente, a cena inicial de *Sem rumo* é assinalada por essa notação do mundo animal como reforço da dinâmica narrativa, onde o detalhe se integra e converge para a melhor compreensão do todo. É assim que o leitor, conduzido pela perspectiva de Chiru, encontra na ação do "burrilho" Tamanco a primeira impressão da dureza do trabalho na fazenda. Na longa cena de abertura de *Sem rumo*, enquanto clareia o novo dia, é um Chiru "gurizote" que cabresteia o animal à roda do moinho de milho, de modo a fixar a afirmada "mansidão resignada dos submissos", desde logo agenciada em Tamanco "pelo frouxo e lanzulo, de inverno, olhos resignados, cabeça gigante, beiço caído, lombo enrodilhado".[6]

6. Cyro Martins, *Sem rumo*, p. 23.

É assim que, com repercussão inclusive em títulos tardios como *O príncipe da vila* (1982), o enquadramento da fauna é um dos legados mais significativos de Martins, encontrando ressonâncias em nomes como Guimarães Rosa e Mário Palmério, pertencentes à dita maturidade da ficção regional brasileira, o que, *per si*, é sólido indicativo da atualidade e permanência das novelas do ficcionista rio-grandense.

## Pedro Wayne

O dado da fixação em pequena cidade afastada dos grandes centros e o contato com a realidade da área rural é, por certo, marca indelével de sua biografia literária. Nascido em Salvador, Bahia, em 1904, e criado em Pelotas, para onde se mudou com a família quando contava cerca de dois anos de idade, foi em Bagé, situada na Campanha meridional sul-rio-grandense, que Wayne, a partir de 1927, constituiu família e desenvolveu atividade profissional como bancário, contabilista e juiz municipal. A morte, que o colheu cedo, aos 47 anos, em 1951, interrompeu trajetória ascendente de uma personalidade inquieta e criativa.

Por vários motivos, os anos 1930 são definidores de sua trajetória. Comprometido politicamente, envolve-se em ações armadas decorrentes do emergente getulismo. Em seguida, a falência do Banco Pelotense deixa-o desempregado e força sua mudança para a zona rural, onde exerce a contabilidade de estabelecimentos que beneficiam charque. Quando retorna definitivamente ao espaço urbano, em 1933, seu nome já percorre o estado.

Em Bagé, Pedro Wayne, além de aparecer à frente do sugestivo boletim A.B.C.D.E.F..., lançou dois livros de poemas: *Versos meninosos e a lua* (1931) e *Dina* (1935). Trata-se de criações graciosas, com ênfase em motivos urbanos e bom humor.

Alinhados à estética futurista, são composições em versos livres e experimentos em variações sintáticas.

A crítica literária denuncia, algures, o caráter contraditório que há entre o ideal vanguardista de recorte sofisticado e a produção regional empenhada em valorizar o camponês e seu entorno de base rural. Nem sempre, porém, é fácil fazer claro recorte entre uma e outra situação. O fato de um mesmo autor ou grupo matricular-se concomitantemente nas duas vertentes, como ocorreu em vários casos, demonstra o quanto a modernidade literária brasileira equilibrava-se entre tradição e vanguarda, sem conseguir superar o choque de traços que, para uns, eram laivos provincianos de pendor passadista e, para outros, assinalavam a avidez com que buscavam alinhar-se ao progresso e à atualização da História.

Ao dar guarida a uma e outra dessas vertentes, a obra de Pedro Wayne, no conjunto, apresenta-se como síntese adequada do período. Festejado pelos versos inaugurais que bradavam os ventos vanguardistas, foi com o recorte realista de *Xarqueada*, de 1937, que Wayne inscreveu-se entre os artífices da ficção regional. Na condição de narrativa de cunho documental, preocupada em escavar e explicar as origens das ações contadas, a obra, por um lado, alinha-se àquela prosa do mundo composta em linguagem clara e direta, com vigor de denúncia consagrada por um Lima Barreto na ficção do início do século XX. Por outro lado, a crueza descritiva de certas cenas e as inevitáveis alusões a moléstias como a tuberculose ou a registros de condutas como adultério, homossexualismo e prostituição indicam o fundo naturalista da matéria.

Por uma ou outra filiação, a radical atualidade da novela deveu-se ao alcance social e político do tema da denúncia. O senso de justiça e a disposição para despertar a consciência de luta entre os trabalhadores degradados pelas péssimas condições do meio aproximam o protagonista, Luís, do paradigmático

Étienne Lantier. A exemplo do líder mineiro do romance *Germinal*, de Émile Zola, o guarda-livros de Wayne envolve-se com um movimento de greve, disposição que permite vislumbrar no escritor da Fronteira a ressonância de uma corrente da ficção que, vinda do século XIX, ganhara corpo através da divulgação global do marxismo-leninismo.

*Xarqueada* (1937) foi lançado pela editora Guanabara sob os auspícios da Sociedade Felippe D'Oliveira, entidade lítero-cultural sediada no Rio de Janeiro cuja atuação é mais um exemplo da convivência de contrários no âmbito do projeto de Brasil moderno. Criada em memória do poeta simbolista que lhe emprestou o nome e subvencionada pelas Organizações Daudt Oliveira, realce da nova indústria farmacêutica nacional, a associação, em mais de uma década de atuação, congregou colaboradores de várias latitudes — dos modernistas de São Paulo aos regionalistas espalhados pelo país. Seu aclamado boletim anual, intitulado *Lanterna Verde* (1934–1944), continua sendo interessante radiografia para se compreender as intrincadas redes de autores e movimentos surgidos à época.

Ao lado do acolhimento associativista, outro fator de inserção relevante do tempo foi a troca de cartas, prática que permitia encurtar distâncias e atalhar caminhos. Vêm dessa prática os decisivos contatos que Wayne manteve com Erico Verissimo e Jorge Amado, desde logo dois entusiastas do projeto narrativo de dar voz aos espoliados trabalhadores da indústria do charque.

A própria denominação da novela define-se em decorrência desses consórcios. Fixado na importância de conquistar leitores para projetos de alcance social, como era o caso, Amado, após ler os originais, escreve ao autor, lembrando-lhe que o público gosta de títulos pequenos e sugerindo-lhe a expressão "Xarque" em lugar de "Charqueadinha" ideado originalmente. Tocado pela sugestão, o estreante ficcionista define-se, enfim, por *Xarqueada* (a grafia com "x" incorpora, como se percebe, algo do "xarque" incentivado pelo escritor baiano).

Outro fio saliente dessa rede de relações diz respeito às candentes questões político-partidárias. À época, de acordo com o ideário programático ditado pelo Partido Comunista (fundado no Brasil em 1922), os intelectuais eram convocados a responder com criações que ressaltassem o homem novo, um herói típico produzido pelas lutas sociais. O próprio Jorge Amado, eleito (e logo cassado) deputado comunista em 1946, deu visibilidade à sua obra ficcional ao assumir-se como autor de romances proletários — casos particulares de *Cacau* (1933), *Suor* (1934) e *Jubiabá* (1935), exemplos do modelo surgido em período imediatamente anterior ao lançamento da novela de Wayne.

Decerto que se pode classificar *Xarqueada* como novela proletária. Sua trama enquadra-se na busca de resposta à transformação da sociedade e denuncia a existência de segmentos explorados e sofredores da população. O risco, porém, de invocar ideais revolucionários, com o agravante do empedernido mandonismo local, talvez explique o fato de Pedro Wayne nunca ter declarado publicamente o viés político-partidário como fonte inspiradora de sua novela proletária. Ou, talvez, jamais tê-lo compreendido claramente.

Diferente é a posição autoral quando se trata da série regional. Tão clara lhe era a tradição que a explicitou no próprio transcurso da ação narrada, invariavelmente com o objetivo de atualizar e corrigir tal tradição.

O tema da charqueada, especificamente, fora coligido por ficcionistas que lhe antecederam no tempo. Em conto publicado em 1911, por exemplo, Alcides Maya dera-lhe guarida naquela linha de fundo determinista de que o sujeito que mata por trabalho cultiva o hábito da violência. Ao apontar esses antecessores, Wayne fixa a novidade de que seu tipo humano não é produto irracional do meio onde habita, como aparece em Maya, mas, antes, é sujeito histórico de rusticidade moldável na medida em que se lhe deem melhores oportunidades.

Uma das passagens que ilustra essa posição autoral ocorre à altura em que a voz narrativa esclarece a diferença que Luís, o protagonista, descortina entre as referências que trazia dos livros (nomeadamente regionalistas) e a comunidade humana que sente despertar por trás do rude ofício de charqueador:

> Não só porque acreditara na literatura regional, como achava lógico que homens fazendo profissão de sangradores de bois e retalhadores de carnes vivas tivessem alma com garras de feras e instintos assanhados, despedaçando-lhes ferozes os instintos comuns. [...] Não tinha sido, agora confessava, sem um certo receio que havia chegado ali. Mas não os encontrou. Andavam pelas cidades, nos contos e novelas e ainda não haviam chegado lá.[7]

O longo e transformador alcance afirmado, nesses termos, pela ficção de Pedro Wayne ficou, de fato, bastante concentrado no projeto de *Xarqueada*. O livro, em todo caso, destinou-se a documentar um estágio transformador da vida social e cultural brasileira justamente na medida em que mergulhou em um universo caracterizado por métodos primitivos de trabalho, tirando desse universo sua duradoura mensagem literária.

## Ivan Pedro de Martins

Diversamente de Aureliano, Cyro e Wayne, Ivan Pedro de Martins tem origem urbana bastante afinada com o que se pode colocar na ordem de forças progressistas de seu tempo. Estudante universitário, no Rio de Janeiro dos anos 1930, engaja-se no processo de ruptura e combatividade que anima a conturbada cena política. Sua condição de liderança se explicita na fundação de grêmio literário que liderou no ambiente acadêmico e no exercício da

7. Pedro Wayne, *Xarqueada*, p. 131.

presidência do Primeiro Congresso Brasileiro da Juventude Estudantil Proletária. Há nessa movimentação de mocidade fatores de ação política que deslizam para o lado pessoal e são decisivos para a obra literária que não tardou a produzir.

Na condição de secretário político da Aliança Nacional Libertadora, fortalece a relação com Mary Mércio, gaúcha oriunda de São Gabriel, integrante do Movimento Feminino da Aliança. Por decisão partidária, ambos casam-se em fins de 1934 de modo a poderem participar juntos da mobilização nacional projetada para começar pelo Norte. No transcurso de poucos meses, as ações atropelam com frenesi. Frustrado o movimento libertário, Ivan refugia-se na casa de parentes no Rio e, após negociações políticas que envolvem a liderança de Flores da Cunha no Rio Grande do Sul, encontra guarida na fazenda do pai de Mary, na Campanha sulina. Começa justamente nessa transposição da cidade para o campo a sua guinada em direção à literatura. O envolvimento com a rotina rude da atividade agropecuária, aliado à utopia da reforma social, orienta a matéria que povoa os livros decisivos de seu itinerário de autor de ficção: *Fronteira agreste* (1944) e *Caminhos do Sul* (1945).

No interregno entre os episódios da derrotada Aliança Libertadora e o surgimento de sua ficção, além da experiência na zona rural rio-grandense, o autor se ausenta do país por alguns períodos, ocupando-se em atividades de comércio e orientações técnicas. Anistiado político, finda a Segunda Guerra, fixa residência no Brasil e reinicia carreira vocacionada à consultoria empresarial a que se soma frequente atividade jornalística. Na linha de ficção, além de concluir o projeto das novelas e produzir textos esparsos e um drama, ainda publicaria o volume de contos *Do campo e da cidade* (1955). Afora isso, ao longo dos anos, seus escritos difundem-se em tradução, ensaística e artigos para jornais.

Por caminho um tanto diverso, repete-se com Ivan Pedro o que valeu para seus coetâneos implicados com a ficção rural rio-grandense em meados dos novecentos: o contato com movimentos e autores já estabelecidos. No seu caso, quando a experiência de aproximação da zona rural desperta-lhe o ímpeto da criação literária, vale-se das amizades da época da Aliança Nacional. É por essa via que recorre a Jorge Amado, curiosamente o mesmo conselheiro que, como se viu, estendera a mão a Pedro Wayne relativamente ao projeto de *Xarqueada*.

Entre o exílio na Campanha rio-grandense e as passagens por Montevidéu e Buenos Aires, Ivan fez repetidos contatos com Amado, então refugiado nas capitais platinas. Os encontros pessoais e a correspondência mais ou menos frequente que trocaram no período dão conta de discussões sobre literatura, incluindo análise de produções e compartilhamento de textos inéditos.[8]

Alinhado à esquerda do espectro partidário, dotado de estofo intelectual e cultor de amizades influentes, o jovem Ivan Pedro encontra na existência rural rio-grandense uma oportunidade aberta para aquilo que parcela expressiva da ficção brasileira vinha traduzindo na ordem do romance social. Sua obra incorpora esse *Zeitgeist* como produto da contradição, no seu caso bastante consciente, entre a inteligência e a matéria que compreendia justamente o interior, a natureza rude, os gaúchos com seu *modus vivendi* voltado à experiência das lides rurais:

> Na formação ou na construção de minha obra literária, o que realmente influiu foi o encontro de um jovem que carregava uma tremenda carga de erudição ou cultura, erudição pelo muito lido e aprendido, e cultura pela parte digerida, quando passou a tomar contato

8. O material que comprova a amizade e colaboração mútua entre os dois escritores é composto por envelopes que registram entrada e saída de informações do Brasil, de Montevidéu e da Argentina; discussões sobre literatura, incluindo análise de produções e compartilhamento de textos inéditos. Ver o trabalho "Jorge Amado e Ivan Pedro de Martins: aparas de uma história apagada", de Aline Rullian Germann Woloski, pesquisadora do acervo de mais de 1.400 documentos que, alocados na Universidade Federal de Santa Catarina (UFSC), registram o autoexílio de Jorge Amado durante os anos de 1941 e 1942, em Montevidéu e Buenos Aires.

> no Rio Grande com o trabalho diário, miúdo, da gente que trabalha. Da gente que trabalha manualmente. O peão, o posteiro, o tropeiro, o lenheiro, o alambrador, aquela espécie de gente que faz parte de um Rio Grande anônimo e desconhecido.[9]

Segundo Antonio Hohlfeldt[10], a contribuição de Ivan Pedro de Martins consiste na abordagem explícita da vida dos homens marginalizados dessa sociedade, a partir dos próprios espaços físicos e geográficos que ocupam, evidenciando que também a localização dos povos não é gratuita ou destituída de sentido. Na concepção de seu projeto, o autor sempre teve clara a efervescência da convicção política, no próprio contínuo de sua militância. Daí, com certa naturalidade, imprimiu à realidade de sua vivência na Campanha aspectos envolvendo organização social, diferenças de classe, contradições culturais e econômicas.

Resultado de conhecimento e experiência, a obra de Ivan Pedro de Martins aposta na percepção de um horizonte social no qual a narrativa reflete o desafio de abrir à ação transformadora o universo da classe de trabalhadores moldados por organização social fechada e resistente à mudança. O escritor parece lançar-se, pela porta do realismo crítico, na investida de responder a uma perspectiva histórica, situando-se no interior de uma equação dialética na qual a naturalização das relações perde terreno para a consciência da exploração de classe.

Justifica-se, nesses termos, o fato de muitas figuras do estreante *Fronteira agreste*, bem situadas na Estância Santa Eulália, reaparecerem em *Caminhos do Sul* já deslocadas daquela condição inicial, vítimas da pobreza e do abandono. O crescente interesse por esse destino marginalizado motiva o escritor quando, anos mais tarde, revê o projeto original. Em

9. Ivan Pedro de Martins *apud* Antonio Hohlfeldt, *Trilogia da Campanha*, Ivan Pedro de Martins e o gaúcho invisível, p. 15.

10. Hohlfeldt, *op. cit.*

1986, relança *Caminhos do Sul*, restringindo o livro aos dois primeiros capítulos, e dá ao público *Casas acolheradas*, com a soma de parte do anterior e mais dois novos capítulos. Sagra-se o epíteto "trilogia da Campanha", utilizado desde então para agrupar os três títulos.

Os tipos humanos, como em um grande painel, se sucedem ao longo da trilogia de Martins. Tio Remígio, Geraldo, Seu Guedes, Valeredo, Manuel Garcia, Chico Fonseca e Candoca são componentes dessa extensa galeria. Com eles, relações e destinos desfiam, para o leitor, um sistema entorpecido pela dura rotina de trabalho. Ao destacar o perene funcionamento da engrenagem que parece incontornável na vivência do campo, a voz narrativa, já nos primeiros passos, abre caminho à denúncia do opróbrio dessa situação, sugerindo o uso daquela torção irônica referida por Georg Lukács[11] ao discorrer sobre os elementos composicionais do gênero romance. O exemplo a seguir, retirado das páginas iniciais de *Fronteira agreste*, demonstra, sob a perspectiva de Tio Remígio, o esforço dessa voz narrativa em, como apregoa Lukács, harmonizar o ideal subjetivo com a objetividade histórica:

> Conhecia até velhas estacas e taperas escondidas pela guanxuma e erva-má. E dessa vida troteada lhe ficara uma ternura humana e uma paciência infinita para com seus semelhantes, e os animais recebiam as sobras de seu gênio bom. "Agora, gritar, gritava, que isso só faz mal às goelas" e ia dizendo suas verdades aos peões, ao capataz, aos rapazes da casa e até ao coronel, a quem conhecera menino.[12]

Se a relação algo naturalizada entre indivíduo e espaço sugere denúncia da degradação da consciência exercida pelo meio onde se vive, como ocorre em *Fronteira agreste*, o viés ideológico, com forte enfoque na organização dos trabalhadores, na sequência do

11. Georg Lukács, *A teoria do romance*.
12. Ivan Pedro de Martins, *Fronteira agreste*, p. 17.

projeto literário, logo faz afluir a inspiração do realismo crítico de pendor revolucionário ou partidário, a ponto de as personagens, particularmente em *Casas acolheradas*, demonstrarem plena conscientização sindical e operarem militância política organizada. Antonio Hohlfeldt salienta que, nesse movimento da ficção, radica a atualização da prosa regional, e já não se pode mais postergar a dívida dessa renovação para com o contexto social e político da era de produção:

> Não se trabalha mais com o mito. A liberdade anterior, por exemplo, aqui transformou-se em liberdade concreta. Os expedicionários conformam-se a potenciais revolucionários, ou ao menos inspiradores de modificações profundas na estrutura interna do país.[13]

A prova da força renovadora da prosa rural de 1930 é diretamente proporcional ao impacto político que registrou. No caso específico de *Fronteira agreste*, o rumoroso episódio da censura é medida do quanto o livro mexeu com o *status quo*. Lançado pela Editora Globo no início de 1944, em plena vigência do Estado Novo, a edição foi apreendida e tirada de circulação no dia 18 de janeiro. O fato mereceu ampla cobertura da imprensa, com importantes manifestações da intelectualidade através das páginas do prestigiado *Correio do Povo*.

Por fim, liberado o livro, a ele Ivan Pedro de Martins logo somaria o segundo volume, vibrante indicativo do empenho em transformar a expressão literária regionalista. A propósito do conjunto da ficção brasileira inaugurada no período em pauta, Luís Bueno[14] salienta que esse tempo experimentou o auge disso que se convencionou chamar de romance social. Com relevo aos costumes, comportamentos e padrões de conduta, tal modalidade opera textualmente sua resposta a uma situação

---

13. Antonio Hohlfeldt, "O que já era mas ainda não será", p. 97.
14. Luís Bueno, *Uma história do Romance de 30*.

social que costuma ser desvelada como opressora ou injusta. Por isso mesmo, é obra que provoca grandes debates.

Nesses termos, a ficção de Ivan Pedro de Martins, a exemplo do que ocorreu com os coetâneos Aureliano de Figueiredo Pinto, Cyro Martins e Pedro Wayne, alcança posição peculiar em nossa historiografia literária pela contribuição decisiva de reenquadramento da consagrada voz gauchesca. Em lugar da sagração mítica da tradição instituída, esses ficcionistas dão à matéria o vivo interesse da dessacralização. Trata-se de literatura que busca no prosaico da existência desambientada e desorientada de seres miseráveis, ligados ao mundo do trabalho, ou, no enfoque de ordenação social decadente, uma lógica que guarda correspondência com a dissensão sociopolítica do tempo, substituindo a voga anterior de integração com o mundo circundante de grandeza mítica pela expressão da consciência crítica aliada da tensão transformadora.

## Referências

APPEL, Carlos Jorge. As coxilhas sem monarca. *In*: CYRO Martins (Autores Gaúchos). Porto Alegre: IEL; Fundo Nacional da Cultura, 1997.

APPEL, Carlos Jorge. "Memórias do Coronel Falcão". *In*: PINTO, Aureliano de Figueiredo Pinto. *Memórias do Coronel Falcão*. Porto Alegre: Movimento, 1986.

AUERBACH, Erich. *Mimesis*: a representação da realidade na literatura ocidental. Trad. Suzi Sperber. São Paulo: Perspectiva, 1976.

BUENO, Luís. *Uma história do Romance de 30*. São Paulo: EDUSP; Campinas: Ed. da UNICAMP, 2006.

CHAVES, Flávio Loureiro. O Rio Grande sem máscara. *In*: KETZER, Solange Medina; MOREIRA, Maria Eunice; MARTINS, Maria Helena (Org.). *Múltiplas leituras*: ensaios sobre Cyro Martins. Porto Alegre: EDIPUCRS, 2008. p. 63-66.

CYRO Martins. Porto Alegre: IEL; Fundo Nacional da Cultura, 1997. (Série Autores Gaúchos).

HOHLFELDT, Antonio. O que já era mas ainda não será. *Letras de hoje*, Porto Alegre, v. 24, n. 3, p. 89-99, set. 1989.

HOHLFELDT, Antonio. *Trilogia da Campanha*: Ivan Pedro de Martins e o gaúcho invisível. Porto Alegre: EDIPUCRS; IEL, 1998.

LUKÁCS, Georg. *A teoria do romance*. Trad. José Marcos Mariani de Macedo. São Paulo: Duas Cidades; Ed. 34, 2000.

MARQUES, Antero. *Mensagem a poucos*. Do Ibirapuitã ao armistício: Revolução de 1923. Porto Alegre: Edigal; Renascença, 2005.

ORNELLAS, Manoelito de. Pedro Wayne, meu amigo. *In*: WAINE, Pedro. *Lagoa da música*. Porto Alegre: Evangraf, 2000.

WAYNE, Pedro. *Lagoa da música*. Porto Alegre: Evangraf, 2000.

WOLOSKI, Aline Rullian Germann. Jorge Amado e Ivan Pedro de Martins: aparas de uma história apagada. *Revista do Instituto Histórico e Geográfico do Rio Grande do Sul*, Porto Alegre, n. 150, p. 135-147, jul 2016.

## Romance rural de 30 (edições consultadas)

MARTINS, Cyro. *Estrada nova*. Porto Alegre: Movimento, 1985.

MARTINS, Cyro. *Porteira fechada*. Porto Alegre: Movimento, 1989.

MARTINS, Cyro. *Sem rumo*. Porto Alegre: Movimento, 1985.

MARTINS, Ivan Pedro de. *Caminhos do Sul*. Porto Alegre: Movimento; Brasília: INL, 1984.

MARTINS, Cyro. *Casas acolheradas*. Porto Alegre: Movimento, 1986.

MARTINS, Cyro. *Fronteira agreste*. Rio de Janeiro: Tecnoprint, s.d.

PINTO, Aureliano de Figueiredo. *Memórias do Coronel Falcão*. Porto Alegre: Movimento, 1986.

WAYNE, Pedro. *Xarqueada*. Porto Alegre: IEL; Movimento, 1982.

## Romance rural de 30 (primeiras edições por ordem cronológica)

MARTINS, Cyro. *Sem rumo*. Rio de Janeiro: Ariel, 1936.

WAYNE, Pedro. *Xarqueada*. Rio de Janeiro: Guanabara, 1937.

MARTINS, Ivan Pedro de. *Fronteira agreste*. Porto Alegre: Globo, 1944.

MARTINS, Cyro. *Porteira fechada*. Porto Alegre: Globo, 1944.
MARTINS, Ivan Pedro de. *Caminhos do Sul*. Porto Alegre: Globo, 1945.
MARTINS, Cyro. *Estrada nova*. São Paulo: Brasiliense, 1954.
PINTO, Aureliano de Figueiredo. *Memórias do Coronel Falcão*. Porto Alegre: Movimento, 1973.
MARTINS, Ivan Pedro de. *Casas acolheradas*. Porto Alegre: Movimento, 1986.

Daniel Baz dos Santos

# 3.4

# O romance urbano

No ensaio "Sobre *O amanuense Belmiro*", Roberto Schwarz emprega o termo "romance da urbanização" com o intuito de, sem rigor teórico, apresentar as relações entre a vida rural e a da cidade burocrática presentes no romance de Cyro dos Anjos, além de pensar o contato do passado com o presente industrializado, cuja conexão é fundamental para o entendimento dessa obra. Fernando C. Gil, em *O romance da urbanização*[1], retoma o termo para estudar três textos do período conhecido como Romance de 30. Para tratar das obras que possam ser identificadas pela nomenclatura, pensando seus traços específicos no Rio Grande do Sul, é necessário cruzar o contexto particular sulista com as transformações ocorridas no gênero romanesco durante o terceiro decênio do século XX no Brasil, responsável por algumas das principais características que serão vistas na maioria dos autores que aqui nos interessam.

O trabalho mais recente e completo a respeito do Romance de 30 foi realizado por Luís Bueno na monumental *Uma história do Romance de 30*, na qual o autor estabelece novas coordenadas para a apreciação dos escritores que compuseram o período. Uma das principais contribuições do trabalho é sinalizar para a multiplicidade de estilos e orientações ideológicas (o que fragiliza a denominação imprecisa que o período recebeu) presente em

1. Fernando C. Gil, *O romance da urbanização*.

um grupo que, geralmente, foi resumido à vertente denominada "sociológica", cuja canonização abafou outras diretrizes, principalmente aquelas ligadas aos valores católicos, "direitistas" e ocupadas em examinar mais o interior do sujeito do que as condições sociais exteriores a ele.

Dentro dos elementos importantes propostos por Luís Bueno e desenvolvidos também em seu ensaio "Divisão e unidade no Romance de 30", destaca-se a separação do país entre um estrato urbano e outro rural. Regina Zilberman segue esta mesma intuição quando aponta a presença do ambiente citadino já em Joaquim Manuel de Macedo e José de Alencar, com influência em vários outros autores, dos quais se destacam o Rio de Janeiro de Machado de Assis, o Recife de Franklin Távora, a Fortaleza de Adolfo Caminha, entre outros exemplos.[2] Contudo, a autora defende que os modernistas seriam os maiores responsáveis por ampliar e adensar essa tradição, sendo a cidade um cenário fundamental para os dois principais romances do movimento (*Macunaíma*, de Mário de Andrade, e *Memórias sentimentais de João Miramar*, de Oswald de Andrade). Porto Alegre, por seu turno, também havia se transformado decisivamente no início do século XX; nesse sentido, nenhum romance conseguiu elaborar de forma mais complexa os proeminentes conflitos urbanos que se adensavam do que *Os ratos*, de Dyonelio Machado.

O escritor e psiquiatra quaraiense, nascido em 21 de agosto de 1895, vivenciou o desenvolvimento de Porto Alegre, palco e personagem de seu romance de estreia. Nele acompanhamos um dia na vida de Naziazeno Barbosa, que parte de sua casa em busca dos 53 mil-réis que deve ao leiteiro, sob a ameaça de ter sua família privada do alimento no dia seguinte. É nessa unidade de tempo, espaço e personagem que se desenrola o périplo do

2. Regina Zilberman, *Literatura gaúcha:* temas e figuras da poesia e ficção do Rio Grande do Sul, p. 61.

protagonista. Acompanha essa escolha temática outra decisão estilística, já sumarizada por Luís Augusto Fischer, de combinar

> [...] um ângulo de terceira pessoa com um alcance estreito, o que solapa a onisciência daquele ângulo e transforma tudo em angústia, inclusive para o leitor, que, sem se dar conta, é enfiado, por assim dizer, nas mesmas condições do miserável protagonista.[3]

Este ângulo limitado, parcial e extremamente subjetivo, no entanto, está em constante conflito com a palavra de outrem, o que em muitos momentos intensifica a angústia do protagonista. O romance já começa com o peso da opinião pública a respeito da situação de Naziazeno:

> Os bem vizinhos de Naziazeno Barbosa assistem ao 'pega' com o leiteiro. Por detrás das cercas, mudos, com a mulher e um que outro filho espantado já de pé àquela hora, ouvem. Todos aqueles quintais conhecidos têm o mesmo silêncio.[4]

Mais do que isso, o primeiro espaço frequentado por Naziazeno é o bonde, onde ele deve se confrontar com a heterogeneidade do espaço público e sentir os efeitos da cisão entre o tempo cronológico e sua dimensão íntima, guiadas pelo ultimato "Lhe dou mais um dia" do leiteiro.

Esta ênfase na visão dos seres que o cercam logo passa a tomar conta da palavra do herói: "Olha, Adelaide (ele se coloca decisivo na frente dela) tu queres que eu te diga? Outros na nossa situação já teriam suspendido o leite mesmo".[5]

Para, em seguida, se tornar a base de seu discurso dialógico, composto pela visão que os outros têm de si:

3. Luís Augusto Fischer, *Literatura gaúcha*: história, formação e atualidade, p. 88.
4. Dyonelio Machado, *Os ratos*, p. 17.
5. *Ibid.*, p. 19.

> O Fraga não viu "nada", naturalmente. Lá está ele na porta da casa, do outro lado da rua. Parece que tem os olhos nele. Cumprimentar? O que o incomoda é que ele lhe vai responder o cumprimento com uma saudação entusiasta, saudação manhã-cedo.[6]

A experiência do espaço urbano e a *flânerie* não permitem apenas a introdução da palavra alheia no próprio discurso, mas também a paulatina perda do entusiasmo do protagonista, sendo essa a principal experiência existencial de Naziazeno. Não são poucos os momentos em que o narrador sinaliza para este sentimento de desinteresse que, paulatinamente, toma conta do funcionário público: "Mas já não tem muito entusiasmo em chegar logo à repartição, abordar o diretor"[7]; "E o que é pior, fugira-lhe o entusiasmo pelo seu plano primitivo, desde que soubera aquelas coisas do diretor."[8]. Em *Os ratos*, errar pela urbe é perder o ímpeto. Quando caminha pela cidade, procurando a casa de Andrade, a inércia começa a tomar conta do herói, contrapondo-se ao ideal de sua aventura:

> O seu corpo suado fica como que um bloco gelado e dá-lhe a sensação de que se encolhe, se retrai dentro da sua roupa quente e assoleada, que dela se despega como duma carapaça. Ao mesmo tempo o coração, que batia lá no fundo do peito, veio palpitar bem à superfície, quase à flor da pele, meio engasgando-o [...] A rua é larga. Num momento lhe vem uma fraqueza... um amolecimento das pernas...[9].

Na metade do livro, capítulo 14, termina o horário comercial e começam as transações não oficiais da cidade: A "pausa na vida urbana"[10], como menciona o narrador. A partir de então

---

6. *Ibid.*, p. 20.
7. *Ibid.*, p. 30.
8. *Ibid.*, p. 43.
9. *Ibid.*, p. 55.
10. *Ibid.*, p. 112.

compreendemos o sentimento de estagnação que se apropria de Naziazeno. A sua maior preocupação é a de não produzir nada ao longo do dia, e é irônico que, ao fim de seu percurso, isso se transforme em um tipo de anulação da ação. Nesse sentido, o personagem passa sonolento, apático e passivo por todos os acontecimentos finais do romance: "Naziazeno tem um gesto vago. Vai dizer qualquer coisa, mas cala-se, numa preguiça, num desânimo, num desconsolo..."[11]. A sensação de repouso parece agradá-lo e o consome: "E todo o seu desânimo lhe volta dessa vez. Olha em torno, o olhar esgazeado!... Quase se admira daquele silêncio de não ouvir a própria voz, a voz do *outro*...".[12]

Nesse processo se situa uma das grandes ironias da obra de Machado, visto que o "descanso"[13] buscado desde o início do romance pelo protagonista se concretiza de forma involuntária, antes que ele consiga atingir seus objetivos. No entanto, é também esta espécie de letargia que permitirá a Naziazeno transcender o seu espaço, em um ato iluminador de Dyonelio Machado. Antes da elipse que o colocará já em casa, sem que saibamos o fim das transações, o protagonista é tomado por um alheamento profundo, como fica claro nas palavras do narrador: "É um sono agora o que tem Naziazeno. É só um sono".[14] Aqui se situa a segunda grande ironia do livro, visto que, já em casa, o personagem não conseguirá descansar ao imaginar o dinheiro do leiteiro sendo devorado pelos ratos. Na cena final convergem todas as angústias do personagem, estimuladas pela sua capacidade de criar situações hipotéticas, característica explorada em muitas passagens do romance.

Tendo em vista a construção da obra, portanto, é possível perceber de que forma a sua relação com o mundo urbano é

11. *Ibid.*, p. 89.
12. *Ibid.*, p. 111.
13. *Ibid.*, p. 33.
14. *Ibid.*, p. 116.

ambígua. Primeiramente, é só ao fim do expediente "oficial" que o problema do herói se soluciona, quando o ritmo da cidade se esvanece e seus transeuntes se ausentam. Essa paisagem fora da agenda citadina é evocada ainda na primeira metade de *Os ratos*, uma vez que muitos dos contatos de Naziazeno não seguem seus hábitos cotidianos, a exemplo do diretor e do Duque, que não cumprem sua rotina. É dentro destas diretrizes ambivalentes que o romance urbano de Dyonelio Machado parece tratar as inúmeras possibilidades do *cosmos* citadino. Contudo, um projeto diferente é encontrado na obra de outro grande escritor gaúcho do período, Vianna Moog.

Nascido em São Leopoldo, localidade tida como a primeira colônia alemã no Brasil, em 28 de outubro de 1906, Moog foi ficcionista, biógrafo, ensaísta, jornalista e advogado. Em 1930, já casado e formado em Direito, inicia seus trabalhos no *Jornal da Noite*, sendo opositor ferrenho do tenentismo, após ter participado da campanha política da Aliança Liberal. No ano de 1932, é preso por participar da Revolução Constitucionalista no levante ocorrido na cidade de Vacaria. Por causa disso, é transferido pelo governo getulista para Manaus, exilado dentro do próprio país, como afirma Luís Augusto Fischer[15], assunto que percorrerá seu primeiro romance. Inspirado pelos pedidos de Erico Verissimo, que temia que o amigo "perdesse" sua experiência no Amazonas, já como diretor do jornal *Folha da Tarde* em Porto Alegre, Vianna Moog escreve *Um rio imita o Reno* (1939), com o qual se consagra vitorioso do prêmio Graça Aranha. Apesar disso, o livro não escapou das polêmicas. A embaixada alemã queria a apreensão do volume, já que discordava da visão negativa lançada ao nazismo por Moog:

> No ano seguinte, em 1939, Moog estréia na ficção, com *Um rio imita o Reno*, um livro nacionalista, de denúncia contra o alemanismo no Sul, como diria Sílvio Romero.

15. Luís Augusto Fischer, *Vianna Moog*: cadeira 4, ocupante 3, p. 5.

> Os nazistas e os pró-nazistas não gostaram do livro. O Embaixador do Reich ensaiou um protesto junto ao governo brasileiro, no sentido de ser sustada a circulação do livro. Disse Moog, na ocasião: 'Esta foi uma das minhas maiores vitórias na vida: a de ter colocado Hitler em perigo.' Frase típica do seu permanente bom humor, da sua constante ironia e da sua verve inesgotável.[16]

Apesar disso, o livro não foi apreendido, e a polêmica só acendeu a curiosidade no público. O volume teve edição de sucesso em Buenos Aires (1943), transformou-se em novela radiofônica (1944) e foi lançado em Nova Iorque (1965).

O enredo apresenta o engenheiro Geraldo Torres, amazonense que se apaixona por Lore, descendente de alemães, quando ele chega à cidade fictícia de Blumental para instalar o sistema de saneamento do rio do local. O motivo inicial da trama é, portanto, essencialmente urbano, lidando com as contradições do desenvolvimento citadino, feito às custas daqueles que não têm condições de acompanhá-lo: os habitantes das comunidades ao redor do local, que morrem devido à má qualidade da água. O tema do choque de culturas e o conflito racial, efetivado pelas relações entre o Brasil e a cultura europeia, é homólogo ao trabalho de Geraldo, afinal este afirma que o projeto ideal envolveria ignorar as genéricas teorias estrangeiras e investir em uma solução que pensasse as características do local, o que introduz o conflito entre a cultura endógena e a exógena no enredo.

A relação do personagem com a cidade é ambivalente. Primeiro, a arquitetura urbana o impressiona:

> Sua atenção se concentrava no estilo das casas. Identificava-as de acordo com os conhecimentos que guardara de arquitetura, em que de resto nunca chegara a especializar-se nos anos de Politécnica. Eram quase todas de tipo alemão; umas quadradas, lisas, outras com

16. Evaristo Moraes Filho, *O cordial Vianna Moog e sua obra polêmica*, p. 17.

> o telhado em bico e a janelinha encaixada abaixo do vértice; outras ainda com sacadas de pedra mal-entreabertas para a rua. Havia também algumas construções neutras, sem estilo, afogadas entre as demais. Nada que pudesse lembrar, senão fugidamente, os sobrados do Norte ou a arquitetura portuguesa. O conjunto era tipicamente germânico. Se alguma influência tinha sofrido, que lhe suavizasse os contornos, essa influência procedia dos estilos holandês e suíço.[17]

Depois, atua no imaginário híbrido e subdesenvolvido que a obra se ocupa de desvelar, em trecho longo que merece ser citado integralmente:

> Geraldo sentiu um ligeiro mal-estar... Quando os outros desapareceram, subiu aos saltos a escada e entrou no quarto. Abriu as venezianas e ficou a olhar para fora. Na frente alargava-se a praça, com o edifício vermelho da Prefeitura, ao centro. Do lado direito ficava o quiosque, quase oculto nas sombras do denso arvoredo; ao redor do chafariz, onde a samaritana deitava um filete d`água no tanque circular, arregimentavam-se geometricamente os canteiros de rosas vermelhas e brancas, de cravos, de azaleias, de girassóis e violetas. Os jasmins impregnavam o ar de um perfume penetrante. Geraldo agora devassava o horizonte. Mais para leste corria tranquilamente o rio, sereno, sem pressa, entre salgueiros melancólicos debruçados sobre a corrente. Olhou a serra que servia de pano de fundo à perspectiva, a torre pontiaguda da igreja protestante, a ponte que ligava os dois braços de terra, o pesado e soturno monumento do cais, e uma estranha sensação inundou-lhe o coração. Tinha a impressão de que não fizera uma viagem de sete horas de trem; de que em sua vida se dera uma brusca parada, cujo remate era aquele súbito despertar. Parecia-lhe que tinha cruzado os oceanos e estava longe da pátria.

---

17. Vianna Moog, *Um rio imita o Reno*, p. 9.

> Em vão procurava dentro de si mesmo reminiscências onde ajustar aquela paisagem. Percorreu mentalmente as cidades que conhecia. Todas elas guardavam entre si um ar de família. Mal conseguia situar no espaço certos recantos guardados na memória, recantos de sobrados e mocambos, de solares batidos de sol e vielas estreitas povoadas de sombras, tanto essas imagens eram comuns às cidades que conhecia. Mas o que tinha diante dos olhos era diferente.[18]

A experiência que o protagonista tem ao percorrer o espaço, entre a imponência das práticas arquitetônicas importadas e as construções locais, remete ao famoso texto "Problemática do atual romance latino-americano", de Alejo Carpentier, no qual o escritor cubano denomina o "terceiro estilo" da paisagem nativa, que desafia o escritor a tentar "revelar" um espaço do qual não se possui informação livresca e que, geralmente, exprime "o tédio, o desejo de evasão e a incapacidade de entendimento".[19] A paisagem utilizada, como o próprio título do romance já revela, é por si só uma mistura de elementos aparentemente inconciliáveis, muitos deles decepcionantes.

Além disso, podemos perceber no trecho que o espaço está intimamente ligado com o interior das personagens. É por intermédio da cidade que começa a se processar o estranhamento que acompanhará Geraldo durante todo o livro. A ênfase no estrato psicológico das pessoas, que já figurava em Dyonelio Machado, é aqui mais uma vez explorada pelo uso preciso do discurso indireto livre e um narrador que oscila entre as várias consciências que compõem o romance. Assim como Naziazeno, Lore e Geraldo são personagens extremamente reflexivos, e, de fato, a tentativa de equilibrar pensamento e ação, exposta em

18. *Ibid.*, p. 15.
19. Alejo Carpentier, *Literatura & consciência política na América Latina*, p. 17.

uma citação de Goethe no início do romance, é um dos objetivos claros da obra e pode ser visto em certas passagens específicas:

> Como podia um minuto, um simples minuto de irreflexão comprometer dessa maneira os propósitos de quem se julgava capaz de subjugar os impulsos desordenados do instinto e já se sentia apto a fazer amigos mesmo entre aqueles com quem não simpatizava! E, agora, aquele desastre...[20]

Esse tipo de diálogo interior constante é favorecido pelas muitas cenas dialógicas, ocorridas em jantares e palestras, apropriadas para sujeitos diferentes exporem suas opiniões e experimentarem várias teorias a respeito do mundo. É neste sentido que o livro de Moog lembra seu predecessor óbvio, *Canaã*, de Graça Aranha, também ocupado com o tema da imigração e com os conflitos provenientes dela, ainda que, como aponta Evaristo de Moraes Filho, *Marco zero*, de Oswald de Andrade, e *A fazenda*, de Luís Martins, também já explorassem este mesmo fenômeno.[21] Blumental é a típica nova cidade do romance da urbanização, que permite estas experiências plurívocas, habitada por seres que se relacionam com Paris ou Londres, de um lado, e com a cultura regional, de outro. O caráter heterogêneo das identidades associa-se à incompletude do projeto nacional, também exposto pela paisagem urbana. Ao andar pela cidade, Geraldo se depara com prédios inacabados, em um mundo explicitamente provisório:

> A construção mal tinha começado. Estava na fase dos alicerces. Blocos de pedras amontoados na rua, tijolos empilhados na calçada, carrinhos de mão emborcados, montes de areia, tanques de madeira com cal e cimento. Alguns homens se movimentavam calmamente para o serviço.

---

20. Moog, *op. cit.*, p. 51.
21. Moraes Filho, *op. cit.*

> — Vai ser uma obra formidável, a julgar pelos alicerces — comenta Geraldo. — De onde virá tanto dinheiro?[22]

Neste trecho, o narrador não descreve um ambiente, mas um projeto de espaço, que comenta ironicamente certas opiniões emitidas por alguns indivíduos do livro, como o teor separatista da cisão entre o Sul industrializado e o Norte atrasado. Além disso, mais uma vez semelhante a *Os ratos*, a transgressiva história de amor dos dois protagonistas tem início fora da rotina da cidade, já que o piano de Lore só pode ser escutado depois das seis, quando a cidade já dorme. Esse sentimento de coisas "fora do lugar" está presente também no preconceito e hostilidade à origem "bugre" de Geraldo, enfatizadas pela construção do personagem errante, que se vê como forasteiro em todos os lugares nos quais transita (a exemplo da passagem pelo Rio de Janeiro, ao fim do romance):

> O seu ar de surpresa ao escutar o coro de vozes que partia do caramanchão, onde os homens do *Sängerverein* faziam vibrar no espaço um *Lied* bávaro, ao ritmo festivo e marcial da banda de música; a maneira como olhava para os ranchos de garotas e meninos que passavam correndo de braços dados, a cordial indiferença com que comprava as cautelas que lhe ofereciam, o jeito voluptuoso de levar o cigarro à boca sensual, o seu andar descansado, tudo denunciava nele o forasteiro.[23]

Nesse sentido, Geraldo se aproxima de outros visitantes mal quistos da década de 1930, presentes, por exemplo, na obra de Lúcio Cardoso e Cornélio Penna. À movimentação espacial se soma a mudança de perspectiva, como quando vê a cidade com novos olhos:

> Desdobrava-se aos olhos de Geraldo uma vista inteiramente nova: a cidade, debruçada sobre as águas. A pracinha murada

22. Moog, *op. cit.*, p. 21.
23. *Ibid.*, p. 80.

> pelo cais, o jardim contornando o pesado monumento da imigração, a rua larga e comprida afunilando-se ao longe; o correr de casas com platibandas, fechando o cenário urbano; e dominando tudo, imponente e sobranceira, defronte da ponte, como a dos antigos castelos medievais, a torre alta e pontuda da igreja protestante, com os ponteiros do relógio a marcar duas horas. O rio coalhado de botes ligeiros, pilotados por moças e rapazes. Passou uma lancha vermelha, de motor a matraquear; homens iam acocorados na popa em torno do lume de um pequeno fogão. Levantou-se o rebojo. Ouviram-se gritinhos assustados nos barcos. No fundo, para o sul, a planície a perder de vista; para leste, a serra densa e alcantilada. Geraldo procurava definir a paisagem: era bem como as paisagens do Reno dos livros de estampa.[24]

Nessa zona conflituosa, o único personagem adaptado, e de quem Geraldo tem inveja, é seu amigo Armando, que não pertence nem à cidade nem à selva e, por isso, transita fora da moral tradicional, o que demonstra a coerência do livro, já que os conflitos recaem nesta zona fronteiriça e desigual, onde as decisões sempre exigem uma tomada de consciência. Os problemas do mundo interior, da responsabilidade pelos próprios atos e o arrependimento pelas más decisões, tão presentes no livro de Moog, são temas ainda mais adensados na obra de Reynaldo Moura.

Moura nasce em 22 de maio de 1900, em Santa Maria. Começa sua carreira de jornalista em periódicos de Porto Alegre para, em 1935, publicar um dos livros centrais do romance urbano gaúcho, *A ronda dos anjos sensuais*, marco inicial de sua prosaística particular. De acordo com Regina Zilberman, em *Literatura gaúcha*,

> No Rio Grande do Sul, coube a Reynaldo Moura um duplo início: seus romances são narrativas centradas na intimidade das personagens, seres fechados e de difícil relacionamento devido às culpas que carregam; e, nelas,

24. *Ibid.*, p. 93.

> mostra-se nitidamente a influência da psicanálise tanto na composição da trama como na explicitação das causas das atitudes dos indivíduos.[25]

A ênfase na introspecção foi percebida também por Maria Luiza Ritzel Remédios no livro *Reynaldo Moura*, no qual, da mesma forma que nos demais autores aqui trabalhados, ressalta a importância do mergulho no interior da consciência ao lado da representação da cidade. Em *Literatura e cidade moderna*, Claudio Cruz apresenta uma análise esmiuçada de A *ronda dos anjos sensuais*, com especial atenção para as maneiras pelas quais a cidade é retratada. O enredo se situa na fugacidade dos fenômenos do mundo e tem em seu centro Neli, personagem transgressora que escandaliza a Porto Alegre em franca modernização, envolvendo-se em temas polêmicos para a época, como a homossexualidade, o consumo de drogas e a liberdade sexual.

Alguns capítulos se organizam, principalmente no início do romance, como pequenas vinhetas, *flashes* que situam os personagens e a atmosfera da obra. O primeiro trecho do livro, no entanto, transmuta a cidade, recriando suas formas e movimento, dando ares subjetivos à descrição. O palco onde irão se efetivar os conflitos é feito dos fragmentos heterogêneos que compõem a urbe. As árvores estão úmidas e se completam pelo som da usina industrial, o que demonstra o caráter ambíguo do espaço:

> Já não existe mais lá em cima a brecha de luz amarela suspensa no vapor do dia nascendo. Toda a superfície vertical do edifício adquire tons lilases depois de dissipado o transparente nevoeiro. Escorre pelas paredes lisas um fluido quase fosforescente. O arranha-céu se destaca, nítido, sobre o milagre azulado e côncavo da madrugada.

25. Zilberman, *op. cit.*, p. 66.

> Uma limusine lustrosa desliza sobre o pavimento da rua úmida, como uma fuga silenciosa de esmaltes resplandecentes.
>
> Uiva, próximo, um bonde iluminado interiormente, como uma larva noturna de vísceras acesas.
>
> Sombras se destacam na umidade flutuante da rua. Num recanto de porta um volume escuro se agita. Um fósforo em chamas sobre no ar. Alguém acende um cigarro. No alto, dentro da luz horizontal que secciona o espaço bocejante, as antenas do arranha-céu são cabeças douradas de serpentes.[26]

O estilo poético de Reynaldo Moura lembra grandes escritores do século, como Herman Broch e Bruno Schulz, adotando um fraseado repleto de associações inusitadas, desejosas de compreender os mistérios por detrás do mundo. Por isso, as questões morais, a presença de Freud e a tentativa de definição de conceitos complexos (dos quais se destacam "o amor", "a arte", "o desejo") são o objeto central do livro e orbitam o significado do trajeto dos heróis. Neste contexto, o espaço é composto por camadas diversas que erram do sujeito para os objetos que o circundam e compõem (contrastando os fenômenos naturais com os mecânicos), como comprova o trecho inicial do capítulo "O abismo":

> Centro urbano.
>
> Blocos de cimento.
>
> Hora indecisa.
>
> O infatigável movimento das coisas continua projetando seus volumes de sombra na viuvez do crepúsculo. Mas há como que uma expectativa em toda a pulsação dessa febre que se prolonga entre o espasmo da tarde morta e o ouro que vai vestir o céu para um baile noturno.
>
> Nenhum fósforo em chamas.

26. Reynaldo Moura, *A ronda dos anjos sensuais*, p. 9-10.

> Atmosfera morna e fatigada.
>
> Nenhuma chave de ebonite calcada para comunicar pelos seus nervos de cobre, ao vácuo das ampolas de vidro, o jorro da claridade [...].
>
> Luzes da cidade.
>
> Já não há indecisão daquele curvo e imenso contraste entre os riscos de fósforo do céu e a inquieta penumbra da terra onde se agitam mistérios.
>
> Fiat!...
>
> O homem manchado de óleo, vestido de azul e de mãos de borracha, deu alegria às ruas, vestindo o mundo de nebulosas de ouro e de raios de prata, como um jardim de monumentos sem história e sem nome, onde parassem para sempre, cintilando, as caudas acesas de pavões de vidro.
>
> Um cigarro...
>
> O homem viu aquele pequeno círculo vermelho onde palpitava uma gota de sangue vivo. Viu a brasa caminhando pelo caminho deserto, como uma antena inflamada mergulhando no oceano triste do sonho.
>
> Depois, buzinas longas...[27]

O narrador brinca com a focalização, traçando panorâmicas e *closes* que aproximam itens aparentemente desconexos. Essa poética está em dia com a efemeridade das coisas e o caráter circunstancial e único de todas as vivências. "Como tudo está mudado" — repete Tia Marga em uma das cenas.[28] A ligação entre o ambiente que se moderniza e as pessoas que nele transitam foi também analisada por Claudio Cruz, que assim resume o tópico:

27. *Ibid.*, p. 138-139.
28. *Ibid.*, p. 91.

> Mas o mais notável aqui é que começamos a perceber uma homologia perversa, de caráter invertido, entre a cidade e a personagem. A cidade deixa de ser *jeune fille* e nasce para o moderno. A personagem, ao deixar de ser *jeune fille* frente ao antigo. Ao contrário da galeria de heróis baudelairianos, Neli, em plena modernização da cidade, enfrenta as adversidades típicas antepostas pelo antigo.[29]

Essa dinâmica, que aqui demonstra as contradições entre o *locus* rural e suas imagens e a paisagem citadina, retorna no "bucólico" início de "Noite de chuva em setembro", a primeira das três histórias que compõem o volume homônimo de 1939. A natureza dupla de Porto Alegre surge na primeira descrição do enredo de amor entre Luíza e Lúcio:

> Dali da janela o arrabalde aparece diferente. Apenas o bungalô do seu Alcântara, mal velado pelas duas palmeiras de jardim que possui em frente, e parte de outra construção moderna, podem ser vistos. O resto parece mato. Parece que não passa rua nenhuma por ali. Postas no mesmo plano, as perspectivas dos arvoredos de todos aqueles quintais, terrenos desocupados e fundos tranquilos de chácaras, confundem-se num só verde que vai terminar na encosta do morro com aquelas enormes paineiras, deixando à mostra os talhos avermelhados da terra.[30]

As casas suburbanas são dispostas de forma semelhante ao lugar de onde provém Naziazeno Barbosa, estando muito próximas entre si, criando certa intimidade e cumplicidade entre os indivíduos e aprofundando as questões éticas, já que todos sabem algo a respeito do próximo. A segunda história, "Nevoeiro no Atlântico" narra a viagem de amigos para uma região mais afastada, traçando um movimento da cidade para o idílico "Balneário azul". Aqui também a experiência do urbanismo recente irá dar

---

29. Claudio Cruz, *Literatura e cidade moderna*: Porto Alegre, 1935, p. 28.
30. Reynaldo Moura, *Noite de chuva em setembro*, p. 12.

substância aos sentimentos dos personagens, como na passagem em que Maurício, um dos protagonistas, flana pela rua e entende a dimensão do mundo.

As existências inquietas de Moura dão origem ainda à última história do volume, "A estranha aventura do poeta", na qual um jovem é obrigado a ver o ciclo da vida daquela que é o fruto de sua admiração, em uma alegoria do principal tema do autor nesta primeira hora de sua obra: a efemeridade da vida. Este tópico estará presente também no romance de Martim Gomes, igualmente centrado em fortes personalidades femininas.

Gomes nasceu em Quaraí, em 1884. Em 1908, formou-se na Escola de Medicina de Porto Alegre, ficando reconhecido não somente pelo trabalho médico, mas também como grande ensaísta. Durante a década de 1930, publicou dois romances, *As loucuras do Doutor Mingote* (1933) e *A flor da tuna* (1938), que apresentam uma mesma temática central, pautada pela luta eterna dos indivíduos presos a determinadas convenções sociais (com ênfase nas religiosas) e os amores contrariados que se situam na contramão das coordenadas morais da sociedade. O primeiro deles relata a história do amor que o médico protagonista sente por Clara, jovem que ajudou a criar como sua filha (depois de estar apaixonado por sua mãe, Alice). Ela está casada com Macedo no início do romance, engenheiro que é grande amigo do médico. Os conflitos psicológicos, causados por questionamentos da ordem da dignidade e integridade humana, pontuam a maior parte das cenas do livro, algo que fica claro logo no início do enredo, quando o protagonista associa o justo ao moralmente válido:

> Juízes haverá, depois, que julgarão o que estiver no papel, escrito por quem disto nada sabe. Chama-se a isto justiça. Repousa na moral. E assim a moral é uma

> palavra furta-cor. Varia para cada indivíduo, e de cada um traduz uma norma, que ele mesmo desconhece.[31]

Devido a esta preocupação com a consciência dos sujeitos e suas opiniões, o ritmo do livro se centra nos processos psicológicos e nos diálogos das personagens. Isso é enfatizado pela abstração dos cenários onde estas palestras ocorrem, raramente descritos pelo narrador. Sabemos quais personagens estão em cena geralmente apenas no momento em que eles se pronunciam, e, na sua grande maioria, eles se dividem entre os grandes pensadores do período, como ocorre com o protagonista, grande entendedor de Freud. As reflexões de cunho psicológico se juntam ao teor dúbio de muitos dos monólogos interiores presentes no livro. Em certo momento, no qual a obra assume um caráter ensaístico que dura dezenas de páginas, com os personagens discutindo Saint-Beuve, Comte, Taine, entre outros, Mingote reclama da crítica que ignora os desejos subconscientes nas atitudes humanas para concluir que arte e amor nada têm a ver com moral.[32] Este é o manifesto central do livro e o que explica o caráter liberal do romance, disposto a discutir temas polêmicos para a época.

Essa rebeldia do tema é efetivada no enredo por intermédio da importância da opinião pública e seus rumores maldosos a respeito das personagens, representadas na parte final do romance pela venenosa Carocha, irmã de Macedo, mas, principalmente, pelo desejo de deslocamento do protagonista e de suas amadas. Alice, por exemplo, isola-se no campo, como uma forma de tentar diminuir seus desejos proibidos. Mingote, por sua vez, viaja para o Rio de Janeiro (local onde tem início o romance). Sendo assim, há aqui, no plano do espaço, a divisão do mundo em dois estratos: a cidade, onde os afetos preocupam e lesam o sujeito, e um ambiente de fuga, modelo bipartite que será retomado em A *flor da tuna*.

31. Martim Gomes, *As loucuras do Dr. Mingote*, p. 20.
32. *Ibid.*, p. 144-150.

É natural, assim, que o universo urbano de onde o indivíduo provém represente as suas inquietações e o sentimento de não pertença, explícito no seguinte trecho:

> Na rua, parou. Pesava no ar um silêncio desolado. Parecia-lhe estranha a casa, a rua, a calçada. Era como se desde muito tempo não tivesse visto nada daquilo. Um vendedor de jornais passou, gritando alto. Autos cruzavam-se, levando famílias a passeio. Algumas senhoras passavam, com os livros nas mãos, para a missa. Agora já era muita gente a passar, e muitos cumprimentavam Mingote. Alguns olhos deixavam-se demorar nele, como a perguntar que fazia ali o doutor. Quis dissimular, e dirigiu-se, devagar, até à esquina. Aí lembrou-lhe conversar de tudo, com qualquer pessoa, encobrindo-se nela, para vigiar a casa, a ver quem saía, e sem ser notado. Mas então só passavam desconhecidos, e ele coseu-se à parede cuidando, de soslaio a casa, aparentando olhar uma porta em frente.[33]

Para falar da confusão mental sentida por Clara, o caos da cidade também serve de paralelo imagético efetivo em sua mistura de sensações e tipos humanos, lembrando, ainda que menos radicais, as descrições de Reynaldo Moura. É nesse ambiente também que surgem artistas de caráter menos regional e mais cosmopolita, com intenções estéticas universais. Entretanto, é também neste espaço que surgem os vícios e as doenças da alma, o que leva o protagonista a defender uma moral mais fluida, que varie de acordo com os sujeitos e que pode ser representada pelo narrador, que se movimenta livremente entre as diversas consciências conflitantes.

Coerente com o universo proposto pelo romance, o espaço urbano se manifesta ao fim do livro, com o acidente final que causa o paulatino apagamento de Mingote:

33. *Ibid.*, p. 24.

> Nesse tempo, ele andava a convalescer dum acidente que por muito pouco deixou de matá-lo. Na rua da Ponte, em frente a uma confeitaria, vendo a calçada revolvida em obras, teve que descer. Esperou que passasse o bonde. Enfiou logo trás dele. Mas, aos primeiros passos ficou estonteado pelos apitos e buzinas que o ensurdeciam e viu diante de si a ambulância veloz da Assistência Pública, e de nada mais se lembra, senão que acordou na sua cama, com vômitos, e uma dor que lhe dilacerava o crânio.[34]

Focalizando uma sociedade que não achou ainda uso para a beleza feminina[35], o romance termina na voz de Clara, que rompe definitivamente com seu tempo na última frase do romance:

> Eu sou contra esta época, e este paradoxo, que vai perdendo a humanidade! Ela se contradiz, na ânsia de viver, por meio da tendência à destruição... Altiva e revoltada, a humanidade queixa-se de que a realidade lhe esteriliza os sonhos da vida. Mas o seu destino é conquistar, com os seus sonhos, a realidade agressiva...[36]

A *flor da tuna* apresenta uma história ainda mais corajosa, adensando temas presentes em seu predecessor e em outras obras da década de 1930, das quais se destacam os livros de Lúcia Miguel Pereira e Cornélio Penna. A jovem Marta, de 19 anos, fica grávida de Jairo, marido de sua melhor amiga, Tilu, quando este, bêbado, a estupra. Este é o motivo inicial do enredo, que, na sua primeira página, abandona o leitor em um monólogo interior no qual se apresenta o conflito da protagonista, que pretende cometer suicídio com veneno. Logo nesta cena extremamente íntima o espaço urbano se manifesta, movimentado e autômato,

34. *Ibid.*, p. 199.
35. "É preciso não esquecer, dizia Feliciano, que a violência não pode vir do objeto amado, mas do coração que mergulhou na paixão. Mas a justiça desmancha-se em piedade quase artística, e dá a liberdade ao que ata por amor e por ciúme. Não é a mulher bela e assassinada que tem a culpa. É direito dela, e é também o seu dever cultivar a própria beleza, nos limites do possível". *Ibid.*, p. 108.
36. *Ibid.*, p. 225.

intensificando os conflitos internos da jovem, descrito de uma forma que lembra muito, mais uma vez, aquele onde vive também Naziazeno Barbosa:

> É o murmúrio da cidade acordando ao longe, trazendo no zunido dos bondes, e nesse canto sonolento, dos galos, mostras de sofrimento em todas as casas. Sofrimento para mim, e agora. Que antes, a madrugada era fresca e alvoroçada de gritos e sorrisos [...] O barulho dos bondes, que passam num chocalhar de trilhos e latas, negaceando algum passageiro, cruzando, ainda com a luz alaranjada, acesa nos postes firmes e tristes [...] Um agonizar, gemido, agora, ao longe, dissolvido no silêncio. Lá vem outro bonde, mas se nota, crescendo, como o trovão longínquo de uma tempestade, que vem se aproximando, vertiginosamente. Essa entrelaçada de pipocas são as carroças, que rolam nos calçamentos de granito. Esse estremecimento fragoroso mergulha, agora, no zumbido do auto que dispara e se apaga, outra vez, no silêncio cada vez mais povoado de nos dolorosos. Para a dor que nos vem das coisas, e dos ruídos, também tudo se junta. A pobre da tia Chinoca. Uma pobre vida resignada, a sofrer. Como é que ela me diz? "Marta, este mundo é só para as misérias!"[37]

Martim Gomes se ocupa de naturalizar o movimento da consciência para o universo citadino, algo mais forte na passagem em que se ouve a marchinha "Mamãe, eu quero"[38], entre outros momentos. A moralidade das ações mais uma vez é situada no centro dos diálogos e pensamentos:

> — Marta. Nesse caso... antes eu.
>
> — Nada. Tu, a religião te manda aguentar a cruz do teu marido.

---

37. Martim Gomes, *A flor da tuna*, p. 6.
38. *Ibid.*, p. 22

> — Ora. E tu? A religião também... isto é, o teu coração, o amor (não digo a imundície do meu marido), quando digo o amor, digo Jesus... aí está: a religião é uma espada que está te apertando contra uma parede.[39]

A dimensão psicológica aqui se preocupa, ainda com mais força, com os dogmas religiosos, o que permite associar Gomes ao seu contemporâneo Octávio de Faria. Tilu quer que a amiga aborte, mas não consegue deixar de temer que isso não seja certo, diante da negativa do médico procurado pelas amigas (algo presente no romance anterior, já que Alice também pensa em aborto): "Não estou-lhe pedindo que me cite um texto de moral. Peço-lhe caridade e amor. Peço que olhe para a nossa miséria"[40], diz Tilu, e segue:

> Marta é vítima... primeiro, — de um bêbedo; segundo — da sociedade, que só procurará mortificá-la, difamá-la, e matar-lhe a mãe, que o senhor sabe ser cardíaca; terceiro, — da minha fé religiosa, sem a qual eu já a teria levado a uma parteira, antes que ela viesse aqui saber que é um crime o abortamento, mesmo no seu caso singular; e quarto, doutor: — é uma vítima desta preguiça mental e desta covardia moral que o senhor está mostrando...[41]

É interessante notar que o ambiente dos consultórios de médicos, já caracterizado em *As loucuras de Doutor Mingote*, enfatiza a construção de uma sociedade doente. A indecisão pelo aborto é, de fato, o conflito principal da primeira parte do romance. Tilu percebe uma contradição entre o que é justo e o que é certo pelos valores sociais e é sua angústia que permite um dos momentos mais instigantes do romance, traçando uma relação direta com *Os ratos*, de Dyonelio Machado. Por mais transtornada que esteja, a personagem feminina não pode sair pela cidade, como

39. *Ibid.*, p. 25.
40. *Ibid.*, p. 26.
41. *Ibid.*, p. 31.

fez Naziazeno, o que revela a situação da mulher e a relação particular que ela tem com a vida urbana:

> O melhor é Tilu vestir-se e sair também. Seguir os passos de Jairo. Que pena que não tenham automóvel agora. Irá de bonde. Irá a pé. Mas ir aonde? Tilu não poderia meter-se por esses atopetados de homens e de fumaça. Não iria, de certo, espiar pelas portas dos Cassinos. Ora aí está: uma bobice. Que vale um giro pelas ruas? Tilu não iria disfarçar-se em trajos masculinos. E para não mudar de roupas, não fingir homem, é preciso perder o tempo, e o juízo. Nada adianta. A dignidade impõe sacrifício. E este pensamento foi uma consolação e uma tristeza. A tristeza de anulação. Esperanças fracassadas. Desespero, e imobilidade.[42]

A mobilidade será tematizada, assim como no romance anterior, pela fuga. Preocupada com a mãe cardíaca, Marta decide ter a criança fora da cidade:

> Adeus, paisagem das serras crespas. Horizonte claro, que se abre, e que não muda. Fogem, para trás, dançando, volvendo-se, sumindo-se, as sangas, as estações, os aramados, as várzeas limpas, as plantações de milho e de arroz, as pontas de gado gordo, os ranchos de barro; as curvas prateadas dos regatos, marginadas de sarandizais, a tumultuária mudança de trens no Cacequi, a ruidosa ponte metálica, por cima de Santa Maria recurvado, sereno, azulado.[43]

Já no espaço rural, falam da morte da moral na cidade (o que remete a cenas presentes no texto de Vianna Moog), uma vez que a natureza os reaproxima de Deus e os livra da "lama das avenidas civilizadas". A cena final é ambígua. Marta morre ao cair enquanto tentava enxergar a beleza da flor da tuna, imagem

42. *Ibid.*, p. 53.
43. *Ibid.*, p. 82.

que recupera a conclusão do romance anterior de Gomes, mostrando a coerência temática e estilística do escritor.

Dois dos principais valores presentes em *As loucuras de Doutor Mingote* e *A flor da tuna*, ou seja, os inúmeros acenos para uma sociedade adoecida e os conflitos morais vividos por seus indivíduos, estarão também presentes em *Estrada perdida*, de Telmo Vergara. O autor, nascido em 18 de outubro de 1909, formou-se bacharel em Direito no ano de 1931, o que o permitiu exercer a profissão de advogado no Departamento das Municipalidades. Seu primeiro livro, *Na plateia*, foi lançado em 1930, uma coletânea de contos tal qual muitas de suas obras seguintes: *O moço que via demais* (1931), *Seu Paulo convalesce* (1934), *Cadeiras na calçada* (1936) e *9 histórias tranquilas* (1938). Além desta ampla produção dentro do universo das formas breves, Vergara publicou ainda *Uma hora na lua: teatro quase possível* (1932) e a novela *Figueira velha* (1935).

Seu primeiro romance, contudo, intitulado *Estrada perdida* (1939) aparece apenas no fim da década de trinta. É livro que traz, já em sua organização interna, um dos seus traços formais mais marcantes, por meio da sua divisão em quatro partes apresentadas da seguinte maneira: "Alguns dias de 1918" (composta de mais de duzentas páginas), "Um dia de 1919" (completa em torno de vinte páginas), "Um dia de 1920" (contendo menos de dez páginas) e "Alguns dias de 1938" (possuindo ao redor de cento e quarenta páginas). Nota-se que há um expresso desequilíbrio nesta distribuição, sendo a primeira e a última parte muito maiores do que as duas centrais. Esta desarmonia estrutural serve de moldura para uma série de disjunções, desproporções e instabilidades que se processarão em níveis diversos ao longo da trama, a exemplo do plano existencial, do psicológico, do social e do discursivo.

No excerto inicial da obra, por exemplo, somos apresentados a um enredo esgarçado e movediço, que oscila entre momentos em que o foco se concentra na ação e outros tantos em que a ênfase recai na representação de instantes cotidianos, contemplativos e introspectivos, passagens sustentadas por um protagonismo cambiável, cujo eixo pode ser encontrado na figura dos três primos, Luís, Roberto e Lígia, que dividem a infância no bairro Partenon, da cidade de Porto Alegre. Como as crianças transitam por vários espaços, este momento do livro é marcado por uma constante interpenetração de cenários e tipos sociais, num constante exercício de contaminação entre o familiar e a alteridade.

Por conta disso, além do trio, nestas primeiras páginas avultam figuras de origens e classes sociais díspares, a exemplo do Dr. Ferreira, avô dos meninos, da empregada Umbelina, do comerciante Seu Nunes e de Peleu, funcionário na Companhia Força e Luz, que presta serviços ao Dr. Ferreira. Estes seres compõem uma espécie de narração "em coro" potencializada por um foco narrativo volúvel que oscila da terceira pessoa para registros mais íntimos, ora se personalizando, ora se despersonalizando. Em certas passagens, o plano da narração se externa em um ritmo afogueado, buliçoso, cujo intuito parece ser abarcar o complexo panorama de atos e vozes que compõe o mundo:

> E pelo riozinho azulado o guri, olhos subitamente pesados de sono, viaja. É a Baixada, sim, são os casebres da Baixada, agrupados, incolores, lá longe, lá no socavão barrento. É o Peleu, sentado ao lado do sofá, sob a lamparina acesa, sob a imagem do Senhor do Bom Fim, falando. O mist Charle, bebendo, bebendo isque, em Punta Arena, naquele lugar frio e deserto. "Tá bem, Pileu, tá bem. Tu estar dono teu vida"... É o cachorro, acuando, não deixando Lígia, Luís e Roberto entrarem. É Peleu, mandando o cusco se aquietar. E a mulher do Peleu, a Marica, dando na bunda da negrinha suja e ranhenta. São os argentinos, os paisanos burros não compreendendo que o Peleu era negro e pensando que ele usasse um véu preto sobre o rosto. É o outro paisano, molhando

> o dedo no cuspo e passando na mão do Peleu, para tirar a tisna... É o riso grosso do Peleu, é o Peleu, falando, comovido, de lágrimas nos olhos, dizendo que nunca mais viu o inglês... É Lígia, já de volta do Peleu, debaixo da ponte branca do arroio, rindo, dizendo que, quando ela e Luís se casarem, Luís não vai querer matá-la, ao contrário do Marciano com a Isaltina... É o Marciano, de faca empunhada, esbravejando. É o dr. Ferreira, ainda há pouco, à noite, escutando a ópera no aparelho Pathé, de olhos fechados, sacodindo a mão magra no ritmo da música, descerrando os olhos e dizendo: "É agora, é agora que vem o agudo". É dr. Ferreira, ainda dizendo: "A vida é bem uma estrada perdida". É Lígia, outra vez, correndo, correndo, envolta no pó da rua esburacada. É Lígia, ainda, dizendo pro seu Nunes: "Choriço, seu Nunes". É Roberto, fumando e afirmando que já tem três figurinhas da Maria Walkamp. É o primo Rodrigues, esfregando a braba [*sic*] no rosto de Luís, e gritando: "Cagarola! Cagarola!" É Lígia, novamente, subindo a escada da casa do primo Rodrigues, chegando primeiro ao patamar e apertando a campainha na ponta dos pés.[44]

Estas interações entre os indivíduos, especialmente aquelas efetivadas a partir da perspectiva das três crianças principais, são marcadas por vislumbres da cidade de cima do morro, proveniente de um espaço suburbano, rural em muitos aspectos, e que se apresenta, em um primeiro momento, na modalidade de uma quebra na rotina ingênua dos folguedos infantis, talvez por isso mesmo exibindo-se em uma imagem ainda difusa:

> Vem uma pausa, em que os três se calam, enquanto aos seus ouvidos chega o zumbido abafado da cidade, lá embaixo, quase apagada pela distância mas deixando adivinhar as paredes brancas das casas, os telhados vermelhos e escuros, o revérbero das janelas, as chaminés de algumas fábricas, as duas torres erguidas e altas da igreja

44. Telmo Vergara, *Estrada perdida*, p. 126-127.

> das Dores, subindo, subindo, parecendo quase da altura do morro, a tira azul-claro do rio, serpenteando, abraçando a cidade, deslizando reta, de novo serpenteando, de novo deslizando reta, os recortes das ilhas fronteiras, a distância sem contornos da outra margem do rio, a outra margem que vai, vai, leva a paragens desconhecidas e inatingíveis. Os guris veem tudo isso, olham a cidade coberta pelo nevoeiro tênue e acinzentado.[45]

A experiência dessa cidade que se moderniza ganha novos contornos com a chegada da gripe espanhola, elemento do enredo que confere certa integridade a um cosmos urbano que se indefine em muitos de seus aspectos. Isso fica claro no momento em que a virose é noticiada ao público ou quando ela é responsável por interromper a rotina urbana natural, estabelecendo um ritmo comum e único ao inquieto e multifacetado *locus* citadino:

> — Estou frito, Mana! A Espanhola me pegou! Mas que venha, com todas as suas castanholas e os seus mantones... Não tenho medo, Mana! Você bem sabe que eu não sou nenhum cagarola! Que venha, a cadela! Não sou como todos esses cagarolas de Porto Alegre! Nunca vi gente tão medrosa, Mana! Imagine você que fui na rua da Praia, passei pela Praça da Alfândega, fui ao Banco, andei pela rua Sete e quase que não vi ninguém! As ruas estão quase desertas, Mana! Os colégios estão fechados! As repartições com quase ninguém! Os cinemas também fechados! Na Praça 15 não tem carros! Os boleeiros sumiram-se! Que cidade de cagarolas, Mana! Mas a Gripe que venha! Se pensa que me borrarei, está muito enganada! Que venha, essa cadela![46]

Apesar desses excertos pontuais, o cenário da cidade na primeira parte ainda pode ser considerado distante, antevisto em descrições precárias e impressionistas, fator que se altera nas três partes que

45. *Ibid.*, p. 30.
46. *Ibid.*, p. 156.

se seguem, notadamente na última, na qual a cidade moderna surge em novas feições, configurada e constituída como palco dos dramas e com atuação determinante na percepção dos medos, anseios e desejos dos personagens, servindo, da mesma maneira que em Vianna Moog, ora como fonte de evocação dos estados anímicos dos indivíduos, ora como contraponto às suas ações.

Esta figuração, constante no último estrato do romance, serve de cenário ao destino de Luís, que, vinte anos depois, após a morte de Lígia (ocorrida já na primeira metade do volume), se casa com Mira e torna-se pai de Mariazinha. Seu dilema principal neste momento é considerar-se um fracasso, pois trabalha em um emprego de baixa notoriedade que lhe rende poucas posses e parcos confortos. Sendo assim, as temáticas do arrependimento da vida vivida e da responsabilidade pelos seus próprios atos, conforme exploradas também por Moog e Moura, retornam aqui (inclusive na metáfora do título, que se refere às oportunidades perdidas em vida) e atingem ponto culminante em cena avançada do romance, quando Luís têm relações sexuais com sua empregada após tentar roubar o dinheiro que ela ganhou na loteria, tornando-se amante dela a partir disso.

Este sentimento de inadequação e de potencial reprimido é reforçado pelas transformações do espaço ao redor das personagens, como demonstra o trecho desenvolvido por intermédio do ponto de vista de Peleu:

> Peleu não responde. Continua fitando a faixa azul e limpa, que aparece, estreita, delimitada pelo cimo dos arranha-céus. Quanta casa comprida! Como a cidade mudou! E quanta gente, acotovelando, roçando, quase derrubando, quase pisoteando Peleu! — Sinhô do Bom Fim! Esse zum-zum, esse vozerio, essas campainhas, esses guinchos, esses klaxons esganiçados, esse rumor de multidão caminhando apressada... Como a cidade mudou! Essa gente, acotovelando, roçando, quase derrubando, quase pisoteando Peleu — essa gente é hostil... Essa gente na

> verdade quer derrubar Peleu, quer matar o negro velho, quer aniquilá-lo! Esse zum-zum tinindo nos ouvidos do negro velho, esse rumor de campainhas, de guinchos, de metais se partindo, de klaxons esganiçados, de vozes desencontradas, de tacões de sapatos, de tantos, de incontáveis tacões de sapatos, — esse barulho vai arrebentar a cabeça do negro velho... Essas casas tão compridas, tão altas, essas casas duras e rijas vão cair, vão soterrar, vão sepultar o negro velho... — Sinhô do Bom Fim.[47]

Este tipo de representação se intensifica conforme a trama se encaminha para o desfecho. É Luís quem sente o turbilhão de forças que operam na urbanidade em expansão, especialmente quando, ao flanar pela cidade, tem todas suas preocupações e recalques estimulados, em uma relação que associa as forças antípodas que regem a experiência vertiginosa do sujeito dentro de uma sociedade cindida entre polos que convivem em dissonância: o rural e o urbano, o local e o global, o público e o privado, pares que se dinamizam em um ritmo pendular, no qual as substâncias frequentemente se transfiguram em outras, potência transmutacional que, no emblemático trecho citado a seguir, é regida pela estrela que se descobre ser, afinal, um avião:

> Agora, Luís escuta, mais fortes que o rascar dos grilos, uma a uma, as pancadas da meia-noite, vindas de alguma janela aberta do bangalô de doutora Elvira, deslizando, seguindo-se na noite, entrando no jardinzinho, invadindo o quarto, uma a uma, em fila indiana, por ordem, disciplinadas. Pausa. Outro relógio distante, que nem mesmo se sabe se existe, de tão longe que está — outro relógio dá meia-noite. Os dois relógios parecem dois africanos selvagens, fazendo-se sinais na treva, comunicando-se com as batidas convencionadas, com a as batidas que atravessam matas e matas, perpassam morros e morros, vadeiam rios e rios, levando a mensagem intraduzível.

47. *Ibid.*, p. 295.

> Neste momento, uma das estrelas se movimenta, vem caminhando na noite, acompanhada do rumor abafado de motor possante. A estrela móvel desaparece do retângulo escuro da janela, vai, some-se, sempre acompanhada do rumor de motor possante. Um avião. Sim, é um avião. E que noite quente, meu Deus! Que calor! Que coisa horrível! De abafar, de aniquilar. Nem parece fim de novembro. Parece no rigor de janeiro. Que coisa horrível! E não vem chuva esta noite. Olha as estrelas... Amanhã na certa que vamos ter um dia impossível! Aquela repartição é um forno. Que dia impossível vai ser amanhã! E o tempo está firme, implicantemente firme... Meia-noite. O relógio de doutora Elvira deu. Após, o outro relógio, que Luís não sabe de quem seja, afastadíssimo, de onde fogem as pancadas quase imperceptíveis. Duas meia-noites. Uma para cada um. Relógios nunca combinam direito. Nunca estão de acordo. Nunca tem a mesma opinião... Até parecem o diretor geral e o subdiretor, lá da repartição... Boa! O avião passou, roncando, misturou-se às estrelas, perdeu-se na treva. O avião, roncando... O perigo da guerra foi afastado na Europa, como dizem os jornais. Mas os judeus estão roendo um osso na Alemanha. Até suicídios. Aviões. Guerra...[48]

Percebe-se aqui, assim como em inúmeros trechos de *Estrada perdida*, um espaço que se revela e se esfacela, enunciado por um discurso que é também ruína. O cenário é, em parte, feito de matérias concretas, mas também é composto das pulsões interiores e da percepção enviesada dos sujeitos que nele transitam. Assim, seu processo de se edificação, como a linguagem que o descreve, é contraparte de seu constante desmoronamento. O fraseado espiralado, em cujo cerne estilístico está a repetição, mimetiza existências podadas, não totalmente realizadas, e que, como apontou Fábio Augusto Steyer em sua tese de doutorado sobre o autor, parecem condenadas a repetir os mesmos erros.

48. *Ibid.*, p. 321.

Sem que desconsideremos outras formas de atuação do espaço citadino e seus símbolos em passagens específicas, como o dilema de Peleu, que teme ter sua casa tomada pela prefeitura porque não pagou os impostos; ou o anseio de ascensão social de Luís representado no desejo constante de Mariazinha de ter um automóvel de brinquedo, é necessário reparar que, na última frase do livro, a cidade ainda parece na condição de espaço a ser conquistado, conhecido e explorado, território potencial exclusivo para a solução dos conflitos: "Com seu sorriso tímido, Luís desce os degraus da igreja, leva Mira e Mariazinha, avança na direção da cidade afastada, na direção do rio faiscante", trecho que simboliza, de forma derradeira, pela saída do lugar sagrado em direção ao mundo secular, a derrocada moral vivida pelo personagem em foco.

Por ocasião das análises empreendidas até aqui, é possível concluir que quer sejam as duas vidas da urbe em *Os ratos*, de Dyonelio, a heterogeneidade do contato entre cultura local e cultura estrangeira em Moog, a relação centro/meio rural/subúrbios em Moura e Gomes, ou o sentimento de inadequação e irrealização em um espaço que se expande e se fragmenta em Vergara, o romance urbano no Rio Grande do Sul nasceu deste esforço ambivalente de situar os seres na modernização do espaço. É neste empreendimento ficcional que se desenvolve nosso romance urbano, ocupado de personalidades inquietadas, abandonadas em um mundo que se desfazia para se transformar. O produto dessa mutação estará presente no trabalho de autores mais jovens ou nas obras posteriores desses cinco escritores, primeiros exploradores de um universo que se abria e começava a se iluminar.

## Referências

BUENO, Luís. *Uma história do Romance de 30*. São Paulo: EDUSP; Campinas: Ed. da UNICAMP, 2006.

CARPENTIER, Alejo. *Literatura & consciência política na América Latina*. São Paulo: Global, s. d.

CRUZ, Claudio. *Literatura e cidade moderna*: Porto Alegre, 1935. Porto Alegre: EDIPUCRS; IEL, 1994.

FISCHER, Luís Augusto. *Literatura gaúcha*: história, formação e atualidade Porto Alegre: Leitura XXI, 2004.

FISCHER, Luís Augusto. *Vianna Moog*: cadeira 4, ocupante 3. Rio de Janeiro: Academia Brasileira de Letras; São Paulo: Imprensa Oficial do Estado, 2011.

GIL, Fernando C. *O romance da urbanização*. Porto Alegre: EDIPUCRS, 1999.

GOMES, Martim. *A flor da tuna*. Porto Alegre: Globo, 1938.

GOMES, Martim. *As loucuras do Doutor Mingote*. Porto Alegre: Globo, 1933.

MACHADO. Dyonelio. *Os ratos*. São Paulo: Ática, 1980.

MOOG, Vianna. *Um rio imita o Reno*. Rio de Janeiro: Civilização Brasileira, 1966.

MORAES FILHO, Evaristo. *O cordial Vianna Moog e sua obra polêmica*. Rio de Janeiro:

José Olympio, 1988.

MOURA, Reynaldo. *A ronda dos anjos sensuais*. Porto Alegre: Columbia, 1935.

MOURA, Reynaldo. *Noite de chuva em setembro*. Porto Alegre: Globo, 1939.

REMÉDIOS, Maria Luiza Ritzel. *Reynaldo Moura*. Porto Alegre: IEL, 1989.

SCHWARZ, Roberto. Sobre *O amanuense Belmiro*. *In*: SCHWARZ, Roberto. *O pai de família e outros estudos*. São Paulo: Paz e Terra, 1992.

STEYER, Fábio Augusto. A Estrada perdida *de Telmo Vergara*. 2006. Tese (Doutorado em Letras) – Universidade Federal do Rio Grande do Sul, Porto Alegre, 2006.

VERGARA, Telmo. *Estrada perdida*. Porto Alegre: IEL, 2017.

ZILBERMAN, Regina. *Literatura gaúcha*: temas e figuras da ficção e da poesia. Porto Alegre: L&PM, 1985.

Luís Bueno

# 3.4.1

# O Romance de 30 no Rio Grande do Sul

No poema "Nosso tempo", publicado em *A rosa do povo* (1945), Carlos Drummond de Andrade definiu o clima que dominava a intelectualidade brasileira dos anos 1930 como um "tempo de partidos", "tempo de homens partidos". Essa definição se aplica exemplarmente ao romance publicado naquela década. A polarização ideológica entre direita e esquerda tomou conta da vida intelectual brasileira e colocou em confronto duas concepções radicalmente diferentes de romance, de acordo com definições diferentes de "humano", para evocar uma palavra muito utilizada na época. Para uns, o humano se definia a partir das condições materiais de vida e o conjunto das relações sociais; para outros, a partir da configuração espiritual e psicológica individual. O *boom* do Romance de 30 é marcado, de saída, por essa profunda divisão, sobretudo entre os anos de 1933 e 1936.

É claro que houve escritores que, embora identificados com a esquerda ou com a direita, recusaram-se a ver a arte atrelada automaticamente à ideologia. De toda forma, fosse qual fosse a posição política ou a concepção de romance, uniu essa geração uma preocupação central com o presente e, mais especificamente, com a falência do presente. É uma literatura que vê o Brasil como um problema, como o espaço da carência. A ilusão de que uma rápida modernização seria possível e, se implantada, faria com que superássemos as nossas enormes desigualdades estava suspensa.

No Romance de 30 do Rio Grande do Sul, a tendência geral foi a de uma divisão menos marcada entre essas duas concepções. Não há entre os autores gaúchos cultores daquilo que era vagamente referido como "romance proletário", cujo modelo era a obra de Jorge Amado, nem do romance profundamente introspectivo como praticou, por exemplo, Lúcio Cardoso.

E nenhum autor ilustra melhor uma posição de equilíbrio estético entre os dois polos do que o romancista do Rio Grande do Sul que se tornou mais conhecido nacionalmente: Erico Verissimo. De *Clarissa* (1933) a *Olhai os lírios do campo* (1938), Verissimo produziu uma visão ampla da sociedade de seu estado e do Brasil. O escritor procurou deixar marcados, em seus romances, diversos confrontos: entre as várias classes sociais, a vida no interior e na capital, as personalidades ativas e as incapazes, os generosos e os ávidos por subir na vida. Nesse sentido, pode-se afirmar que o modelo de construção de sua obra foi o romance *Caminhos cruzados* (1935), uma das obras-primas produzidas pelo Romance de 30. Nele, a prosa de corte moderno e o enredo montado a partir do princípio de simultaneidade criaram uma espécie de efeito de totalidade que nenhum outro romance do período alcançaria.

Também Dyonelio Machado, este com envolvimento ideológico pessoal marcado pela militância no Partido Comunista, manteve, no único romance que publicou nos anos 1930, *Os ratos* (1935), uma visão mais aberta do conceito de "humano" e do romance. Psicologia e posição de classe se fundem no dia infernal vivido por Naziazeno, um herói também em posição intermediária: o pequeno funcionário público, pequeníssimo burguês que habita uma zona indefinida entre o capital e o proletariado.

Geralmente se considera o regionalismo como uma das pedras de toque do Romance de 30. No Rio Grande do Sul, como aliás no Nordeste, o regionalismo já constituía uma tradição literária definida àquela altura. Mas essa tradição sofre uma inflexão forte, marcada pela necessidade sentida pelo Romance de 30 de mergulhar no presente. Veja-se o que ocorre com a figura do gaúcho tradicional, aquele já em extinção quando Simões Lopes Neto o representara exemplarmente. Na década de 1930, ele estará praticamente ausente da prosa de ficção.

O impacto desse mergulho crítico no presente parece ter sido captado de forma bastante aguda e interessante por Cyro Martins que, numa conferência de 1944, faz uma curiosa diferença entre regionalismo e localismo:

> Enquanto o regionalismo sublima as suas virtudes na glorificação do indivíduo, do tipo, do arquétipo e, no nosso caso, do "monarca das coxilhas" — o localismo evidencia os defeitos e as crises do grupo social em foco, sugerindo a reparação dos danos.[1]

Não é coincidência que em seu romance *Sem rumo* (1937) o gaúcho circule num interior do estado em que a velha estância não existe mais, perambulando no ambiente da cidadezinha.

A pequena cidade, aliás, vai acabar ganhando destaque, substituindo o campo na paisagem. Serão erguidas cidades fictícias como Figueira Velha, do romance homônimo (1936) de Telmo Vergara, e a Jacarecanga, apenas evocada em *Clarissa* e cenário de *Música ao longe* (1935) e de parte de *Um lugar ao sol* (1936), de Erico Verissimo. Este romance tem uma cena antológica pelo retrato que faz dos velhos valores gaúchos, algo deslocados no presente. O general Justiniano Campolargo chama Vasco, esse novo gaúcho, rebento bastardo de uma família tradicional, para cobrar que resolva um caso de assassinato da velha maneira: assassinando o responsável. E, nesse aconselhamento na lógica de uma velha honra, ele simplesmente se urina todo. Converte-se em bebê, que depende de quem lhe troque os cueiros, levando Vasco à melancólica constatação de que aquela situação era pior que a morte.

1. Cyro Martins, "Visão crítica do regionalismo", p. 21.

Embora pouco conhecido, um pequeno livro de Athos Damasceno Ferreira é um projeto exemplar desse esforço de trazer os velhos temas gaúchos para a concretude do presente. As ações de *Moleque* (1938) se dão todas no transcurso de um dia. É um dia banal, em que nada de especial acontece, flagrante daquilo que o professor Clarimundo, de *Caminhos cruzados*, caracterizaria como "a chatice da vida". Benedito, o "moleque" do título, é um menino negro, filho da cozinheira, como a negrinha de Monteiro Lobato, vivendo sob a proteção de uma velha remediada. Sem lugar nem naquela casa de arrabalde nem naquela sociedade, destinado aos pequenos trabalhos e à humilhação constante. Ocorre que a epígrafe do romance é retirada do "Negrinho do pastoreio" de Simões Lopes Neto, exatamente a passagem em que o menino se levanta inteiro do formigueiro. O moleque do novo romance surge, assim, como a permanência no presente, mas em negativo, do negrinho lendário, como se ele renascesse apenas para viver noutra chave seu martírio.

*Moleque* já integra o tempo de dúvida que domina o Romance de 30 ao final da década. *Um rio imita o Reno* (1939), de Viana Moog, tem papel crucial na construção desse novo tempo, ao encenar a difícil integração de um engenheiro vindo do Amazonas numa cidade de imigração alemã fictícia, Blumental, evocando ao mesmo tempo a ascensão do nazismo e a proximidade da guerra.

## Referências

MARTINS, Cyro. Visão crítica do regionalismo. *In*: MARTINS, Cyro. *Sem rumo*. Porto Alegre: Movimento, 1997.

Fernando Cerisara Gil

# 3.4.2

# Os duplos da ficção de Dyonelio Machado

Dyonelio Machado (Quaraí, 1895–Porto Alegre, 1985) sugere ser um dos pontos altos de alguns dos constantes paradoxos tanto da ficção brasileira desde o seu surgimento na forma romance, ali pelos idos da década de 1840, quanto da posição do escritor que se situa num contexto de duplo deslocamento, se assim se pode dizer: médico psiquiatra e homem de letras de um país periférico e da órbita da dependência do capital mundial, que habita, se forma, escreve e vê o mundo pela janela provincial do Rio Grande do Sul.

O exame da relação do autor d'*Os ratos* com a tradição narrativa brasileira e da sua posição como escritor no campo literário não é tarefa simples; está distante de uma relação mecânica de causa e efeito dos elementos em jogo. Mas uma observação do conjunto da obra talvez permita identificar duas *matrizes ficcionais* que fundamentam a sua produção literária.

Uma primeira se caracteriza por uma dominância mimética das formas de representação do mundo ficcional e de sua compreensão: nesse caso, os elementos que operam a composição das narrativas atuam com certa autonomia em face uns dos outros. Um "estilo realista", impessoal e objetivo, prepondera, sendo o material dessa ficção, como não deixou de notar o próprio escritor, o *trivial*.[1] É trabalhando na "profundidade dessa superfície", do "drama trivial"[2], que o escritor "extrai o seu elemento artístico, original, fazendo com que os problemas surjam e se desenvolvam por ações, por atos concretos que adquirem sentido e dramaticidade [...]".[3] Mundo urbano e paisagens da solidão se cruzam numa situação de movimentação e de encalacramento de personagens pobres, desvalidos ou enlouquecidos, cuja resultante é uma mistura de degradação e de alienação de indivíduos e experiência. Essa consciência literária de Dyonelio Machado auxilia-nos, ao menos em parte, a entender o primeiro momento proposto, que configura a sua forma de expressão em romances, como, por exemplo, em *Os ratos*[4] (1935), *O louco do Cati* (1942) e *Desolação* (1944).

Uma segunda matriz ficcional estaria centrada no conceito mais do que na representação. Os elementos ficcionais (personagens, enredo, ponto de vista narrativo etc.), nesse caso, se estruturariam a partir de uma ideia ou de um conjunto forte de ideias, que orientaria a composição. Mais do que o "drama trivial" configurado "por ações" e "por atos concretos", está-se, nessa quadra, diante do debate mais evidente, mas não necessariamente direto, entre outras coisas, da posição do intelectual em face dos sistemas de poder opressivos e das estruturas sociais que levam a formas degradadas de relações em diferentes esferas, bem como das maneiras de resistência a esse quadro e suas aporias. Também diferente sugere ser a linguagem a enunciar esse universo ficcional. É como se a matéria, aqui, figurasse um

1. Dyonelio Machado, *Correio do Povo*, 7 ago. 1966 *apud* Maria Zenilda Grawunder, *Instituição literária*: análise da legitimação da obra de Dyonelio Machado, p. 127.
2. *Id.*, *O cheiro de coisa viva*, p. 9.
3. *Id.*, *Correio do Povo*, 7 ago. 1966 *apud* Grawunder, *op. cit.*, p. 127.
4. *Os ratos* foi o primeiro romance publicado pelo autor e considerado pela crítica como o mais significativo. A tal ponto que, falando ironicamente da repercussão deste livro, num depoimento de 1972, Dyonelio se dizia "romancista de um só romance". O primeiro romance escrito foi *O estadista* (1926), publicado apenas em 1995, em *O cheiro de coisa viva*, volume que reúne ainda outros textos do autor.

macrocosmo que necessitasse de uma dicção mais eloquente, sustentada numa construção sintática enviesada na ordenação de seus elementos, num léxico mais raro e "culto" e num estilo mais sóbrio — ao contrário do conjunto de romances antes mencionados, no qual coloquialidade, concisão e prosaísmo tendem a predominar.

Vale destacar, no entanto, que a linguagem aparatada é traço permanente da literatura de Dyonelio Machado e adquire modulações as mais diversas: toma a forma do estilo artenovista do seu primeiro livro de ficção publicado, os contos de *Um pobre homem* (1927), ou mais classicizante no que foi chamado de "trilogia da libertação", composta pelos romances *Deuses econômicos* (1966), *Sol subterrâneo* (1981) e *Prodígios* (1980), característicos desse segundo instante.

As duas matrizes ficcionais correspondem, portanto, a tratamentos de linguagem diferentes: no "drama trivial", a linguagem literária se põe ao rés do chão, em registro cotidiano; já na ficção que redesenha "macroestruturas" ou "macrossituações" sociais, ela adquire certa impostação elevada. No primeiro caso, a narrativa se faz representação, um contínuo de imagens; no segundo, tende ao conceito, à alegoria. Não se trata de presença exclusiva de um ou outro andamento, mas de dominância na configuração de um determinado romance.

Se voltarmos os olhos para o passado da nossa formação romanesca, não se pode deixar de notar que algo dessa posição produtiva de Dyonelio Machado já se encontra presente naquele momento. Uma duplicidade constitutiva da forma romance que se situa entre o "dizer representando" e o "dizer explicando", ou entre o "representar o mundo" e o "dizer o mundo", com todas as nuanças e matizações que possa haver entre esses dois extremos. A ficção de Dyonelio Machado se entronca com a tradição do romance brasileiro que procede ao uso sistemático do recurso narrativo da cena dramática, buscando a contenção e a autonomia dos elementos ficcionais em articulação, como ocorre, por exemplo, num escritor como Visconde de Taunay, no romance *Inocência*, assim como com a tradição que faz uso de um narrador hipertrófico, caracterizado por espécie de excesso do uso da palavra — comentários, opiniões, explicações e ajuizamentos —, como acontece com Franklin Távora, em *O Cabeleira*.

Como Taunay e Távora, o centro da preocupação literária do autor d'*O louco do Cati* é a matéria social, consideradas, claro, as reconfigurações e redimensionamentos histórico, social e literário ocorridos ao longo do período que separa os nossos escritores oitocentistas da produção de Dyonelio Machado. Nesse sentido, se as formas de violência sociais e institucionais, o *ethos* social que as define e as determina, o lugar social dos pobres (ou falta dele) no processo — se tudo isso já se punha no horizonte literário e intelectual dos autores do XIX, a ficção de Dyonelio Machado repõe esse leque de problemas, agora pautada por uma posição moderna de esquerda, por uma rejeição profunda das formas de mercantilização da vida engendradas pelo processo de industrialização e de urbanização no Brasil a partir dos anos 1930, bem como por uma consciência de que a literatura não pode se submeter ao ritmo do mercado, caso queira preservar algum valor crítico e literário.

No conjunto, a sua produção sofre o influxo dessas posições dúplices e ambíguas que acabam por circunscrever a trajetória e a experiência do escritor. Entre o desejo da descompressão do mundo com o fim das iniquidades sociais e a perspectiva de encarceramento e de emparedamento que a vida moderna impõe aos indivíduos e à sociedade, por um lado, e, por outro, entre a aspiração de fazer da literatura "um canto geral" e o sentimento de aprisionamento de quem vê, compreende e enuncia o mundo da esquina da sua província, compõe-se a duplicidade variada da ficção de Dyonelio Machado, cuja peculiaridade se dá pelo caráter irresolvido desses elos de tensões e conflitos e de suas formas de expressão.

## Referências

GRAWUNDER, Maria Zenilda. *Instituição literária*: análise da legitimação da obra de Dyonelio Machado. Porto Alegre: EDIPUCRS; IEL, 1997.

MACHADO, Dyonelio. *O cheiro de coisa viva*. Org. Maria Zenilda Grawunder. Rio de Janeiro: Graphia, 1995.

Juliana Santos

# 3.5

# A poesia na Era Erico

A produção literária brasileira da primeira metade do século XX costuma ser observada a partir de três gerações, a de 1922, a de 1930 e a de 1945, como atestam as histórias de Alfredo Bosi, Luciana Stegagno-Picchio e Carlos Nejar, entre outros autores. A poesia produzida a partir dos anos 1930, no Rio Grande do Sul, durante a Era Vargas, ou a Era Erico, como a chamou Luís Augusto Fischer[1], ainda que não costume figurar no conjunto da produção brasileira — vide a ausência desses poetas em obras de referência, como as de Bosi e Picchio —, coincide em muitos aspectos com o que caracterizou a segunda geração do Modernismo brasileiro.

Donaldo Schüler, em *A poesia no Rio Grande do Sul*, também organiza a produção dos poetas gaúchos da primeira metade do século XX seguindo, em linhas gerais, essa tripartição e nomeia as três gerações, respectivamente, como Modernismo, Evasionismo e Humanismo. A designação de evasionistas, criada por Schüler nos anos 1980, parece muito pertinente para caracterizar não só o grupo gaúcho, mas também, de uma forma geral, os poetas brasileiros que deram início à sua produção nos anos 1930.

Essa geração de poetas representa um dos grandes momentos da produção lírica brasileira, abarcando autores como Drummond, Cecília Meireles, Vinicius de Moraes, Murilo Mendes,

1. Luís Augusto Fischer, *Literatura gaúcha*: história, formação e atualidade, p. 81.

entre outros. Após ter sido renovada a linguagem pelos primeiros modernistas, a segunda geração, conforme aponta Bosi, se caracteriza por suas preocupações políticas, religiosas e metafísicas:

> Pode-se reconhecer nos poetas que se firmaram depois da fase heroica do Modernismo a conquista de dimensões temáticas novas: a política em Drummond e em Murilo Mendes; a religiosa, no mesmo Murilo, em Jorge de Lima, em Augusto Frederico Schmidt, em Cecília Meireles. E não só: também se impõe a busca de uma linguagem essencial, afim às experiências metafísicas e herméticas de certo veio rilkeano da lírica moderna, e que se reconhece na primeira fase de Vinícius de Moraes, em Cecília Meireles, em Henriqueta Lisboa, em Emílio Moura, em Dante Milano, em Joaquim Cardozo, em Alphonsus de Guimaraens Filho.[2]

No Rio Grande do Sul, também tivemos preocupações semelhantes em poetas de destaque, como Mario Quintana, Lila Ripoll, Reynaldo Moura e Heitor Saldanha. Esses poetas podem (e devem) ser vistos nas suas relações com o que se produzia no restante do país, na medida em que existem proximidades temáticas e estilísticas entre eles, identidade nas referências estéticas, além de, em alguns casos, relações profissionais e afetivas que os unem. O artigo "Poesia na *Revista do Globo*: duas fases, duas faces", de Diego Grando, analisa as contribuições líricas para a *Revista do Globo* e mostra a inserção dos poetas modernos do centro do país neste importante periódico, especialmente no período que identificou como sua segunda fase, de 1945 a 1967, quando aparecem poemas de Mário de Andrade, Bandeira, Drummond, Vinicius de Moraes e João Cabral. O artigo ainda destaca que "os poetas contemporâneos do Brasil não andam sozinhos": somam-se a eles nomes como Neruda, Mallarmé, Poe, William Blake, Walt Whitman, Rimbaud, Ezra Pound, Rilke,

2. Alfredo Bosi, *História concisa da literatura brasileira*, p. 438.

além de Paul Éluard, Francis Jammes, Gabriela Mistral, entre outros.[3] Cabe salientar que muitos destes poetas estrangeiros estão entre as principais referências estéticas para os poetas brasileiros dessa geração.

Ao observar os poetas gaúchos dos anos 1930, é possível verificar que alguns se caracterizaram por uma discussão mais referencial em torno do Rio Grande do Sul e outros escaparam a esse condicionante, mas se pode perceber que os poetas dessa geração mantêm esse caráter de evasionismo, como percebeu Schüler, que marcou a produção brasileira como um todo, independentemente de ter ou não deixado traços regionais na criação lírica.

Lila Ripoll[4], poeta emblemática dessa geração, assim como Cecília Meireles, é dona de uma poesia bastante musical e teve sua trajetória marcada por uma série de perdas na vida pessoal: Waldemar, seu primo e irmão de criação, assassinado em 1934 em um crime de ordem política; Nílson Bertoline, poeta e amigo, que se suicida em 1944; e Alfredo Luís Guedes, seu marido, morto em 1949, vítima de um derrame cerebral. Sente-se, na poesia de Lila, mais dor e amargura do que na criação da poeta carioca. Enquanto Cecília canta os seus mortos (também prematuros) com doçura, Lila entoa versos de dor:

> Tenho saudades dos meus mortos.
> Eles partiram de repente.
> Foram viajar por outros portos,

---

3. Diego Grando, "Poesia na *Revista do Globo*: duas fases, duas faces", p. 573.

4. Lila Ripoll nasceu em Quaraí, em 12 de agosto de 1905, e mudou-se para Porto Alegre em 1927, onde tornou-se pianista, professora do magistério público e integrante da Frente Intelectual do Partido Comunista. Entre suas obras, estão: *De mãos postas* (1934), *Céu vazio* (1941, Prêmio Olavo Bilac da Academia Brasileira de Letras), *Por quê?* (1947), *Novos poemas* (1951), *Primeiro de maio* (1954), *Poemas e canções* (1957), *Um colar de vidro* (1958, peça teatral), *O coração descoberto* (1961) e *Águas móveis*, escrita em 1965, mas publicada somente através da obra *Lila Ripoll*: antologia poética (1967), organizada por Walmir Ayala e concluída dias antes do falecimento da autora, vítima de câncer, em 7 de fevereiro de 1967.

e aqui fiquei, indiferente...
Tenho saudade dos meus mortos!

Ninguém pensou em ir também.
— Não há caixão que leve dois... —
Estavam frios e ninguém
pensou em dar — (lembrei depois!) —
um agasalho para alguém!

Deve pesar a solidão,
para quem parte sem querer.
Fechado sempre no caixão
o corpo imóvel deve doer...
— Pensar faz mal ao coração! [...][5]

Esse lamento a aproxima mais do poeta Augusto Frederico Schmidt, considerado iniciador da segunda geração modernista e órfão desde tenra idade. O tom melancólico dos poemas de Lila contrasta com a cadência leve de seus versos, curtos e sonoros, por vezes recuperando melodias e expressões do cancioneiro popular e infantil. Maria da Glória Bordini registrou a preferência da poeta pelo "verso curto e pela trova, que a aproximariam das fontes mais genuínas da poesia folclórica", embora a produção inicial de Lila tenha se caracterizado especialmente por "andamentos compassados, melancólicos, indagativos e tensos".[6]

Bordini também ressaltou as recorrências na poesia de Lila no que diz respeito aos temas — "a solidão, a morte, o passado, a dor, a poesia" — e às imagens — "da noite, do vento, das águas, da ave, do grito, da chuva, das pedras, das flores, dos retratos, dos quartos" —, que se verificam ao longo de sua produção.[7] No poema "Naufrágio", percebemos esse sentimento de perda e de desalento, e as imagens do mar e da terra, numa construção

5. Lila Ripoll, *Obra completa*, "Piedade para os meus mortos", p. 73.
6. Maria da Glória Bordini, *Lila Ripoll*, p. 64.
7. *Ibid.*, p. 70-71.

poética de sentido menos evidente do que no poema já citado de *Céu vazio*:

Uma sombra cobriu meu sonho,
desceu à terra, foi para o mar.
Vivo um pouco em cada barco
que naufraga silencioso,
sem chamar.

Um amor morou no meu peito,
cresceu sem medo, mas se escondeu.
Estou sempre em cada estrela,
que brilha um pouco e se apaga,
como eu.

Os meus braços estão quebrados,
sem ânsias novas para prender.
Rotas velas no mar alto,
levam sangue derramado,
sem morrer.[8]

Se as referências a personagens, fatos e paisagens de sua experiência pessoal, especialmente em relação ao sentimento de perda, são mais diretas na sua poesia inicial, não se perdem na produção final, em obras como *O coração descoberto* (1961) e *Águas móveis* (1967). Nestas obras, observamos maior hermetismo nas composições, tanto pelo uso recorrente do *enjambement*, no aspecto da métrica, quanto pela presença de um Simbolismo mais plurissignificativo, no campo das imagens. O poema "Noite" parece sintetizar essas características e também fundir aspectos de sua personalidade, ao mesmo tempo sensível, frágil (e enferma, nesta altura da vida) e combativa, idealista:

Difusa e lenta,
a noite chega em passo de fantasma.
Em suas mãos o silêncio é uma flor

8. Ripoll, *op. cit.*, "Naufrágio", p. 110.

perturbadora. Flor de impossível
fragrância. Misteriosa e metafísica.

Tudo parece irreal na noite
enferma e despojada.

Vago em névoa e silêncio
dentro dela. Mas vai comigo
Um veio de vertente.

Sei que existo na noite metafísica.
Sou um poeta real. Um fruto estranho
na corrente nebulosa. Fruto palpável.
Fruto humano. Com olhos
de olhar estrelas.

Há um fluxo nervoso
em meus sentidos.
Um vai e vem de onda.
Um morrer e renascer
de água na praia.

Divido-me entre sonho
e realidade.
Penso e sofro.
Caminho e amadureço.[9]

Uma das características que chama a atenção é o contraste entre o ímpeto de sua militância, que registra participação ativa junto ao Partido Comunista e a outras esferas da sociedade, e o teor melancólico de seus versos. Lila foi poeta de lirismo enraizado; suas "palavras são suspiros ritmados"[10]: "Cada um canta com a voz que tem. A minha é lírica. É ela mesmo. De pouca intensidade, de registro pequeno (para usar a linguagem

9. *Ibid.*, "Noite", p. 253.
10. *Ibid.*, "Poesia", p. 274.

musical), mas autêntica".[11] Porém, a poeta também confessa: "sei que com o meu ofício, que é o ofício de cantar, posso semear esperanças, posso o futuro plantar"[12], e, assim, usou seu canto para expressar seus ideais, enunciar o seu "encontro com a Vida e o claro rumo dos [s]eus pensamentos"[13], em versos que refletem os seus desejos de paz:

> Um nome tão simples,
> a força que tem.
>
> Três letras apenas,
> três letras pequenas,
> não custa dizer.
> [...]
> Veremos os homens
> de todas as raças
> de todas as línguas
> na paz se encontrar. [...][14]

E também de justiça e de mobilização:

> Morreram? Quem disse, se vivos estão!
> Não morre a semente lançada na terra.
> Os frutos virão.
>
> Morreram? Quem disse, se vivos estão!
> As flores de hoje, darão novos frutos.
> Meus olhos verão.
>
> Num dia, tão certo, tão claro, tão perto,
> verei pelas ruas o povo ondulando,
> marchando a cantar.

---

11. *Ibid.*, entrevista a Édison Nequete, publicada no *Diário de Notícias*, de Porto Alegre, em 1961, p. 361.
12. *Ibid.*, "Cantiga", p. 181.
13. *Ibid.*, "Olho o sol a descer por sobre o rio", p. 300.
14. *Ibid.*, "A Gabriela Mistral", p. 155-157.

> Nas mãos estandartes, a febre nos olhos,
> nos lábios palavras de claro sentido:
> *Poder popular!*[15]

Lila Ripoll considerava fraco o resultado que atingiu na sua produção poética que procurava conciliar a vivência política e o tom lírico, mas faz questão de frisar que não é "porque a poesia seja política, mas porque julg[a] a mais difícil de ser realizada com esplendor". Para ela, é "tão falsa a posição de quem condena a poesia política, como a de quem condena a de conteúdo lírico. O poeta é, antes de tudo, um homem".[16]

A temática social e a liricização de eventos históricos marcam igualmente outros poetas da geração, como Cecília Meireles, com seu aclamado *Romanceiro da Inconfidência* (1953), e Drummond, autor de *Sentimento do mundo* (1940) e *A rosa do povo* (1945). Lila, em sua poesia de temática política, além de registrar e denunciar eventos plenos de violência e injustiça, traz "versos que externam angústias humanistas, visões de um futuro idealizado", para usarmos os termos de Cyro Martins.[17] Manoelito de Ornellas destaca a sua "sensibilidade tão pura" e a sua "compreensão tão clara dos problemas humanos".[18] Os dois escritores pertencem ao grupo de amigos da poeta, que conta ainda com os nomes de Reynaldo Moura, Athos Damasceno Ferreira, Vidal de Oliveira, Mario Quintana, Ovídio Chaves, Dyonelio Machado e Carlos Reverbel.[19]

O poema "Bilhete a Mario Quintana" revela a admiração que sente por este amigo poeta, e Lila faz isso a partir da recuperação de alguns temas emblemáticos de Quintana ("assombração",

15. *Ibid.*, "Amanhã", p. 171.
16. *Ibid.*, entrevista a Édison Nequete, publicada no *Diário de Notícias*, de Porto Alegre, em 1961, p. 361-362.
17. Cyro Martins, *Escritores gaúchos*, p. 54.
18. Manoelito de Ornellas *apud* Ripoll, *op. cit.*, p. 138.
19. Bordini, *op. cit.*, p. 12.

"ruazinha simples", "Anjo caído"), embalados pela simplicidade e leveza de seus versos:

> Você é um poeta tão grande
> Que eu lhe confesso (em segredo!)
> Esta verdade tão simples
> Que de dizer... sinto medo:
>
> Eu tenho um pudor imenso
> — Ah! Rua dos Cataventos! —
> De dizer que faço versos,
> pra espalhar aos quatro ventos
>
> depois que li, com espanto,
> comovida, deslumbrada,
> seus versos grandes, imensos,
> que me deixam transtornada!
> [...][20]

A admiração e o afeto parecem ter sido recíprocos, como vemos no depoimento de Mario:

> Tinha 35 anos quando o nosso comum amigo Ovídio Chaves disse-me: "Sabes? a Florzinha" (nós lhe dávamos o apelido de Florzinha porque ela era uma criatura muito meiga, muito sensível), "a Florzinha me confessou que estava sentindo umas coisas que só podiam ser ditas em poemas. Eu então" (continuou Ovídio), "ensinei-lhe a forma métrica mais fácil, que é das trovas populares". Isto explica por que os poemas de Lila são quase todos escritos nos chamados "versos menores", mas a poesia deles é grande.
>
> Muito tímida, tinha medo de mostrar-me os seus poemas, pois eu sempre dizia o que pensava quando alguém me mostrava seus versos. De modo que foi o Ovídio quem me deu a conhecer o primeiro poema de

20. Ripoll, *op. cit.*, "Bilhete a Mario Quintana", p. 289.

> Lila: "Piedade para os meus mortos", que é nada mais nada menos que um dos grandes poemas da poesia lírica brasileira. Disse eu a Ovídio: "E tu ainda me vens com esses ares protetores pra cima da Florzinha! Quem te dera um poema como esse!" Ovídio concordou.
>
> [...] Grande poeta, grande amiga e uma das grandes saudades da minha vida.[21]

Ovídio[22] é quem recebe a dedicatória do primeiro livro de Lila, a obra *De mãos postas* (1934). É poeta da mesma geração, e Donaldo Schüler o distingue por sua contribuição à "tradição da poesia narrativa já vitoriosa no Rio Grande do Sul"[23], com os "versos épico-líricos" do *ABC de Paquetá* e de *Chão de infância...*, publicado postumamente.

*Chão de infância...* (1980), o livro de que Ovídio mais gostava, foi escrito em Paquetá e dedicado a "dois grandes regionalistas gaúchos — J. Simões Lopes Neto e Darcy Azambuja".[24] Nele, o poeta faz a recuperação "das imagens, dos vultos — das figuras *vivas* todas que arrebanh[ou] dos pagos"[25], mas a obra não era "puramente ambiental, mas de mais longe e mais fundo...", segundo afirma, na orelha da edição, Mario Quintana, que bebia poesia em bares outrora silenciosos junto a Ovídio. Heitor Saldanha, prefaciador do livro, o define como "uma reminiscência" e destaca "o senso musical que sempre acompanhou o poeta".[26] O fragmento a seguir, extraído da primeira parte da obra, revela

21. Mario Quintana, "Entrevista".

22. Ovídio Moojen Chaves nasceu em Lagoa Vermelha, em 29 de julho de 1910, e, por volta de 1925, mudou-se para Porto Alegre. Foi violonista, compositor (de sucessos, a exemplo de "Fiz a cama na varanda"), redator do *Correio do Povo* e poeta. Entre suas obras, estão: *Cancioneiro* (1933), *O anel de vidro* (1934), *Uma janela aberta* (1938), *Capricornius* (1945, romance), *ABC de Paquetá*: guia poético da Ilha (1965, prêmio Olavo Bilac da ABL) e *Chão de infância...*, escrito em 1976, mas publicado postumamente, em 1980. Faleceu em 2 de agosto de 1978, na cidade do Rio de Janeiro.

23. Schüler, *op. cit.*, p. 215.

24. Ovídio Chaves, *Chão de infância...* p. 7.

25. *Ibid.*, p. 9, grifo do autor.

26. Heitor Saldanha, "Prefácio", p. 11.

o movimento que sustenta esse longo poema: a oscilação entre o "maravilhamento" de reviver o passado, "uma brasa viva que palpita", e a consciência de um "fervor que não é mais":

> [...]
> Quando foi Canção? Faz muito?
> Mil anos...? — eu me pergunto.
> Não. Foi há pouco. Foi *ontem*...
> Este é o maravilhamento
> — a Memória é um mesmo assunto.
>
> Ah! ficar olhando o fogo...
> O inverno. O fogão caseiro.
> [...]
> As brasas vivas palpitam.
> (Viver é iludir o Tempo!)
> As imagens. Eu recordo...
> Que silêncio nos meus pagos!
>
> Eu sou de novo o Menino.
>
> [...]
> Brinquedo de faz-de-conta
> o Mundo — a vida da gente...
> o sonho... a chuva... o que era...
> o fervor que não é mais.
> [...][27]

A recuperação da experiência infantil também ganha destaque na obra do poeta Pedro Wayne.[28] Sua "busca da infância [...]

27. Chaves, *op. cit.*, p. 13-15.

28. Pedro Rubens de Freitas Wayne nasceu em Salvador, em 26 de fevereiro de 1904. Muda com a família primeiro para Pelotas e depois, em 1927, para Bagé. Lá exerce diversas atividades: trabalha como bancário, agricultor, jornalista, agitador cultural, juiz municipal substituto e auxiliar da Carteira Agrícola do Banco do Brasil. Entre suas obras, destacam-se os livros de poesia *Versos meninosos e a lua* (1931), *Dina* (1935) e *Tropel de aflições* (1947), os romances *Xarqueada* (1937) e *Almas penadas* (1942) e a peça, também da década de 1940, *O boêmio triste*. Morre na cidade de Bagé, em 13 de

elege a verticalidade das escavações que levam aos filões interiores"[29], como vemos nos seus "Versos meninosos", dedicados à sua esposa, Dina:

> A vida rodou.
> Anda a roda, desanda a roda...
> E eu escolhi a minha flor.
>
> Voltei a ser criança.
> Te encontrei minha fada e meu condão.
> — Diz a teu pai que achei a agulha que perdi.
>
> Me vieste com o condão do teu amor.
> O amor é um garoto nu, que ensina a gente
> tudo o que o coração quer e que ele sente.
>
> O menino nu, o garoto amor, corre a pedradas
> a velha feia e suja:
> Gravidade-Sisuda-Vida a sério.
>
> A história saiu por uma porta.
> Não importa,
> Nós entramos abraçados pela outra![30]

Tal registro linguístico, que lembra as cantigas infantis, se associa a outras obras do poeta, como *Lagoa da música* (1955), que reúne lendas e contos gaúchos. Pedro Wayne, embora tenha considerável produção em versos, é mais lembrado pelas obras em prosa, voltadas para o universo do Pampa, especialmente *Xarqueada*, de 1937.

---

outubro de 1951. Em 1955, é publicada postumamente a obra *Lagoa da música*, uma coletânea de contos, lendas e causos.

29. Schüler, *op. cit.*, p. 212.

30. Pedro Wayne, *Versos meninosos e a lua*, p. 7.

Outro poeta dessa geração que se utilizou do universo campeiro foi Francisco Machado Villa.[31] Em *Sombra verde* (1931) estamos diante da "coxilha", do "cavalo branco", do "arroio", da "fruta do mato", da "morena ausente", que já se apresentam ao leitor nos títulos dos poemas. Mas o universo de *Sombra verde* cede lugar a outras paragens, à "sombra de outra vida", a "cidades interiores" em *Limbo* (1958), obra carregada de imagens de transição, como o próprio título da obra já evidencia, e de questionamentos acerca da existência, desse "mundo claro que se comunica com os astros / do outro lado"[32], da eternidade e da memória, como podemos perceber pelos versos de "Cidades interiores":

> Estas cidades que ficaram na memória,
> [...]
> estas cidades monstruosas e divinas,
> que guardam o nosso berço e o nosso túmulo,
> nosso leito de amor e nosso leito de agonia,
> estas cidades que brotaram da aurora e das águas,
> dos crepúsculos e das nuvens,
> que engendram os motivos de viver e de morrer,
> que encerram a nossa miséria e a nossa glória,
> estas cidades loucas e insensíveis,
> tranquilas e ruidosas desdenhosas e tentaculares,
> estas cidades que veneram deuses transitórios e
> demônios eternos,
> ó, estas cidades assentam sobre nossa perdição e sobre
> nossa salvação.[33]

---

31. Francisco Machado Villa nasceu em Santa Maria em 1902. Foi advogado, consultor jurídico do estado do Rio Grande do Sul e poeta. Entre suas obras, destacam-se: *Sombra verde* (1931); *Limbo*, com poemas produzidos em 1941 ("Limbo") e 1942 ("Algumas cantigas", "Estrelas vadias" e "Canções"), mas publicada em 1958; e *Rosa cívica* (1978).

32. Francisco Machado Villa, "Primeiro passo", p. 9.

33. *Id.*, "Cidades interiores", p. 49-50.

Reynaldo Moura[34], hoje mais lembrado por sua produção narrativa, também foi importante poeta dessa geração. Com uma prosa de tendência intimista e uma poesia bastante marcada por questionamentos metafísicos, deixa entrever sua inspiração na poesia simbolista francesa, especialmente na obra *L'après-midi d'un faune* (1940), que, desde o título, presta nítida homenagem a Mallarmé e é dedicada ao poeta gaúcho Theodemiro Tostes. O poema traz versos inspirados em conhecidos princípios simbolistas, como a valorização da sugestão, da musicalidade, da sinestesia e da liberdade formal, como podemos observar nos versos de sua abertura:

> na onda lisa do vento o aroma indolente das
> madressilvas
> lento
> lento
> ramos em flor — tanta doçura! — em rede mansa e
> nonchalante
> entre
>
> as
> ramadas
> SOMBRA
> e
> LUZ

34. Reynaldo Moura nasceu em Santa Maria, em 22 de maio de 1900, mas logo mudou-se para São Borja. Aos oito anos, foi para Porto Alegre. Ingressou em vários cursos superiores, mas não chegou a concluir nenhum deles. Sua carreira passou a ser a do jornalismo. Entre suas obras líricas, estão *Outono* (1936), *Motivos da terra verde* (1938), *L'après-midi d'un faune* (1940) e *Mar do tempo* (1944). Entre as narrativas, destacam-se *A ronda dos anjos sensuais* (1935), *Noite de chuva em setembro* (1939), *Intervalo passional* (1944), *Um rosto noturno* (1946), *O poder da carne* (1954), *Romance no Rio Grande* (1958), *A estranha visita* (1962), *Major Cantalício* (1963) e *O crime do apartamento* (1965), estas duas últimas editadas somente em, respectivamente, 2002 e em 1995, após a morte do autor. O autor faleceu em Porto Alegre, em 12 de junho de 1965, por problemas de saúde em decorrência de um infarto sofrido em 1964, quando foi preso durante dois dias pelo DEOPS.

jogos de claridade

sol preguiçoso em vagarosas manchas
pra lá
pra cá [...][35]

Dentro desse ambiente, que faz um apelo aos cinco sentidos do leitor, surge a figura ambígua e enigmática que dirige a cena. Tensão, musicalidade e movimento emprestam caráter dramático ao poema, que deixa entrever também traços de expressão surrealista, por sua sensualidade, profusão de imagens e atmosfera onírica:

[...]
modorra
a fonte canta entre as avencas — sempre a mesma
— uma canção
de novo a frauta preludia
PÁRA!
que foi?
galhos crepitam
asas ruflam furando a sombra do arvoredo
PAUSA
expectativa
a fonte canta
berceuse envolvendo o sono pênsil dos pássaros
SESTA
penumbra e fios de luz
zumbido
quietação
lentos
os ramos oscilaram no alto
uma tangente de sol desceu
ILUMINOU
o olho verde e oblíquo
— olho malicioso de bode —

35. MOURA, Reynaldo, *L'après-midi d'un faune*, p. 41.

que espia imóvel entre o musgo dos troncos
[...][36]

*L'après-midi d'un faune* foi publicado como obra independente e depois incluído no livro *Mar do tempo*, de 1944. Ainda que o poema seja inovador no aspecto visual, seus temas e imagens já apareciam na primeira obra de Reynaldo Moura, *Outono*, que surge para o autor como um "primeiro caderno de exercícios"[37], mas que já se revela como "um livro de versos bem estranhos, sinuosos, da cor do incenso e dos pomares maduros, que d[ão] a sensação de uma madrugada morta e oferec[em] aos olhos dos desencantados uma lição de vida".[38] Na apresentação do livro, Reynaldo ainda afirma que "o homem procura as formas mais expressivas para externar os seus momentos de comunicação viva com o universo das coisas"[39], "para dar expressão aos *instantes* ou para sugerir o sopro de vida secreta que circula pelo universo"[40], percepções que se refletem em toda a sua produção e que se materializam em poemas como "Prelúdio":

Setembro. Flama invisível no ar,
No céu transparente, na terra inquieta como um frêmito
Religioso. Uma perturbação...
[...]
Este apelo que anda no ar esmaltado de asas, desce do alto,
Entre as árvores, sobre a torrente...
[...]

Nossas narinas sensuais se dilatam sentindo
Pólens de todas as vidas coloridas

36. *Ibid.*, p. 44-47.
37. *Id.*, *Outono*, p. 16.
38. *Ibid.*, p. 15.
39. *Ibid.*, p. 9.
40. *Ibid.*, p. 10, grifo do autor.

Amadurecendo nas polpas. Germinal!
Vamos fumando pela estrada onde o aroma das
sombras
Envolve zumbidos de oiro,
Num canal transparente de árvores quietas.
Quietas?
[...]
Vem da sombra das matas um aroma misterioso de
mosto.
É a puberdade do mundo...
[...]
— Setembro é um mês impróprio pra menores...[41]

O apelo do instante (do tempo, mais que da eternidade) e da natureza, a busca pela expressão exata do sentido e do mistério da vida se constroem a partir de uma constelação de imagens recorrentes em sua obra, como bruma, incenso, pássaro, rosa, jasmim, lírio, mosto e paineira (estas duas últimas, de maior representatividade local), além de cores, como ouro e azul, e de imagens de transição, como crepúsculo e amanhecer, primavera e outono.

Por outro lado, a poesia de Reynaldo, em alguns momentos, destaca a experiência do instante a partir da experiência concreta da cidade e revela uma nova constelação de imagens, que incluem elementos como bonde, Ford, rádio, jornal, multidão e arranha-céu, além de charuto, vinho e cocaína, dessa vez deixando entrever outro poeta simbolista marcante em sua formação, o francês Charles Baudelaire. Além de prestar homenagem a Mallarmé e ao autor de *As flores do mal*, Reynaldo faz referência a diversos poetas em sua produção, como Proust, Claudel, Valéry, Rilke, Apollinaire e, especialmente, Francis Jammes, a quem dedica alguns poemas. Mas também faz referência a alguns conterrâneos, já que, além de dedicar *L'après-midi d'un faune* a Theodemiro Tostes, homenageia Eduardo Guimaraens,

41. *Ibid.*, p. 72-73.

Mario Quintana, Athos Damasceno Ferreira e Ernani Fornari em seus poemas. Os dois últimos, companheiros de juventude de Reynaldo Moura, aparecem em "Noturno da cidade nova" — "datilografado especialmente para o poeta Athos" —, composição que, ao lado de outras, como o "Poeminha de cimento armado (Pro abrigo da Praça 15)", reflete bem essa apresentação da nova Porto Alegre:

> A saudade lírica do meu amigo de infância
> Andou espiando pelas vidraças dos serões
> provincianos.
> Na rua antiga a paz da cidade dormia
> Entre os grilos.
> Tudo era assim nesse minuto de ternura
> Na cidade que era menina e adormecia
> [...]
> (Atos, meu poeta irmão meu amigo d'infância,
> nos teus noturnos da cidade eu sinto
> toda a tristeza dessa velha ressonância)
> Éramos três na noite branca e provinciana
> [...]
> Tu, o Fornari e eu.
> Este baita poema é dele e teu.
> [...]
> Quando a cidade ficou moça,
> Pôs-se a estudar a geometria do urbanismo,
> E nunca mais o nosso sonho aconteceu.
>
> Vieram homens triangulares
> Com cinemas do amanhã no esplendor das retinas.
> Vieram audácias frias, loiras como imigrantes.
> E capitães da indústria.
> [...]
> Foi quando Porto Alegre deixou de ser jeune fille.
> [...]
> Cidade das neblinas bem londrinas
> E frio fininho em mãos cheias de luvas.

Porto Alegre mulher tipo cinema,
Com vícios elegantes, mimetismos,
Ingenuamente procurando abismos
Num bas fond policiado, limitado,
E cocaína só pra bancar.
[...][42]

A cidade se modernizou, tomou ares elegantes, mas o poeta ainda a vê na sua ingenuidade se comparada com um grande centro como Londres. Em parte, ele lamenta por estas transformações, pela perda de sua cidade da infância, mas não deixa de saudar "cada renascer da glória urbana".[43] Em poemas como este "Noturno", percebe-se que Reynaldo, embora esteja afinado com o evasionismo próprio da estética simbolista, não dispensa imagens da terra nem foge ao debate pertinente à modernização de Porto Alegre.

Schüler[44] aproxima a poesia de Reynaldo Moura à produzida pelo poeta Paulo Corrêa Lopes[45], ao afirmar que ambos são atraídos mais pelas "manifestações do ser em geral" do que pela "trajetória do homem num momento preciso". Além disso, destaca a marca de Reynaldo, que tenta captar o instante, o sensível, sem apoiar-se "num esteio que o ultrapasse", enquanto Lopes seguiria pelo caminho das perquirições religiosas, tendência que o aproximaria do poeta carioca Augusto Frederico Schmidt, como também observou Schüler. Corrêa Lopes iniciou sua produção com *Penumbra*, em 1919, mas renegou esta obra

42. *Ibid.*, p. 76-79.

43. *Ibid.*, p. 81.

44. Schüler, *op. cit.*, p. 218.

45. Paulo Corrêa Lopes nasceu em Itaqui, em 19 de julho de 1898. Aos 11 anos, muda-se para São Paulo, onde publicou *Penumbra* (1919). Em 1929, muda-se para Porto Alegre, onde exerce a função de oficial administrativo da Secretaria do Interior do Rio Grande do Sul e publica praticamente toda a sua obra: *Poemas de mim mesmo* (1931), *Caminhos* (1932), *Poemas da vida e da morte* (1938), *Canto de libertação* (1943) e três obras de prosa, *Um caso estranho* (1942), *O sapo ferreiro* (1942) e *As aventuras de um ratinho branco* (1944). Morre em Porto Alegre, em 9 de setembro de 1957.

depois de sua conversão ao catolicismo. Os poemas de *Penumbra*, porém, destoam dos produzidos a partir dos anos 1930 mais pelo aspecto formal, já que foram escritos dentro de um formalismo mais parnasiano, e por exporem um sujeito lírico torturado, do que pelas temáticas apresentadas, já que a preocupação com a morte, o divino e a eternidade persistem em sua produção, apenas então conduzindo a uma forma mais apaziguada de tratar essas questões.

Se em *Penumbra*, em composições como "Homem", Lopes representa a angústia por nosso destino ("Homem, pára! Não vês a morte fria / Que te espera no meio da jornada!"), nos versos que compõe a partir dos *Poemas de mim mesmo*, de 1931, essa condição é vista com maior serenidade, como revelam poemas a exemplo de "Impossível":

> Leva-me pela mão à morada das estrelas,
> quero conhecer essa região encantada
> que, à noite, palpita sobre mim.
> Leva-me pela mão à morada da beleza,
> quero conhecer essas paragens
> onde as almas florescem como lírios.
> Leva-me pela mão à morada do impossível![46]

Paulo Corrêa Lopes, na dedicatória de *A outra viagem* (1951), recebe a homenagem de Heitor Saldanha[47], figura de relevo que

46. Paulo Corrêa Lopes, *Obra poética*, p. 40.

47. Heitor Saldanha de Vasconcelos nasceu na Serra do Caxambu, interior de Cruz Alta, em 28 de abril de 1910. Trabalhou na propriedade da família por alguns anos e só por volta de 1928 muda-se para a cidade de Cruz Alta, onde faz o primário e cursa o preparatório. Foi funcionário da Viação Férrea, tocador de violão e um dos fundadores do Grupo Quixote, em 1946. Entre suas publicações, destacam-se: *A outra viagem* (1951); a coletânea *Muestra* (1963), com poemas selecionados e traduzidos para o espanhol por Atilio Jorge Castelpoggi; a participação na obra *Violão de rua* (1964), juntamente com Ferreira Gullar, Moacir Félix, Geir Campos e outros; *Nuvem e subsolo* (1969), que reúne os livros *A nuvem e a esfera* e *As galerias escuras*, este último fruto de sua experiência, no início dos anos 1950, trabalhando junto a minas de carvão em São Jerônimo; *A hora evarista* (1974), que reúne a produção poética do autor; e, no terreno da narrativa, a novela *Terreiro do João-sem-lei* (1953) e o romance, que recebe o prêmio da Prefeitura Municipal de Porto Alegre, *Apenas o verde silêncio* (1954), apresentado sob o pseudônimo

encerra este panorama da geração. O poeta, que foi "amigo dos poetas e dos não poetas; foi viajante, foi errante e, antes de tudo, um fiel amante da boemia que manchou de vinho pedaços de poemas e novelas inteiras"[48], estabeleceu muitas amizades e parcerias, prestou homenagem a escritores, como Drummond, Quintana, Guilhermino Cesar e Mário de Andrade; artistas, como Xico Stockinger; e ainda a anônimos, que se imortalizaram em sua poesia, como o mineiro Severiano.

Os primeiros poemas de *A outra viagem* já chamam a atenção pelo impacto de certas imagens, ou melhor, de certas personagens que circulam entre os versos: são loucos, anões, palhaços, vagabundos, trapezistas, desgraçados, anjos tontos, Quixotes. O certo desajustamento que molda esses seres também se faz sentir nos versos de Heitor, que criam outra percepção da realidade a partir da apresentação de imagens novas. No "Ponto de partida" do livro, o poeta nos convida a acompanhá-lo em uma nova viagem, pela voragem da poesia, em que se liberta dos remorsos, da morte, do mar que engole, para que possam subir "os navios pacatos do fundo brumoso do tempo":

> Deixa que subam os navios pacatos
> do fundo brumoso do tempo.
> Deixa que subam.
> É preciso viajar mas outra viagem.
> Não te pesem remorsos que não existem.
> As velas que se diluíram
> na voragem do sonho
> já falaram do mar, do outro
> que te engole vomitando.
> Palhaço, nunca vestiste
> as cores que o prazer te deu.
> As sombras subindo, descendo,

de Antônio Damião, mas escrito em parceria com Sílvio Duncan, Joaquim Azevedo e Jorge Cézar Moreira. O poeta morreu em Porto Alegre, em 13 de novembro de 1986.

48. *Heitor Saldanha*, p. 3.

> vagosombrearam tua ânsia de arte,
> de morte.
> Escriba das sensações caídas,
> que queres?
> — Espaço.
> Terás sempre, como tiveste sempre.
> Que mais queres?
> — A ânsia.
> Não se pertence: caíste como todo
> na voragem.
> É preciso viajar,
> mas outra viagem.[49]

É do "fundo brumoso do tempo", da memória e também do sonho e da imaginação que Heitor encontra a fonte de sua poesia, e esses processos por vezes são tematizados em seus versos, como no poema "A noite madura está suspensa", extraído de A *nuvem e a esfera*, que registra, inclusive visualmente, na distribuição dos versos, os movimentos da memória:

> Minha memória é um céu que não habito
> mas onde vivo em viagem permanente.
> ela é que me revela o céu descrito
> se me perco sonhando de repente.
>
> As vezes é como a estrela candente:
> um rastro luminoso no infinito;
> outras vezes é como um sol morrente
> que se reflete em mim quando medito.
>
> Agora ela é teu rosto me fitando,
> é teu sorriso claro proclamando
> um poema que não posso conter
>
> e cultivo esta insônia pensativa
> para que tua imagem seja viva

49. Heitor Saldanha, A *hora evarista*, p. 165.

antes que o dia venha te perder.[50]

No poema "Madrugada", a seguir, temos uma paisagem de infância transfigurada por imagens inusitadas. Aqui, o princípio do Simbolismo de criar imagens novas e polissêmicas parece tocar o preceito do Surrealismo de seguir o caminho da intuição, da alucinação:

Os altos clarins abriram
as lentas portas da aurora
e derramaram no céu
a fuga dos coelhos brancos.
Paisagens de minha infância
silêncios de sua morte.
Tropel de trevas na altura.
Escamoteio as estrelas,
estanco o rio da memória
e meus olhos caem maduros.[51]

Essa espécie de evasionismo pela memória e pela imaginação — no poema "Tribinália", o poeta confessa: "Fiz do verso uma janela / para os bêbados / e os loucos / beijarem a madrugada"[52] — se modifica sensivelmente na obra *Galerias escuras* (1969), de pendor mais realista, mas, ainda aqui, o poeta mantém certo hermetismo, certa invenção, que carregará para as obras que se seguem. O poema "A mina", que abre o livro, já traz uma surpreendente comparação: "Os relógios são inúteis / Como um punhado de ossos / A matraquear uma cadência seca / [...]".[53] Mas a experiência das minas e a de seus homens é o que tem destaque nos versos de "A morte do tocador de carro", repletos de humanidade e de lirismo:

O grito estancou o silêncio

50. *Ibid.*, p. 125.
51. *Ibid.*, p. 187.
52. *Ibid.*, p. 27.
53. *Ibid.*, p. 136.

Mas
quê!
  As comportas são roxas
quando nos sangram as unhas.
Escuta,
escuta que ainda se ouve
vir de longe o carro dele
rolando como trovão
lá bem no fundo da mina.
[...]
O tempo está carregado.
Façam luz nas galerias,
façam luz que eu vou chamar:
te levanta, Severiano!
Severiano!
    Vamos rachar as comportas,
tu com teu grito de dor,
eu só tenho a dor do verso,
mas são armas parecidas.[54]

Em A *hora evarista*, seu último livro, a invenção diz respeito especialmente à manipulação da palavra, de suas sílabas, com a criação de trocadilhos e de novas composições. Heitor nos revela esse novo recurso poético em "Tempo-ira-tura", que, já no título, revela esse jogo com a linguagem: "exploro o pulso da forma / para poder deformá-la / e passo / sou minha ultrapassagem".[55]

Heitor Saldanha ultrapassa suas próprias barreiras, "deslimita" a vida e, nesse jogo lírico com a existência, vence a morte, valoriza o instante e as "pequenas coisas que fazem a nossa vida", como poetiza em "Integração":

tem dias que me sinto
tão em tudo

54. *Ibid.*, p. 142.
55. *Ibid.*, p. 17.

que me parece que não vou morrer
construo-me a cada instante
no próprio ar que respiro
me pouso longe
tranquilo
onde no olho do pássaro
fica vibrando a distância
que a ave traz inserida
ao repentino do voo
duma iminente partida
são as pequenas coisas
que fazem a nossa vida
eu vivo o que deslimito[56]

Heitor Saldanha, Reynaldo Moura, Lila Ripoll, assim como outros poetas gaúchos dessa geração, frequentemente se lançam na perquirição poética sobre o sentido da existência e encontram caminhos evasionistas, de teor simbolista por diferentes aspectos: em Lila temos a fuga da dor, do sofrimento pelo canto, pela harmonia; em Reynaldo, a fuga do mundo moderno pelo êxtase dos sentidos em meio ao mundo natural; em Heitor, a evasão do concreto, do racional pela invenção e pelo sonho — revelador de outro aspecto da realidade. Mas nenhum está na *torre de marfim*, todos lidam com sentimentos e angústias que têm sua origem no mundo concreto e conseguem transmutá-los em comovente e perene poesia.

## Referências

BORDINI, Maria da Glória. *Lila Ripoll*. Porto Alegre: IEL, 1990.
BOSI, Alfredo. *História concisa da literatura brasileira*. São Paulo: Cultrix, 1994.
CHAVES, Ovídio. *Chão de infância*... Porto Alegre: Sulina; IEL, 1980.

56. *Ibid.*, p. 18.

FISCHER, Luís Augusto. *Literatura gaúcha*: história, formação e atualidade. Porto Alegre: Leitura XXI, 2004.

GRANDO, Diego. Poesia na *Revista do Globo*: duas fases, duas faces. *Letrônica*, Porto Alegre, v. 8, n. 2, p. 566-576, jul./dez. 2015.

HEITOR Saldanha. Porto Alegre: IEL, 1989. (Série Autores Gaúchos).

LOPES, Paulo Corrêa. *Obra poética*. 2. ed. rev. Porto Alegre: IEL; EDIPUCRS; FAPERGS, 1991.

MARTINS, Cyro. *Escritores gaúchos*: ensaios. Porto Alegre: Movimento, 1981.

MOURA, Reynaldo. *Mar do tempo*. Porto Alegre: Livraria do Globo, 1944.

MOURA, Reynaldo. *Outono*. Porto Alegre: Livraria do Globo, 1936.

MOURA, Reynaldo. *L'après-midi d'un faune*. Porto Alegre: Livraria do Globo; Edições Lanterna Mágica, 1940.

NEJAR, Carlos. *História da literatura brasileira*: da Carta de Pero Vaz de Caminha à contemporaneidade. Rio de Janeiro: Relume Dumará; Copesul; Telos, 2007.

QUINTANA, Mario. Entrevista. *In*: RIO GRANDE DO SUL. Assembleia Legislativa. *Prêmio Lila Ripoll de poesia*: poesias vencedoras 2007. Porto Alegre: CORAG, 2007.

RIPOLL, Lila. *Obra completa*. Org. Alice Campos Moreira. Porto Alegre: IEL; Movimento, 1998.

SALDANHA, Heitor. Prefácio. *In:* CHAVES, Ovídio. *Chão de infância...* Porto Alegre: Sulina; IEL, 1980.

SALDANHA, Heitor. A *hora evarista*. Porto Alegre: Movimento; IEL, 1974.

SCHÜLER, Donaldo. A *poesia no Rio Grande do Sul*. Porto Alegre: Mercado Aberto, 1987.

STEGAGNO-PICCHIO, Luciana. *História da literatura brasileira*. 2. ed. rev. e atualizada. Rio de Janeiro: Nova Aguilar, 2004.

VILLA, Francisco Machado. *Limbo*. Rio de Janeiro: São José, 1958.

VILLA, Francisco Machado. *Sombra verde*. Porto Alegre: Oficinas Gráficas da Imprensa Oficial, 1962.

WAYNE, Pedro Rubens de Freitas. *Versos meninosos e a lua*: ensaios. Porto Alegre: Livraria do Globo, 1931.

Paulo Becker

# 3.6

# Mario Quintana: um modernista ao Sul

Mario Quintana lança seu primeiro livro, A *rua dos cataventos*, em 1940. Trata-se de uma coletânea de 35 sonetos, nos quais já se verificam algumas características formais e temáticas, além de uma certa visão de mundo, que viriam a singularizar a obra do poeta. Para Quintana, mundo e arte não aparecem como realidades independentes e isoladas uma da outra, mas como elementos que se interpenetram e que se iluminam mutuamente, como se observa no soneto I:

Escrevo diante da janela aberta.
Minha caneta é cor das venezianas:
Verde!... E que leves, lindas filigranas
Desenha o sol na página deserta!

Não sei que paisagista doidivanas
Mistura os tons... acerta... desacerta...
Sempre em busca de nova descoberta,
Vai colorindo as horas quotidianas...

Jogos da luz dançando na folhagem!
Do que eu ia escrever até me esqueço...
Pra que pensar? Também sou da paisagem...

Vago, solúvel no ar, foco sonhando...
E me transmuto... iriso-me... estremeço...

Nos leves dedos que me vão pintando.[1]

Nesse autorretrato construído através de palavras (e também, claro, de uma pontuação enfática, bem ao gosto dos românticos e simbolistas), os "jogos de luz" que incidem sobre a folhagem, e que conferem coloridos distintos a cada hora do dia, encontram secreta ressonância nos estados cambiantes, nos jogos de luz e sombra, que configuram a interioridade do poeta. A execução do autorretrato não é planejada nem controlada pelo poeta, mas surge a partir da intervenção de um misterioso "paisagista doidivanas" (a inspiração? a natureza? Deus?), que serve de elemento mediador entre o eu-lírico e o mundo exterior. A atenção dada aos estados cambiantes da paisagem (externa e interna) denuncia, por sua vez, uma visão heraclitiana do universo. Segundo essa visão, tudo é contraditório e encontra-se em constante transformação.[2]

O título do livro, *A rua dos cataventos*, remete a um espaço bucólico, associado aos folguedos infantis, que contrasta com o ambiente urbano moderno. Ao invés de enfocar a existência atribulada do habitante da cidade grande, a maior parte das composições do livro dedica-se a cantar a infância, a vida pacata das ruazinhas de arrabalde e o encanto da pequena cidade interiorana que, de tão minúscula, cabe inteira num só olhar. A realidade histórica concreta não parece despertar um interesse maior no poeta, como ele mesmo confessa:

Eu nada entendo da questão social.
Eu faço parte dela, simplesmente...[3]

Entretanto, esse entendimento de que é parte integrante de uma sociedade desigual e injusta, e de que vive em um mundo conflagrado pela Segunda Guerra, não deixa de atormentar o

1. Mario Quintana, *Poesia completa*, p. 85.

2. Para análise mais aprofundada deste e de outros poemas aqui transcritos, ver: Paulo Becker, *Mario Quintana*: as faces do feiticeiro.

3. Quintana, *op. cit.*, p. 89.

poeta, e de lhe imprimir profundas cicatrizes. Quintana, porém, evita fazer referência a fatos históricos imediatos, preferindo valer-se de imagens intemporais para fixar as forças temíveis que ameaçam a sobrevivência do sujeito na modernidade:

> Da vez primeira em que me assassinaram
> Perdi um jeito de sorrir que eu tinha...
> Depois, de cada vez que me mataram,
> Foram levando qualquer coisa minha...
>
> E hoje, dos meus cadáveres, eu sou
> O mais desnudo, o que não tem mais nada...
> Arde um toco de vela, amarelada,
> Como o único bem que me ficou!
>
> Vinde, corvos, chacais, ladrões da estrada!
> Ah! desta mão, avaramente adunca,
> Ninguém há de arrancar-me a luz sagrada!
>
> Aves da Noite! Asas do Horror! Voejai!
> Que a luz, trêmula e triste como um ai,
> A luz do morto não se apaga nunca![4]

A opção por estrear com um livro de sonetos, forma literária desprestigiada pelos modernistas de 22, demonstra bem o espírito independente de Quintana, que nunca se filiou a escolas ou aderiu a movimentos literários de vanguarda. Por outro lado, expõe a importância que o poeta conferia ao aspecto formal de seus textos, a ponto de organizar seus cinco primeiros livros a partir desse critério, reunindo, como ele mesmo afirma, "sonetos com seus companheiros de lirismo um tanto boêmio [em *A rua dos cataventos*], canções com suas irmãs de dança [em *Canções*], quartetos filosofando uns com os outros, porém num riso mal contido, diante da seriedade que se presume existir num simpósio [em *Espelho mágico*], poemas em prosa proseando

4. *Ibid.*, p. 101.

amigavelmente sobre isto e aquilo [em *Sapato florido*], poemas oníricos com suas perigosas magias de aprendizes de feiticeiro [em *O aprendiz de feiticeiro*]"[5]. No último caso, os poemas "oníricos" se aproximam, também, pelo uso do verso livre.

As *Canções* (1946), que saíram em edição ilustrada por Noêmia, estabelecem um diálogo estreito com a poesia popular. A feição popular do livro não deriva apenas da exploração de certos temas folclóricos, mas evidencia-se também no emprego da redondilha maior e de "construções de tipo marcadamente popular como as cantigas de roda e o acalanto".[6] Na "Canção de muito longe", que retoma uma conhecida cantiga infantil, o espírito lúdico que perpassa a obra chega a se insinuar na própria disposição gráfica das palavras no verso:

> Foi-por-cau-sa-do-bar-quei-ro
>
> E todas as noites, sob o velho céu arqueado de bugigangas,
> A mesma canção jubilosa se erguia.
>
> A canoooavirou
> Quem fez ela virar? uma voz perguntava.
>
> Os luares extáticos...
>
> A noite parada...
>
> Foi por causa do barqueiro,
> Que não soube remar.[7]

Apesar da aparente ingenuidade e do tom brincalhão do poema, a imagem do "velho céu arqueado de bugigangas" introduz, de

5. *Ibid.*, p. 383.
6. Gilda Neves da Silva Bittencourt, *Caminhos de Mario Quintana*: a formação do poeta, p. 81.
7. Quintana, *op. cit.*, p. 151.

pronto, certo distanciamento irônico do poeta em relação à cena infantil evocada e, simultaneamente, acrescenta uma nota de melancolia ao quadro. É importante que esse enquadramento, ao qual Quintana submete a infância em seus poemas, não passe despercebido ao leitor, para que este não venha a embarcar em um juízo precipitado de parte da crítica, que chegou a ver em Quintana apenas o "menino perplexo", que não procura chegar a "nenhuma consciente maturidade, ao núcleo da vida".[8]

Uma das composições mais intrigantes deste segundo livro de Quintana, e que de certa forma destoa do conjunto, é a "Canção do desencontro no terraço". Como nota Santiago Kovadloff, no aspecto geral as *Canções* parecem indicar o triunfo do eu-lírico festivo, sempre pronto a cantar a natureza e o mundo exterior, sobre o outro eu, dolorido e reticente em expor suas mazelas, que se manifestava em alguns sonetos da *Rua*.[9] Porém, em meio a poemas sobre a infância, acalantos, celebrações da primavera e do primeiro do ano, súbito deparamo-nos com um poema que não apenas dá conta dos conflitos internos do eu, mas também retrata o mundo exterior de forma desconcertante e quase impiedosa. Realidade interior e exterior, mais uma vez, aparecem fundidas pelo poeta em um quadro onírico, surrealista, ao retratar uma relação amorosa que se instaura sob o signo do desencontro:

> Estavas entre as algas afogada...
> A boca dolorosa, olhos pendidos...
>
> Rias como uma louca no terraço!
> Perdão! Eu é que ria dentre as algas...
>
> Eu é que ria dentre as algas verdes
> Esse riso que têm os desamados.
>
> Mentira! eu lia os extras do cardápio.

8. Paulo Hecker Filho, A *alguma verdade*, p. 51-53.
9. Santiago Kovadloff, "Mario Quintana: trayectoria de una voz", p. 79-80.

Tu deslizavas entre as nuvens altas!

Em cada nuvem pus um coreto de música.
Mandei soltar confete pelo céu azul.

E deitado no meio das lájeas desertas,
Cobri meu rosto com o teu lenço de seda escura.[10]

*Sapato florido* (1948) distingue-se, de imediato, dos livros anteriores do autor, pelo abandono das formas líricas tradicionais, do soneto e da canção, em favor do poema em prosa. Essa opção formal, por um lado, tende a confirmar a independência de Quintana em relação aos movimentos estéticos dominantes, pois, através dela, o poeta gaúcho opõe, ao formalismo da chamada Geração de 45, a informalidade dos seus textos "que não são nem prosa nem poesia, no comum sentido dessas palavras".[11] Por outro lado, essa opção pelo poema em prosa encontra-se estreitamente vinculada às exigências do veículo novo, a mídia impressa, em que Quintana começa a publicar regularmente sua seção de textos poéticos, intitulada "Do caderno H", ainda na década de 1940 (a seção surgiu nas páginas da revista *Província de São Pedro*, em 1943; depois migrou para o jornal *Correio do Povo*, onde foi publicada semanalmente, com pequenas interrupções, de 1953 a 1984). Quintana justifica da seguinte forma a escolha do título da seção: "Caderno H porque todas as coisas acabavam sendo escritas na última hora, na hora H, na hora final".[12] A linguagem mais fluente e maleável da prosa permite ao poeta atender mais facilmente aos prazos de publicação sempre exíguos e impostergáveis da revista e do jornal.[13] Apesar disso, sua

10. Quintana, *op. cit.*, p. 133.

11. Gilberto Mendonça Teles, "A enunciação poética de Mario Quintana", p. 234.

12. *Mario Quintana*, p. 8.

13. Sobre a interferência do jornal na composição da obra de Quintana, ver também: Paulo Becker, "Mario Quintana: a poesia como crônica da eternidade", p. 130-144.

obsessão em atingir a expressão exata permanece presente, como se pode observar em "Aparição":

> Tão de súbito, por sobre o perfil noturno da casaria, tão de súbito surgiu, como um choque, um impacto, um milagre, que o coração, aterrado, nem lhe sabia o nome: — a lua! — a lua ensanguentada e irreconhecível de Babilônia e Cartago, dos campos malditos de após-batalha, a lua dos parricídios, das populações em retirada, dos estupros, a lua dos primeiros e dos últimos tempos.[14]

Nesse poema breve e surpreendente, Quintana subverte não apenas a visão familiar que o leitor possui da lua (objeto cuja nomeação vai sendo, propositalmente, postergada ao máximo, na sequência inicial do texto, criando uma expectativa crescente), mas, também, a aura sentimental que a poesia romântica construiu em torno da lua, para transformá-la, de um só golpe, em "aparição" sinistra, de natureza misteriosa, capaz de despertar temores ancestrais no coração do ser humano.

O animismo é outro recurso usado pelo poeta para promover a desfamiliarização do olhar, como em "Chão de outono". Aqui, as folhas outonais caídas das árvores, que constituem um motivo poético apropriado para encaminhar uma reflexão sobre a passagem do tempo e a aproximação da velhice, ganham vida e fogem, espavoridas, de um convite de enterro, em uma cena tragicômica que se desenrola em meio à rua:

> Ao longo das pedras irregulares do calçamento passam ventando umas pobres folhas amarelas em pânico, perseguidas de perto por um convite de enterro, sinistro, tatalando, aos pulos, cada vez mais perto, as duas asas tarjadas de negro![15]

A ruptura com os pressupostos lógicos da linearidade temporal e da causalidade, e a presença de seres imaginários, como os anjos,

14. Quintana, *op. cit.*, p. 173.
15. *Ibid.*, p. 167.

colaboram para a criação de um universo onírico, de fascinante irrealidade. Assim em "Sono":

> Tudo fica mais leve no escuro da casa. As escadas param de repente no ar... Mas os anjos sonâmbulos continuam subindo os degraus truncados, atravessando os espelhos como se entrassem numa outra sala.
>
> O sonho devora os sapatos, os pés da cama, o tempo.
>
> Vovô resmunga qualquer coisa no fim do século passado.[16]

Embora toda a obra de Quintana esteja permeada de elementos fantásticos, eles assumem um destaque especial em *Sapato florido*, livro que, para Fausto Cunha, "veio inscrever o poeta numa das linhas criadoras mais válidas do presente século, a do realismo fantástico".[17] Entretanto, Quintana também chama a atenção do leitor para o caráter insólito e misterioso da realidade circundante, por mais banal e prosaica que ela possa parecer. Trata-se de uma espécie de reeducação do olhar, que procura liberá-lo das vendas impostas pela estreiteza da visão racionalista ou, simplesmente, pelo condicionamento do hábito. Veja-se o interessante exercício de desfamiliarização do olhar proposto em "Do inédito":

> E quando, morto de mesmice, te vier a nostalgia de climas e costumes exóticos, de jornais impressos em misteriosos caracteres, de curiosas beberagens, de roupas de estranho corte e colorido, lembra-te que para alguém nós somos os antípodas: um remoto, inacreditável povo do outro lado do mundo, quase do outro lado da vida — uma gente de se ficar olhando, olhando, pasmado... Nós, os antípodas, somos assim.[18]

16. *Ibid.*, p. 179.
17. Fausto Cunha, "Poesia e poética de Mario Quintana", p. 227.
18. Quintana, *op. cit.*, p. 168.

A publicação, em 1950, dos poemas de corte modernista de *O aprendiz de feiticeiro* acrescenta nova faceta à obra de Quintana. O livro é dedicado a Augusto Meyer, poeta, crítico literário e ardoroso divulgador do ideário modernista no Rio Grande do Sul. E é o próprio Meyer quem saúda os poemas do *Aprendiz* como sendo os "melhores poemas" de Quintana, nos quais se revela a "genuína voz" do "Mestre Feiticeiro", a quem o crítico atribui o título de "maior poeta moderno do Rio Grande"[19], proferindo um juízo que, mais tarde, se tornaria corrente entre a crítica e o público leitor gaúcho.

Composto por apenas 31 poemas, alguns bastante breves, *Aprendiz* é um livro denso e enigmático. Santiago Kovadloff[20], em observação certeira, aponta que as sombras que antes habitavam a interioridade do eu-lírico agora se projetam sobre o meio exterior, cobrindo-o inteiramente com uma densa penumbra. O mundo perde sua familiaridade, e as coisas se projetam, ao redor do poeta, como objetos fascinantes e impenetráveis. Veja-se o caso de "Mundo":

> E eis que naquele dia a folhinha marcava uma data em
> caracteres desconhecidos,
> Uma data ilegível e maravilhosa.
>
> Quem viria bater à minha porta?
>
> Ai, agora era um outro dançar, outros os sonhos e
> incertezas,
> Outro amar sob estranhos zodíacos...
>
> Outro...
>
> E o terror de construir mitologias novas! [21]

19. Augusto Meyer, "O fenômeno Quintana", p. 183-187.
20. Kovadloff, *op. cit.*, p. 85.
21. Quintana, *op. cit.*, p. 196.

No poema, o tempo cronológico, assinalado pelo calendário, é subitamente subvertido pelo próprio calendário, que anuncia uma data em caracteres desconhecidos. Sendo o tempo cronológico o regulador de nossa existência cotidiana, por tratar-se de um tempo socializado ou público, "relacionado com a atividade prática e os objetos que se apresentam diante de nós"[22], sua interrupção abre uma espécie de vácuo na existência: não apenas o futuro se torna imponderável ("Quem viria bater à minha porta?"), como também o passado, consubstanciado pelos costumes e crenças que integram a cultura de um povo, sofre um momentâneo eclipsamento. O modo de dançar, os sonhos, as incertezas, a maneira de amar, o zodíaco, tudo assume uma natureza diversa, tudo se torna *outro* (palavra repetida quatro vezes no poema, sendo que na última ocorrência constitui, sozinha, um verso inteiro), e o poeta resta atemorizado diante da ingente tarefa de construir uma nova forma de representação, ou "mitologias novas", para este mundo igualmente novo.

É justamente uma nova percepção do real, livre das amarras da cronologia e da racionalidade, que vem figurada em "Boca da noite":

> No espelho roto das poças dágua
> O céu entristece...
> Jesus Cristo encontrou o Menino Jesus.
> Houve uma leve hesitação no ar...
> Houve, de fato, qualquer cousa no ar...
> Meu amigo morto me pediu um cigarro.
> O que seria que aconteceu?
> Todas as vitrinas de repente iluminaram-se...
> E há uma estrela morta em cada poça dágua...[23]

No momento do anoitecer, o poeta mira a imagem do céu refletida nas poças d'água e experimenta uma espécie de epifania.

22. Benedito Nunes, *O tempo na narrativa*, p. 20.
23. Quintana, *op. cit.*, p. 203. Na edição consultada, está "dágua", sem o apóstrofo.

Em sua visão, passado e presente se confundem, ou melhor, se fundem, no limiar entre o dia e a noite, entre a vida e a morte: Jesus Cristo reencontra-se consigo mesmo, ainda menino; um amigo do poeta, já falecido, ressurge ao seu lado e lhe pede um cigarro. O poeta se pergunta o que estaria acontecendo, e a própria formulação equívoca da frase ("O que seria que aconteceu?") demonstra sua perplexidade diante da experiência vivida, que parece permanecer irredutível à linguagem. Os versos finais trazem-no de volta ao presente imediato e desfazem o encantamento: o poeta é arrancado à força de sua experiência da *outridade*[24] pela iluminação repentina das vitrinas, que simbolizam, metonimicamente, a vida reificada do homem nas grandes metrópoles modernas.

A alienação dos indivíduos, sua incomunicabilidade e seu desconcerto diante do mundo são os ingredientes que originam uma das mais belas criações de Quintana, "O poema do amigo". Nele, o poeta, ladeado por um amigo misterioso, encontra seu refúgio no reduto tradicional da boemia, o bar. Trata-se, porém, de um bar submarino, e toda cena é permeada de traços oníricos, que evidenciam a influência do Surrealismo na obra de Quintana:

> Estranhamente esverdeado e fosfóreo,
> Que de vezes já o encontrei, em escusos bares
> submarinos,
> O meu calado cúmplice!
>
> Teríamos assassinado juntos a mesma datilógrafa?
> Encerráramos um anjo do Senhor nalgum escuro
> calabouço?
>
> Éramos necrófilos
> Ou poetas?
> E aquele segredo sentava-se ali entre nós todo o tempo,

24. Neologismo cunhado por Octavio Paz para descrever a experiência poética. Ver o capítulo "A revelação poética", em *O arco e a lira*, p. 139-221.

Como um convidado de máscara.

E nós bebíamos lentamente a ver se recordávamos...
E através das vidraças olhávamos os peixes maravilhosos e terríveis
cujas complicadas formas eram tão difíceis de compreender
como os nomes com que os catalogara Marcus Gregorovius
na sua monumental *Fauna Abyssalis*.[25]

O poema figura um mundo às avessas, no qual a cidade encontra-se submersa no fundo do oceano. No espaço insólito de "escusos bares submarinos", o poeta e seu amigo porfiam na tentativa de reconstituir seu passado e resgatar a própria identidade, sem alcançar sucesso. Enquanto isso, os transeuntes que circulam pela rua, entrevistos através das vidraças, são percebidos pelo poeta e seu amigo como seres igualmente destituídos de história e de identidade, como se fossem "peixes maravilhosos e terríveis", cuja existência interessasse apenas aos autores de compêndios de história natural. Como única nota de humanidade restante, ao longo do poema, destaca-se a solidariedade recíproca entre o poeta e seu amigo, que se consolida em torno de enigmas compartilhados. Vale notar que Quintana era frequentador assíduo dos bares, à época em que escreveu os poemas do *Aprendiz*, e ele próprio lamentará seguidamente, mais tarde, a gradativa desaparição dos bares e cafés, que cederiam lugar aos estabelecimentos que servem lanches rápidos e se identificam, portanto, com o ritmo frenético da vida urbana e com o comportamento automatizado e estandardizado das massas. No balcão desses novos estabelecimentos, reclama o poeta, "o freguês massificado e apressado, ao servir-se de um frango, parece

25. Quintana, *op. cit.*, p. 199.

que o está devorando no próprio poleiro".[26] Em contraposição, ele evoca nostalgicamente, em outro texto, a existência dos "cafés sentados fumados conversados, onde a gente arrasava o mundo, mas renovava o sonho, o ideário, a vida".[27]

Apesar de evidenciar as aporias do lirismo no mundo moderno, o *Aprendiz* finaliza com um desconcertante canto otimista. Nos versos livres de "Cântico", em que se percebem ressonâncias bíblicas e camonianas, descreve-se a chegada triunfal e redentora da poesia (o "tu" evocado no poema) como uma promessa que está sempre na iminência de se concretizar:

> O vento verga as árvores, o vento clamoroso da
> aurora...
> Tu vens precedida pelos voos altos,
> Pela marcha lenta das nuvens.
> Tu vens do mar, comandando as frotas do Descobrimento!
> Minh'alma é trêmula da revoada dos Arcanjos.
> Eu escancaro amplamente as janelas.
> Tu vens montada no claro touro da aurora.
> Os clarins de ouro dos teus cabelos cantam na luz![28]

Em 1951, sai a público o livro *Espelho mágico*, reunindo os quartetos que Quintana vinha publicando, isoladamente, desde o final da década de 1930. Por apresentarem uma forma convencional e, até certo ponto, passadista, quando comparados aos poemas em verso livre e de estilo claramente modernista do *Aprendiz*, esses quartetos costumam ser menosprezados pela crítica. Fausto Cunha, por exemplo, considera este livro "puramente circunstancial" e não lhe atribui qualquer destaque na formação do estilo do poeta.[29] Entretanto, é através dos quartetos de *Espelho mágico* que ganha corpo, na obra de

26. *Ibid.*, "Restaurante", p. 496.
27. *Ibid.*, "Notas da cidade", p. 331.
28. *Ibid.*, p. 207.
29. Cunha, *op. cit.*, p. 228.

Quintana, a "filosofia do humor" (na expressão feliz de Monteiro Lobato, a quem o livro é dedicado).[30] Ou seja, os quartetos privilegiam o elemento humorístico, que fornece ao poeta uma espécie de anteparo contra os rudes golpes da experiência, ao mesmo tempo que lhe permite controlar melhor certa tendência ao confessionalismo e ao derramamento sentimental, evidente nos livros anteriores.

O *Espelho mágico* traz por epígrafe um versículo do *Eclesiastes*, no qual se recomenda a moderação como norma de comportamento: "Não sejas muito justo; nem mais sábio do que é necessário, para que não venhas a ser estúpido". Este mesmo espírito de moderação é apregoado em vários quartetos do livro, e serve de tema ao quarteto LXXXIV, "Da moderação":

> Cuidado! Muito cuidado...
> Mesmo no bom caminho urge medida e jeito.
> Pois ninguém se parece tanto a um celerado
> Como um santo perfeito...[31]

Ainda na esteira do *Eclesiastes*, o poeta reconhece que a vaidade humana é onipresente, encontrando-se mesmo ali onde seria lícito esperar que houvesse sido suplantada, como diz o quarteto LXIX, "Da virtude":

> Com que tenacidade
> Vai seguindo a Virtude a dolorosa Via!
> Olhai! passo a passo, a Vaidade
> Lhe serve de companhia...[32]

E o quarteto LXXXII, "Da agitação da vida", previne que toda existência humana se passa entre sombras vãs, e encontra o nada ao final:

30. Bittencourt, *op. cit.*, p. 143.
31. Quintana, *op. cit.*, p. 226.
32. *Ibid.*, p. 223.

Lida no doido afã!
Vamos! Investe, vai contra os moinhos de vento!
Um dia tu verás que tudo é sombra vã,
Tênue fumo que a morte assopra num momento...[33]

O uso da segunda pessoa do singular é frequente. O poeta fala a um "tu" imaginário e lhe faz recomendações, dá conselhos, critica alguma atitude. À primeira vista, o leitor pode perceber os quartetos como locuções proverbiais, mas basta atentar para a nota humorística, às vezes explícita, às vezes oculta nas entrelinhas, para se desvelar a real natureza desses pequenos textos. Trata-se, de fato, de epigramas, forma cuja origem remonta à Grécia antiga, onde foi praticada por autores como Safo e Simônides, e que teve definida sua feição atual, irônica ou satírica, pelos romanos Juvenal e Marcial. Segundo Lessing, o epigrama é constituído pelo nó, no qual se provoca a curiosidade do leitor, e pelo desfecho, no qual essa curiosidade é atendida com o máximo de surpresa.

Junto à retomada do epigrama, outro fator que confere um sabor clássico ao livro é o diálogo constante com textos que integram a tradição literária ocidental, e que abarcam desde a *Bíblia* a La Fontaine, Molière e Jonathan Swift, entre outros autores citados por Quintana na nota que apôs ao final do livro. E foi em Swift que Quintana colheu não apenas o motivo do quarteto XCV, "Da sátira", mas também a ideia de conferir à coletânea de epigramas o título de *Espelho mágico*:

A sátira é um espelho: em sua face nua,
Fielmente refletidas,
Descobres, de uma em uma, as caras conhecidas,
E nunca vês a tua...[34]

Apesar do tom humorístico predominante, repontam, ao longo do livro, momentos de puro lirismo, que premiam o

33. *Ibid.*, p. 226.
34. *Ibid.*, p. 228.

leitor com pequenas obras-primas, como o conhecido quarteto XII, "Das utopias":

> Se as coisas são inatingíveis... ora!
> Não é motivo para não querê-las...
> Que tristes os caminhos, se não fora
> A mágica presença das estrelas![35]

Após publicar cinco livros em 11 anos, Quintana permanece sem lançar novos títulos por duas décadas. Isso porque *Poesias*, de 1962, é uma reunião dos livros anteriores; e *Antologia poética*, de 1966, é uma seleção de poemas do autor, organizada por Rubem Braga e Paulo Mendes Campos. Excetuando-se *Pé de pilão*, de 1968, que é direcionado ao público infantil, o poeta só vai apresentar novo livro de poemas em 1973. Trata-se do *Caderno H*, que deixa evidente, a partir do título, ter-se originado de material produzido inicialmente para a seção homônima publicada semanalmente no jornal *Correio do Povo*.

O *Caderno H* é composto, quase que exclusivamente, por textos em prosa, de variada tipologia. Encontram-se mesclados, no livro, máximas, reflexões, anedotas, crônicas, contos, cartas, breves apontamentos ou notas líricas em prosa, versos avulsos e até mesmo um ou outro poema em verso livre. A mesma variedade se aplica aos temas e motivos que frequentam a obra, embora todos eles possam ser circunscritos, *grosso modo*, no âmbito das vivências comuns aos habitantes da cidade grande, em meados do século XX. De certo modo, pode-se dizer que o olhar assumido por Quintana, no *Caderno H*, é mais o de cronista de sua época do que, propriamente, o de poeta. O próprio Quintana, aliás, aproxima a atividade do poeta à do cronista em "Crônica":

> Ah, essas pequenas coisas, tão quotidianas, tão prosaicas às vezes, de que se compõe meticulosamente a tessitura

---

35. *Ibid.*, p. 213.

> de um poema... talvez a poesia não passe de um gênero de crônica, apenas: uma espécie de crônica da eternidade.[36]

Assim, é através do olhar distanciado do cronista (que não se encontra vinculado, aqui, à forma da crônica, pouco frequente no livro), que Quintana vai compondo um colorido painel da vida moderna, primeiramente para o leitor de sua coluna do *Correio do Povo* e, posteriormente, para o leitor do *Caderno H*. É o que se observa, por exemplo, em textos como "A moda eterna" ("Somente nunca sai da moda quem está nu"), "Lavoisier" ("Nada se perde: tudo muda de dono") e "Noturno" ("Atenção! O luar está filmando...").[37] Com seu humor característico, repetidamente apontado pela crítica, e que funciona, com frequência, como um piscar de olho cúmplice em direção ao leitor, Quintana revela, nesses breves textos, o caráter paradoxal de certas situações da vida moderna, em campos tão distintos como a moda, a economia ou a relação do homem com a natureza.

Mas há também, no *Caderno H*, textos em que predomina uma perspectiva mais séria ou problemática sobre a vida urbana moderna. Entre eles, encontra-se "O citadino", que expõe, de maneira crua, a ameaça de despersonalização sofrida pelos habitantes da metrópole:

> À primeira esquina, encontro uma cara oca, uma cara sem cara...O melhor, o melhor é voltar, o quanto antes, para o quarto. Com o máximo cuidado de não olhar, acaso, para o espelho.[38]

Em um tom mais reflexivo e melancólico, o fragmento abaixo, retirado do texto "Notas da cidade", registra o mal-estar causado pelas frequentes demolições de estruturas urbanas:

36. *Ibid.*, p. 336.
37. *Ibid.*, p. 321, 326 e 310, respectivamente.
38. *Ibid.*, p. 291.

> E quantas vezes nós, ao passar por uma velha rua quotidiana, sentimos uma vaga inquietação, uma falta de não sei que. Vai-se ver, é um simples lanço de muro que demoliram e que, tijolo a tijolo, fazia parte da nossa construção interior, da nossa estabilidade, em suma.[39]

Entre os poucos poemas em verso livre de *Caderno H*, destaca-se um dos textos mais conhecidos de Quintana, o "Poeminho do contra":

> Todos esses que aí estão
> Atravancando o meu caminho,
> Eles passarão...
> Eu passarinho![40]

O título ("Poeminho do contra") e os dois versos iniciais representam o eu-lírico, espécie de *alter ego* do poeta, em oposição ao mundo, segundo a velha fórmula romântica, mas os dois versos finais desconstroem a oposição pelo viés do humor. Explorando a paronomásia entre a forma verbal "passarão" e o aumentativo de pássaro, Quintana fecha o poema com o insólito verso "Eu passarinho", no qual a palavra "passarinho" também assume um sentido ambivalente, consistindo ao mesmo tempo no nome de uma ave de pequeno porte e em uma conjugação anômala do verbo "passar", na primeira pessoa, na forma de um diminutivo. Com isso, Quintana dá a entender que os "passarões" (pessoas poderosas, influentes) que atravancam o caminho do poeta cairão, em breve, no esquecimento, enquanto o poeta, identificado como um passarinho (pessoa simples), seguirá exercitando o seu "passar devagarinho" por entre as coisas e as pessoas, satisfazendo, assim, as suas necessidades naturais de vagar e de contemplação (experiências essas que se tornaram cada vez mais raras em meio à correria da vida na cidade grande).

39. *Ibid.*, p. 333.
40. *Ibid.*, p. 257.

Por outro lado, pode-se entrever no último verso, ainda, uma promessa cifrada sobre a possibilidade de permanência da palavra lírica na época moderna, uma época que já nasce, segundo Walter Benjamin, sob o signo da transitoriedade.[41] E talvez seja justamente essa esperança de permanência, afirmada pelo texto, que explique o poder de sedução que o "Poeminho do contra" exerce sobre os leitores de Quintana, já que esses, assim como o próprio poeta, experimentam na própria pele as transformações cada vez mais aceleradas que atingem todas as esferas do mundo em que vivem e, ainda que intuitivamente, reconhecem que esse mundo não reserva a nada e a ninguém um salvo-conduto para a posteridade.

Em vários momentos, no *Caderno H*, Quintana refere-se, ainda, ao longo e tortuoso caminho da criação poética. Na "Carta", endereçada a um jovem poeta que lhe pedia orientação, diz ser necessário persistir na composição de um poema até que este não possua "nada de mais nem nada de menos". E acrescenta: "Como vês, para isso é preciso uma luta constante. A minha está durando a vida inteira". Mas a constância não é tudo. O embate da criação exige sobretudo uma entrega plena, como o poeta informa a seguir: "Há na *Bíblia* uma passagem que não sei que sentido lhe darão os teólogos; é quando Jacob entra em luta com um anjo e lhe diz: 'Eu não te largarei até que me abençoes'. Pois bem, haverá coisa melhor para indicar a luta do poeta com o poema?"[42]. Quanto às armas de que o poeta dispõe, na contemporaneidade, para sair exitoso dessa luta, elas já não lhe são ofertadas pela tradição, devendo ser conquistadas, uma a uma, pelo próprio poeta, em um processo de formação absolutamente individual, como Quintana afirma

41. Walter Benjamin, *Walter Benjamin*, p. 106.

42. Quintana, *op. cit.*, p. 342.

em "Resposta": "O verdadeiro criador é como esses presidiários que forjam, por si mesmos, as próprias armas..."[43].

Em 1976, vem a público *Apontamentos de história sobrenatural*, que marca um retorno de Quintana ao verso livre. Simultaneamente, como observa Santiago Kovadloff[44], voltam a impor-se, nesse livro, as necessidades comunicativas estritamente líricas, em detrimento da função humorístico-paradoxal e, muitas vezes, moralizante que domina a prosa do *Caderno H*. A "história sobrenatural", a que se refere o título, não é nada mais do que a história do cotidiano, do ordinário que é convertido em extraordinário pela graça do assombro ou pela pureza do olhar do poeta, capaz de revelar o novo e cativante nas formas aparentemente familiares e banais.

Quintana retoma, nos *Apontamentos*, vários temas fundamentais de sua obra. É o que se observa, por exemplo, no soneto nada convencional intitulado "O autorretrato", que dialoga diretamente com o soneto I de *A rua dos cataventos*, a começar pela proposta, comum a ambos os textos, de compor um retrato do poeta em pleno exercício da criação:

> No retrato que me faço
> — traço a traço —
> às vezes me pinto nuvem,
> às vezes me pinto árvore...
>
> às vezes me pinto coisas
> de que nem há mais lembrança...
> ou coisas que não existem
> mas que um dia existirão...
>
> e, desta lida, em que busco
> — pouco a pouco —
> minha eterna semelhança,

43. *Ibid.*, p. 303.

44. Kovadloff, *op. cit.*, p. 96.

> no final, que restará?
> Um desenho de criança...
> Corrigido por um louco![45]

Apesar do título, o poema não faz referência a características físicas do autor, ao contrário do que o leitor poderia esperar. Isso se dá porque Quintana, com certeza, percebe que o verdadeiro rosto do poeta não é aquele que lhe devolve um espelho comum, mas aquele que se destaca do "espelho" constituído por sua obra. Por isso, assim como no soneto I da *Rua*, Quintana persegue a sua imagem, ou a sua "eterna semelhança", a partir da interação entre o eu e o mundo, o interior e o exterior. E, por consequência, o poeta se pinta nuvem, ou árvore, ou coisas esquecidas, ou coisas ainda por inventar, ou seja, ele projeta seu rosto sobre essas coisas, no ato mesmo de incorporá-las aos seus poemas; e os poemas, por sua vez, depois de escritos, transformam-se em uma espécie de espelhos que devolvem, ainda que de maneira difusa, a imagem de seu criador. Quanto à questão, levantada pelo soneto I da *Rua*, sobre quem seria o "paisagista doidivanas" que preside e comanda o ato criador, o leitor encontra nos versos finais de "O autorretrato" uma resposta coerente com a visão romântica e irracionalista de Quintana: a obra poética resultaria de "Um desenho de criança... / Corrigido por um louco!".

O tema da impossibilidade da realização amorosa, já abordado em vários poemas anteriores, entre eles a "Canção do desencontro no terraço" (no livro *Canções*), encontra novo desenvolvimento em "Presença":

> É preciso que a saudade desenhe tuas linhas perfeitas,
> teu perfil exato e que, apenas, levemente, o vento
> das horas ponha um frêmito em teus cabelos...
> É preciso que a tua ausência trescale
> sutilmente, no ar, trevo machucado,

45. Quintana, *op. cit.*, p. 393.

folhas de alecrim desde há muito guardadas
não se sabe por quem nalgum móvel antigo...
Mas é preciso, também, que seja como abrir uma janela
e respirar-te, azul e luminosa, no ar.
É preciso a saudade para eu te sentir
como sinto — em mim — a presença misteriosa da vida...
Mas quando surges és tão outra e múltipla e imprevista
que nunca te pareces com o teu retrato...
E eu tenho de fechar meus olhos para ver-te![46]

O amor do eu-lírico, no poema, se fortalece na ausência da amada, intensificado pela saudade, mas estremece e definha quando a amada está junto a ele, ativa e imprevisível — e, com isso, desconstrói a imagem idealizada que o eu-lírico construíra dela. Assim, paradoxalmente, a proximidade física entre os amantes acaba por causar o distanciamento afetivo, enquanto o distanciamento físico entre eles reforça o enlace sentimental.

Um terceiro tema muito caro a Quintana é a cidade de Porto Alegre, que frequenta sua obra desde os sonetos da *Rua*, mas só virá a encontrar nos *Apontamentos*, através das redondilhas de "O mapa", sua realização mais alta e irretocável. Nesse poema, aliás, a trajetória de Quintana (gaúcho nascido em Alegrete, mas que passou na capital a maior parte de sua vida) e a de Porto Alegre parecem confluir e confundir-se, uma à outra, de forma definitiva:

Olho o mapa da cidade
Como quem examinasse
A anatomia de um corpo...

(É nem que fosse o meu corpo!)

Sinto uma dor infinita
Das ruas de Porto Alegre
Onde jamais passarei...

46. *Ibid.*, p. 419.

Há tanta esquina esquisita,
Tanta nuança de paredes,
Há tanta moça bonita
Nas ruas que não andei
(E há uma rua encantada
Que nem em sonhos sonhei...)

Quando eu for, um dia desses,
Poeira ou folha levada
No vento da madrugada,
Serei um pouco do nada
Invisível, delicioso

Que faz com que o teu ar
Pareça mais um olhar,
Suave mistério amoroso,
Cidade de meu andar
(Deste já tão longo andar!)

E talvez de meu repouso...[47]

Embora "O mapa" seja, declaradamente, uma homenagem do poeta a Porto Alegre, pela qual demonstra possuir elevada estima, Quintana não se detém, em nenhum momento, sobre sua topografia, nem busca descrever aspectos característicos de sua população. Ao invés disso, Quintana cria, através de seus versos, uma cidade absolutamente imaginária e fantástica, e a erige como um símbolo a ser cultuado pelos habitantes da cidade real. E, posteriormente, como afirma Luís Augusto Fischer, esse símbolo começa a interferir, de fato, no vínculo afetivo que os porto-alegrenses estabelecem com sua própria cidade: "Neste mapa está não a Porto Alegre mesma, mas a Porto Alegre outra: aquela que não conhecemos mas que sabemos ser a verdadeira;

47. *Ibid.*, p. 453.

aquela por onde não passamos nem passaremos, e dolorosamente percebemos, intuímos que é a única que existe".[48] Quintana ainda viveu anos suficientes para presenciar o fenômeno apontado por Fischer e, mesmo que o tenha percebido em toda a sua extensão, isso não lhe deve ter causado um espanto maior. Afinal, o próprio Quintana já afirmara, em outra parte: "A Poesia é a invenção da Verdade".[49]

Encontramos ainda nos *Apontamentos*, livro considerado, quase que pela unanimidade da crítica, como o mais bem realizado do autor, vários poemas antológicos sobre a natureza, a infância, o tempo, a morte e outros temas de eleição de Quintana. Essa recorrência temática, porém, não é aqui sinal de qualquer enfraquecimento ou esgotamento da criatividade do autor. Ao invés disso, ela apenas ajuda a tornar visível a unidade latente da obra do maior poeta gaúcho, e o vínculo evidente que essa obra estabelece com a grande tradição da lírica ocidental.

Após os *Apontamentos*, Quintana publica três novos livros de poemas em prosa, *A vaca e o hipogrifo* (1977), *Da preguiça como método de trabalho* (1987) e *Porta giratória* (1988), além de cinco novos livros de poemas em verso, *Esconderijos do tempo* (1980), *Baú de espantos* (1986), *Preparativos de viagem* (1987), *A cor do invisível* (1989) e *Velório sem defunto* (1990). Esses livros fornecem um corpo bem mais dilatado à obra completa de Quintana, sem, contudo, alterar significativamente o perfil já consolidado à altura da publicação dos *Apontamentos*. No período compreendido entre a década de 1970 e a década de 1990, outros títulos de Quintana são lançados, porém trata-se de antologias ou de reuniões de sua obra, bem como de seletas de poemas direcionadas ao público infantil e até mesmo de traduções de livros anteriores de Quintana para o inglês e o espanhol.

48. Luís Augusto Fischer, *Um passado pela frente:* poesia gaúcha ontem e hoje, p. 91.
49. Quintana, *op. cit.*, "Natureza", p. 328.

Essa forte presença de Quintana no mercado editorial nas últimas décadas de sua vida (e com publicação por editoras de porte, tanto no Rio Grande do Sul quanto no eixo Rio-São Paulo, como Globo, L&PM, Moderna e Ática, entre outras) demonstra que o poeta gaúcho conseguiu, com sua obra, não só ultrapassar as fronteiras regionais, mas quebrar a resistência do leitor comum em relação ao gênero lírico. Tudo isso só se tornou possível pela convergência de dois fatores. O primeiro foi a visibilidade conferida à sua produção pela veiculação continuada, ao longo de décadas, na mídia impressa, especialmente através dos suplementos literários do *Correio do Povo*. O segundo fator foi a opção de Quintana por uma linguagem poética altamente comunicativa, de modo que pudesse ser compreendida e apreciada por um público amplo e heterogêneo como aquele constituído pelos inúmeros leitores que viriam a conhecê-lo, primeiro, através do jornal, e só depois viriam a adquirir e prestigiar seus livros. Quintana costumava repetir que um verdadeiro poeta (e ele próprio se incluía, naturalmente, nesse rol) não devia fidelidade a nenhuma escola ou movimento literário, mas apenas a si mesmo. Na verdade, porém, talvez se possa dizer que a fidelidade maior de Quintana, enquanto poeta, sempre foi aquela que votou ao seu público, ao qual homenageia, com justiça, no poema "Dedicatória", cujo fecho confirma a opção consciente, de parte do autor, por uma poesia comunicativa:

> Quem foi que disse que eu escrevo para as elites?
> Quem foi que disse que eu escrevo para o *bas-fond*?
> Eu escrevo para a Maria de Todo o Dia.
> Eu escrevo para o João Cara de Pão.
> Para você, que está com este jornal na mão...
> E de súbito descobre que a única novidade é a poesia,
> O resto não passa de crônica policial — social — política.
> E os jornais sempre proclamam que "a situação é crítica"!
> Mas eu escrevo é para o João e a Maria,
> Que quase sempre estão em situação crítica!

E por isso as minhas palavras são quotidianas como o pão nosso de cada dia
E a minha poesia é natural e simples como a água bebida na concha da mão.[50]

## Referências

BECKER, Paulo. *Mario Quintana*: as faces do feiticeiro. Porto Alegre: Ed. da UFRGS; EDIPUCRS, 1996.

BECKER, Paulo. Mario Quintana: a poesia como crônica da eternidade. *In*: BECKER, Paulo; BARBOSA, Márcia Helena Saldanha. *A poesia que se escreve, a poesia que se lê*. Passo Fundo: Ed. da UPF, 2013. p. 130-144.

BENJAMIN, Walter. *Walter Benjamin*. Org. Flávio R. Kothe. São Paulo: Ática, 1985.

BITTENCOURT, Gilda Neves da Silva. *Caminhos de Mario Quintana*: a formação do poeta. Dissertação (Mestrado em Letras) – Universidade Federal do Rio Grande do Sul, Porto Alegre, 1983.

CUNHA, Fausto. Poesia e poética de Mario Quintana. *In*: CUNHA, Fausto. *A leitura aberta*: estudos de crítica literária. Rio de Janeiro; Brasília: Cátedra; INL, 1978. p. 213-301.

FISCHER, Luís Augusto. *Um passado pela frente*: poesia gaúcha ontem e hoje. Porto Alegre: Ed. da Universidade/UFRGS, 1992.

MARIO Quintana. Porto Alegre: IEL, 1984. (Série Autores Gaúchos).

HECKER FILHO, Paulo. Menino perplexo, rei de ouros. *In*: HECKER FILHO, Paulo. *A alguma verdade:* crítica e autocrítica. Porto Alegre: Edição do Autor, 1952. p. 51-53.

KOVADLOFF, Santiago. Mario Quintana: trayectoria de una voz. *Cuadernos hispano-americanos*, Madrid, n. 462, p. 77-100, dez. 1988.

MEYER, Augusto. O fenômeno Quintana. *In*: MEYER, Augusto. *A forma secreta*. Rio de Janeiro: Grifo; INL, 1971. p. 183-187.

NUNES, Benedito. *O tempo na narrativa*. São Paulo: Ática, 1988.

PAZ, Octavio. *O arco e a lira*. Rio de Janeiro: Nova Fronteira, 1982.

QUINTANA, Mário. *Poesia completa*. Rio de Janeiro: Nova Aguilar, 2005.

50. Quintana, *op. cit.*, p. 862.

TELES, Gilberto Mendonça. A enunciação poética de Mario Quintana. *In*: TELES, Gilberto Mendonça. *Estudos de poesia brasileira.* Coimbra: Almedina, 1985. p. 211-242.

João Luis Pereira Ourique

# 3.7

# Aureliano de Figueiredo Pinto: entre lembranças e *recuerdos*

Aureliano de Figueiredo Pinto nasceu na estância de São Domingos, município de Tupanciretã, em 1º de agosto de 1898. Filho de Domingos José Pinto e de Marfisa de Figueiredo Pinto, foi alfabetizado por sua mãe. Apenas aos dez anos foi estudar em Santa Maria, onde cursou o ginásio até a terceira série. No colégio Santa Maria conheceu Antero Marques, do qual se tornaria amigo íntimo. Ainda em Santa Maria conseguiu o segundo lugar em um concurso literário e teve alguns poemas publicados na revista *Reação*, dirigida por Walter Jobim. Também publicou poemas líricos e simbolistas na revista *Kodak* e na *Ilustração Pelotense*. Frequentemente assinou suas obras, especialmente as do início de sua produção, com os pseudônimos de Júlio Sérgio de Castro, Jorge Pena e Jango Borba.

Inseriu-se no conturbado clima político do Rio Grande do Sul das décadas de 1920 e 1930, servindo, inclusive, como capitão-médico na Revolução de 30 e integrando, juntamente com Antero Marques, o primeiro destacamento que participaria da Batalha de Itararé, evento que acabou entrando para a história como "a batalha que não houve" em decorrência dos acordos que evitaram o combate.

Extremamente crítico aos modelos opressores, rompeu com as posturas dos caudilhos e ditadores, buscando resgatar o homem simples do campo com todas as suas contradições e riquezas. Um dos eventos marcantes para sua tomada de posição foi ter visto a ação policial contra operários em 1920, resultando em um dos tantos massacres contra os trabalhadores que se situavam em uma nova ordem social no espaço urbano, que crescia com o nascimento do século XX. As novas demandas sociais decorrentes das várias transformações ocorridas no período tiveram como resposta uma repressão que reconhecia o trabalho e não o trabalhador. A crítica estava presente no pensamento de intelectuais e artistas que influenciaram vários dos escritos de Aureliano. Não é por acaso que sua tese de graduação em Medicina é dedicada, entre vários amigos, também a Cyro Martins, evidenciando pontos de interlocução importantes com o escritor que narrou o gaúcho a pé.

Seu trabalho como médico, exercido em Santiago a partir de 1932, resultou em um importante benefício para a cidade e também estabeleceu uma troca com o gaúcho do campo. O olhar de quem nasceu no interior, conheceu profundamente os hábitos e costumes do gaúcho e teve a oportunidade de se distanciar o suficiente para conhecer outras realidades, se renovou e aguçou um processo de reconciliação consigo mesmo. Aureliano se via como gaúcho, mas sentia o deslocamento do homem do campo, sua riqueza e sua pobreza simultaneamente. A simplicidade e a nobreza caminhando lado a lado em um cenário que ele conhecia muito bem.

Em 1939, um ano após seu casamento com Zilah Lopes, com quem teve três filhos (José Antônio, Laura Maria e Nuno Renan), Aureliano acompanhou o início dos trabalhos de construção do Hospital de Caridade de Santiago — projeto iniciado em 1933, que acompanhou como membro da comissão técnica —, inaugurado no ano de 1942. No ano de 1941, assumiu em Porto Alegre a subchefia da Casa Civil no governo do interventor Cordeiro de Farias. Não são claros os fatos que explicam tanto a sua concordância em assumir o cargo (informações desencontradas vão na direção de que seria para garantir os recursos para a construção do hospital), quanto o seu retorno, dois anos depois, para Santiago. Especulam-se, também, desentendimentos com o modelo de administração política da época, sustentados no seu histórico de vida e na recusa ao convite de Flores da Cunha para concorrer a deputado estadual em 1946, o que também culmina com seu afastamento da vida política.

Suas convicções em oposição ao autoritarismo transcenderam o seu tempo. Quando, em 1975, Noel Guarany recebe autorização dos familiares de Aureliano para musicar os poemas "Bisneto de farroupilha" e "Canto do guri campeiro", talvez não imaginasse que teria problemas com a censura do período. Os versos mais polêmicos estão em "Bisneto de farroupilha", parecendo que foram escritos como uma crítica ao regime de então. Ao mencionar que "nem dom Pedro Segundo — o senhor de um mundo!" pôde dobrar o seu avô , que nem o Taura Castilhos "pode voltear seu avô" e que se o seu pai se encontra pobre é "porque a ninguém se dobrou", enfatiza a força de um povo que conclama uma reação por parte daqueles que se submetem aos ditames por medo ou comodismo: "Conterrianos, moços lindos, / com humildades de escola, / curvam a espinha de mola, / no culto de um ditador, / seja qualquer que ele for!".[1]

Em Santiago, o trabalho como médico tomava a maior parte do tempo, e sua preocupação com os mais pobres criou uma imagem humanitária que o acompanhou até a sua morte, em 22 de fevereiro de 1959. Vários relatos de pessoas que com ele conviveram confirmam esses fatos, como o de colocar senhas em receitas médicas para que ele pudesse pagar pelos medicamentos de pessoas sem condições de darem continuidade ao tratamento previsto. Outros casos, amparados no seu caráter e compromisso, são visões e testemunhos de uma admiração que permaneceu

1. Aureliano de Figueiredo Pinto, *Romances de estância e querência*: marcas do tempo, p. 59.

entre os que o conheceram e seus descendentes. Um exemplo seria a atitude de Aureliano quando flagrou um jovem roubando na sua casa. Ao invés de chamar a polícia ou denunciar o ladrão, ele foi até a casa do rapaz — pois conhecia a maior parte das pessoas da cidade em razão de sua profissão — perguntar o que estava ocorrendo, se estavam (ele e a família) passando por necessidade e o que poderia fazer.

Se eventos como esse de fato aconteceram não é possível afirmar, mas os relatos reforçam uma visão coerente sobre o médico e escritor — fundamentalmente poeta, apesar de não gostar da denominação — que veio a ser um dos fundadores, ao lado do irmão José de Figueiredo Pinto (Zeca Blau), da Estância da Poesia Crioula, no ano de 1957. Antes disso, quando completara 50 anos, já havia superado um pouco sua relutância em ver seus escritos publicados e confessa a um amigo por carta: "Penso poder dispor de algum vagar para com as palavras. [...] Assunto há. Falta paciência para o romaneio do trabalho. É só começar a garrotear o couro das emoções criadoras, que o apero sairá no fim das contas".[2] Essa forma de lidar com as palavras, incorporando-as de uma maneira coerente com a sofisticação de grandes nomes e dando a autenticidade necessária para ser compreendida por aqueles a quem destinaria sua produção, já é percebida no fragmento da carta que antecipa o poema de abertura de sua primeira obra — "Este livro" —, publicada por insistência do filho, que recolheu os poemas dispersos entre amigos e organizou *Romances de estância e querência: marcas do tempo*, em 1959, pouco antes do seu falecimento:

> CAMPEIROS! Prontos os laços
> para tropeada e rodeio.
> Lidei com chuva e vagar
> sem pressas no romaneio.
> Pelo demais se apurar

2. Fernando Neubarth, "Aureliano de Figueiredo Pinto".

a um tal sucede trançar
com loncas de gado alheio.[3]

Outros poemas de Aureliano chegaram ao conhecimento do público através de dois livros publicados postumamente: *Romances de estância e querência II: armorial de estância e outros poemas*, de 1963, e *Itinerário: poemas de cada instante*, de 1998, além de um romance, considerado pela crítica literária do Rio Grande do Sul[4] como uma das dez obras mais importantes da literatura gaúcha, *Memórias do Coronel Falcão*, de 1973.[5] Antes de sua produção ser publicada, Aureliano teve alguns poemas musicados, sendo *Toada de ronda* considerado o precursor do nativismo gaúcho dentro de uma perspectiva moderna. Já na primeira estrofe está presente o cantar dos tropeiros em noites de ronda: "Ronda mansa... Noite linda! / Bem baio-branco está o luar. / Rondando o segundo quarto, / Companheiros! vou cantar:".[6]

3. Aureliano de Figueiredo Pinto, *Romances de estância e querência*: marcas do tempo, p. 3.

4. Enquete realizada com trinta e oito professores, críticos, historiadores e pesquisadores da literatura gaúcha com o intuito de apontar os dez maiores romances gaúchos de todos os tempos. O resultado, que colocava em quarto lugar o romance de Aureliano de Figueiredo Pinto (atrás das obras *O tempo e o vento*, de Erico Verissimo; *Os ratos*, de Dyonelio Machado; e *A ferro e fogo*, de Josué Guimarães), foi publicado no "Segundo Caderno" de *Zero Hora* em 16 de maio de 1992.

5. Conforme texto de Fernando Neubarth, publicado no *site* do Museu de História da Medicina do Rio Grande do Sul, "em 1973, graças ao trabalho do editor Carlos Jorge Appel, a Editora Movimento lança *Memórias do Coronel Falcão*, seu único romance, um dos melhores exemplos da boa literatura sul-rio-grandense. A decadência do Pampa gaúcho pós-Primeira Guerra Mundial e um elucidativo painel dos anos Borges de Medeiros é o que se lê nas *Memórias*, que deixam claro nas entrelinhas muito do pensamento e das vivências do autor. É Appel quem conta: 'Em 1936, o autor começa a escrever *Memórias do Coronel Falcão*, que concluirá no ano seguinte (1937). Por que não publicou o romance em vida, se estava pronto? O texto chegou às nossas mãos através de Henry Saatkamp e Antero Marques, em 1972, apresentando alguns problemas nas folhas datilografadas, como queimaduras de cigarros, pequenas rasuras, vocábulos apagados. A reconstrução contou com a decisiva colaboração de Antero Marques e de vários amigos do autor. O livro apresentava condições para ser editado, portanto. Se não o fez é porque tinha motivos para tanto, provavelmente de ordem política. Em 1946, publica um excerto do romance na revista *Província de São Pedro*, n. 5, com o título *Safra ruim*. Mas foi só'". Neubarth, *op. cit.*

6. Pinto, *op. cit.*, p. 22.

Esse breve relato biográfico serve apenas para iniciar uma aproximação com o poeta e escritor gaúcho que foi um dos mais significativos para a cultura do Rio Grande do Sul. Os elementos regionais presentes em seus escritos não restringiram ou limitaram sua obra, ao contrário, ampliaram o sentido da experiência ao refletirem uma relação com o próprio tempo vivido, como um diálogo oportunizado com o leitor, um ato de contar histórias de sentimentos, de narrar o que constitui e dá sentido à identidade, mesclando os gêneros e enriquecendo as metáforas do ser para vê-lo humanizado. Talvez por isso seja tão difícil escrever sua biografia e analisar sua obra de forma impessoal, distanciada. Obviamente que a escrita impessoal não significa distanciamento ou falta de compromisso, mas o processo de identificação se renova nessa perspectiva. Talvez tenha sido isso que Luiz Sérgio Metz sentiu quando escreveu a biografia de Aureliano. Os seis capítulos do livro se somam até assumirem a existência presente do homem e escritor, personificando sua vida na do próprio biógrafo, em um diálogo intenso e permanente.

Em "O trem menino", primeiro capítulo de *Aureliano de Figueiredo Pinto*, Metz acompanha o imaginário do poeta desde a sua infância e enfatiza a sua relação com um mundo em transformação, em constante movimento, salientando o olhar atento da janela de um trem do qual nunca sairia: "Nem aquele trem dele"[7]. Ao associar a lembrança do menino às primeiras frases de *Memórias do Coronel Falcão*, Metz insere a figura de Don Peco, capataz da estância do pai de Aureliano, explicando a origem do personagem Don Juan de Piedra Sola. Ao longo do capítulo, Metz vai narrando e antecipando o tempo do escritor, fortalecendo esse diálogo até torná-lo "real" no capítulo 5 — "Aureliano chega e senta" —, quando consegue *conversar* com o poeta. Fragmentos de suas obras acompanhados das lembranças,

7. Luiz Sérgio Metz, *Aureliano de Figueiredo Pinto*, p. 14.

reais e inventadas, materializam o *Flaubert do Pampa*. Essa expressão resume o segundo capítulo — "Fogo na novela" —, pois traz o momento ("1947. Ou 53. 50?", Metz divaga com uma possível data para o ocorrido) em que viu seu filho:

> [...] José Antônio lendo os originais de *Memórias do Coronel Falcão*.
>
> Num passo, Aureliano está junto ao adolescente. Fala apenas:
>
> — Então importo Eça para leres e ficas lendo esta porcaria!
>
> Arranca do filho os originais. Sai. Passa pela sala, pela mulher, vai para o pátio dos fundos. Ali um senhor, que duas ou três vezes ao ano vinha varrer e queimar folhas de parreira, trabalha e faz montes de cisco, para o fogo.
>
> Um dos montes queima, Aureliano joga sobre o fogo os originais e volta para dentro de casa. A esposa, Zilah, corre para o pátio e salva o livro. A primeira página já havia queimado. As bordas estão todas marcadas pelo fogo, alguns trechos totalmente inutilizados. Alguém, mais tarde (Antero Marques), reproduziria, pois o sabia de cor, o início das *Memórias*.[8]

O capítulo 3 — "Aprender tem mil formas" — destaca o problema de dialogar com o homem morto e a permanência de sua obra. Além disso, toca em um ponto relevante — somando-se ao inventário de suas opiniões e posturas ideológicas —, a necessidade de conhecer a si mesmo para evitar se repetir. Essa questão é facilmente ampliada para o âmbito cultural, visto que o viés tradicionalista acaba, com muita frequência, por desconhecer aquilo que cultua, não se constituindo em um olhar relevante sobre o mundo e sobre si. Em Aureliano percebe-se a busca por se tornar revolucionário no único sentido que importa: o da

8. *Ibid.*, p. 26.

transformação do ser humano que esqueceu sua humanidade. O capítulo 4 — "O rapsodo bugre" — tenta explicar por que Aureliano parou de escrever, encontrando a resposta no seu trabalho como médico, sua primeira e constante preocupação. O capítulo 6, que encerra a biografia, se constitui em uma segunda entrevista, iniciada no capítulo 5, em tom de despedida. O título do capítulo ("Aureliano quer cavalo") apresenta o desejo de Aureliano quando de sua partida: "— Pois bem... Quero um tordilho de quartos negros e clinas cor de luar. Pela estrada de Santiago irei de marcha batida, firme nos estribos a apanhar estrelas. Tão livre irei a olhar-me em silhuetas pelas lagunas da lua...".[9]

A narrativa de Metz produz esse diálogo intenso e constante, mas e o poema não operaria em outro patamar, em outra direção? Aqui a reflexão de Hans-Georg Gadamer esclarece o significado desse encontro tão verossímil e poderoso mediado pela arte:

> Mesmo que eu esteja consciente da tensão existente entre poema e diálogo, é evidente que há de qualquer forma um traço comum entre eles. Poema e diálogo são casos extremos no interior do grande âmbito das formas de linguagem. O primeiro, o poema, é um enunciado. Que outra coisa no mundo se mostra tanto como um enunciado como o poema — um enunciado que fala como nenhum outro em favor de si mesmo, mesmo sem um selo jurídico! Em contrapartida, o diálogo é aquilo por meio do que a linguagem vive propriamente enquanto linguagem e no que ela percorre toda a história de sua formação. É somente pelo fato de os homens falarem uns com os outros que há linguagem. Todavia, a linguagem não aparece aqui como um material dado, palpável. Quando um diálogo se preenche com sentido ou mesmo quando ele perde o seu sentido, o que vem ao encontro na linguagem não é outra coisa senão atualização de sentido. [...] Se a linguagem é sempre

9. *Ibid.*, p. 80.

> a tal ponto atualização de sentido — qual é afinal a diversidade da linguagem do diálogo, qual é a diversidade do modo cristalino de aparição da linguagem no poema? Neles, não acontece apenas a atualização de um sentido duradouro na palavra que se volatiliza. Ao contrário, é a presença sensível da palavra que conquista duração.[10]

É essa atualização de sentido que está presente no diálogo de Metz com Aureliano, em uma conversa que convida aos demais partilharem dessa visão de mundo não na perspectiva de meros ouvintes, mas de interlocutores ávidos por se exporem e contribuírem na construção de suas próprias identidades.

Há, assim, uma preocupação em pensar *regionalidade* ao invés de *regionalismo* para que seja possível abordar a produção de Aureliano de Figueiredo Pinto, com o intuito de articular uma reflexão que não se fecha em si mesma, mas que se amplia a partir de uma visão, de um olhar particular e especial. É fundamental destacar que discutir a problemática da identidade sem os devidos filtros e contextualizações pode se caracterizar em etnocentrismo, segundo Zilá Bernd, visto se tratar "de um conceito traiçoeiro na medida em que ele pode transformar-se em um conceito de circunscrição da realidade a um único quadro de referências"[11]. Essas considerações não procuram romper com o conceito de identidade ou com o reconhecimento do valor do regionalismo como responsável por "resguardar um importante conjunto de valores literários e de tradições locais"[12]. Todavia, isso não pode ser empecilho para a reflexão crítica, e questões como *identidade regional*, *valores culturais* e *tradição* necessitam ser tratadas à luz de suas contradições. Segundo Rama, o confronto da tradição com o novo, do regional com o universal:

10. Hans-Georg Gadamer, "Poema e diálogo (1988)", p. 380-381.

11. Zilá Bernd, "Identidade", p. 16.

12. Ángel Rama, "Os processos de transculturação na narrativa latino-americana", p. 210-211.

> gera em primeiro lugar uma retirada defensiva, um mergulho protetor no seio da cultura regional e materna, com um premente apelo a suas fontes nutritivas, mas também com o desejo de reexaminar de forma crítica suas condições peculiares, as forças de que dispõe, a viabilidade dos valores aceitos sem análise, a autenticidade de seus recursos expressivos.[13]

Analisar esse recuo, observar como essa retirada de fato questiona seus valores é o desafio da leitura de textos que dialogam a partir do referencial de uma identidade em transformação, mas que procura uma estabilidade consoladora do espírito. O paradoxo que pode emergir é o da não percepção das inviabilidades que estão presentes em qualquer manifestação literária, estruturando-se, assim, em uma *retirada estratégica* com o fim único de fortalecer as ideologias. O clima de tensão deve ser mantido para que a reflexão aconteça em nome de ideologias mais humanitárias, evitando, com isso, as visões totalitárias e os modelos literários que atuam — não raras vezes — como elementos reducionistas das diversas culturas que permeiam a sociedade.

Aureliano de Figueiredo Pinto lança um olhar sobre si mesmo, repensando aspectos da formação cultural do gaúcho. Sua inserção e comprometimento com os valores tradicionais — questão que o coloca entre os mais cultuados poetas regionalistas — não se limita a uma exaltação desmedida e inconsistente. Através da análise de um poema inédito do poeta e escritor gaúcho, pretende-se demonstrar em que medida ele possibilita esse repensar acerca da regionalidade gaúcha, distanciando-se de ideais excludentes, seja pelo viés tradicionalista ou progressista.

Insere-se, portanto, na perspectiva de uma produção poética calcada em um momento de transição de uma ideologia de afirmação do mito do gaúcho para uma postura que incorpora esses elementos, mascarando-os em parte e também oportunizando

13. *Ibid.*, p. 204.

uma reflexão sobre o próprio conceito de regionalismo. A leitura proposta, assim como a obra de Aureliano, distingue-se do posicionamento binário entre regionalismo e universalismo, apontando uma possibilidade de compreensão a partir de um diálogo com as contradições da qual faz parte.

O poema, composto por 13 estrofes de cinco versos em redondilha maior, enfatiza — de uma forma *pachola* — os orgulhos de um modelo de gaúcho. Ainda assim, a incorporação desses pressupostos não apaga a reflexão acerca da passagem do tempo, da finitude desses valores apregoados e da questão da reminiscência como qualificativo para a manutenção das experiências vividas.

O título do poema — "Memória de tapejara"[14] — é similar a outro poema de Aureliano publicado em *Romances de estância e querência*, que leva o título de "*Recuerdos* de tapejara". Nesse poema, oferecido "para o Centro Tradicionalista 'Tapera Velha' da nossa Tupanciretã"[15], há uma descrição mais próxima de eventos e pessoas, caracterizando-se pelo tom de lembrança, de testemunho de uma época, diferenciando-se do material inédito que não possui referências diretas às suas vivências. Mediante a comparação dos dois poemas será possível dar continuidade ao diálogo que Metz propôs em sua biografia. Esse novo diálogo situa Aureliano por ele mesmo, naquilo que lhe era mais caro: a cultura do gaúcho e sua história de vida.

Convém destacar essa relação entre o que é "cantado" e o que é lembrado, discutindo as questões acerca da cultura da memória em relação às *lembranças oficiais* do passado, da construção da própria história. Beatriz Sarlo comenta sobre a

14. O poema não possui data, no entanto, a preocupação em mencionar em nota ao final do poema que era destinado para João Fischer (guitarreiro que musicou alguns de seus poemas) cantar ao violão (conforme fragmento abaixo), remete à década de 1930. Caracteriza-se, assim, como um dos primeiros poemas com a temática regionalista conhecidos de sua autoria sem o uso de pseudônimo. O manuscrito feito pelo poeta foi doado, muitos anos depois de sua morte, ao CTG Tapera Velha, de Tupanciretã.

15. Pinto, *op. cit.*, p. 8.

concorrência da memória e da história para abordar o passado, evidenciando que "nem sempre a história consegue acreditar na memória, e a memória desconfia de uma restituição que não coloque em seu centro os direitos da lembrança (direitos de vida, de justiça, de subjetividade)".[16]

Assim, é possível abordar uma noção de regionalidade, tendo em vista que o termo regionalismo se distancia entre várias possibilidades de entendimento. Regionalismo, como categoria literária, possui estudos e abordagens conceituais claras e coerentes, conforme o estudo de Ligia Chiappini, "Do beco ao belo: dez teses sobre o regionalismo na literatura". Na tese 3, Chiappini afirma:

> Regionalismo na literatura, como tema de estudo, constitui um desafio teórico, na medida em que defronta o estudioso com questões das mais candentes da teoria, da crítica e da história literárias, tais como os problemas do valor; da relação entre arte a sociedade; das relações da literatura com as ciências humanas; das literaturas canônicas e não canônicas e das fronteiras movediças entre clãs. Estudar o regionalismo hoje nos leva a constatar seu caráter universal e moderno. Surgindo como reação ao iluminismo e à centralização do Estado-nação, hoje se reatualiza como reação à chamada globalização. Se, para um pensamento não dialético, a chamada "aldeia global" suplantou definitivamente a "aldeia" e tudo o que dela fale e por ela se interesse, a dialética nos faz considerar que a questão regional e a defesa das particularidades locais hoje se repõem com força, quanto mais não seja como reação aos riscos de homogeneidade cultural, à destruição da natureza e às dificuldades de vida e trabalho no "paraíso neoliberal".[17]

16. Beatriz Sarlo, *Tempo passado*: cultura da memória e guinada subjetiva, p. 9.
17. Ligia Chiappini, "Do beco ao belo: dez teses sobre o regionalismo na literatura", p. 156.

Uma dessas possibilidades de entendimento que o termo regionalismo não contempla claramente é a incorporação das contradições; admitir a falência da cultura como um todo e a mera tentativa do estabelecimento de verdades precárias, tão necessárias para a construção de ideologias que permitem ao indivíduo transitar em espaços e momentos culturais paradoxais, precisa ser considerado. Regionalidade não se opõe a regionalismo — quer seja este último percebido do ponto de vista do viés tradicionalista ou da crítica literária — mas incorpora as contradições da qual faz parte, tentando refletir sobre esse processo. Chiappini comenta a tendência mutável e de trânsito dessa produção regionalista, destacando que

> A função da crítica diante de obras que se enquadram na tendência regionalista é, por isso, indagar da função que a regionalidade exerce nelas; e perguntar como a arte da palavra faz com que, através de um material que parece confiná-las ao beco a que se referem, algumas alcancem a dimensão mais geral da beleza e, com ela, a possibilidade de falar a leitores de outros becos de espaço e tempo, permanecendo, enquanto outras (mesmo muitas que se querem imediatamente cosmopolitas, urbanas e modernas) se perdem para uma história permanente da leitura.[18]

E é isso que se pode perceber através de uma leitura mais atenta da obra de Aureliano de Figueiredo Pinto. O olhar crítico e ao mesmo tempo valorativo das peculiaridades da sua cultura possibilita um entendimento e uma percepção mais rica e dinâmica. Um testemunho marcado pela experiência vivida...

Muito ainda poderia ser dito a partir da obra de Aureliano de Figueiredo Pinto. Apresentar um pouco de sua produção e identificar elementos que a colocaram como mais relevante do que o mero arremedo de uma cultura ou vinculada a estereótipos talvez seja uma das preocupações mais significativas deste

18. *Ibid.*, p. 158.

trabalho, assim como situar o escritor e poeta no contexto de sua recepção ao longo dos anos. Luiz Marobin[19] apresenta Aureliano ao lado do herói desmistificado, importante reconhecimento de sua visão sobre o tipo humano do gaúcho. Infelizmente, a poesia de Aureliano de Figueiredo Pinto não mereceu, por parte da crítica, a mesma atenção que teve o seu romance. A leitura crítica dos seus poemas consiste em estudos que abordaram de forma mais aprofundada a narrativa. As personagens negativas e ridículas do seu romance, segundo Marobin, também encontram eco no estudo e percepção de Guilhermino Cesar, que chama atenção para a falta de vivacidade necessária que se encontra na ficção de João Simões Lopes Neto, tomada como exemplo. Ao apontar os principais problemas do romance de Aureliano, Guilhermino Cesar também evidencia elementos que merecem destaque, especialmente se a obra for tomada pelo seu aspecto social, como crítica a uma ordem rural arcaica:

> A epiderme dos fatos aí aparece em transposições de palavras, em expressões que são ou que se pretendem refinadas e sutis [...], mas não apertam o nó dramático, em busca da substância patética dos acontecimentos — e em ficção, digam o que quiserem, o fundamental é a tensão inerente ao viver com responsabilidade essa comédia cotidiana. Fique o simples comentário reservado ao borboletear da crônica. Contudo, não faltam páginas de excelente composição a este livro. Falcão/narrador apreende em essência a rude severidade da vida campeira: seu panteísmo, mais agudo que o seu faro psicológico, tem grande força.[20]

A publicação de Helena Tornquist também deve ser mencionada, visto que, ao lado da biografia de Luiz Sérgio Metz, se constitui em importante referência à obra do escritor. É Tornquist quem

19. Luiz Marobin, *Painéis da literatura gaúcha*, p. 222-224.
20. Guilhermino Cesar, "Memórias de um coronel", p. 203.

realiza uma leitura crítica dos poemas de Aureliano a partir de uma aceitação do seu papel como reflexão de um mundo, como um poeta da estância que vislumbra as contradições do seu tempo e do seu passado. Também salienta uma certa coerência no seu percurso como poeta que dialoga intensamente com o leitor:

> De modo emblemático os *Romances de estância e querência* abrem e fecham com a apresentação e despedida de um narrador-trovador. Com os poemas "Este livro" e "Cortesia" se processa a assimilação do fazer literário — a escritura — às ações habituais do mundo representado:
>
> Campeiros! Prontos os laços
>
> para tropeada e rodeio. (*Marcas do tempo*, p. 3)

e

> Leitor! Desculpa a massada
>
> desta tropeada comprida! (*Outros poemas*, p. 124)
>
> A criação poética, pelo efeito da metáfora, confunde-se com a ação do homem do campo inscrita no 'ethos' de uma cultura regional constituída pelo esforço e pela luta de seus primeiros povoadores.[21]

Essa abordagem é amparada por Luís Augusto Fischer quando afirma que "Aureliano foi quem apanhou com mais qualidade poética os rescaldos da vida tradicional do gaúcho"[22]. Nesse sentido, é possível acompanhar esses rescaldos da mesma forma que Tornquist identificou o narrador-trovador nos *Romances*, citando, a título de conclusão, fragmentos de suas obras que poderiam dar uma espécie de panorama de seus escritos:

---

21. Helena Tornquist, *Aureliano de Figueiredo Pinto*, p. 53.
22. Luís Augusto Fischer, *Um passado pela frente*: poesia gaúcha ontem e hoje, p. 85.

E partimos depois nos caminhos da vida.
todos alto mantendo o atrevido penacho.[23]

Talvez alguma patrícia,
padrão de gaúcho valor,
possa dizer a esta história:
— Se não me falha a memória
eu conheci este cantor...[24]

Lembrança aos que le pertence,
— Leitor! Le deixo... E... até a volta![25]

E, à sombra do espinilho de tapera, velho como o mundo, em cuja proximidade arrancharemos, então eu sorri, com humana amargura, virilmente, na tarde bonita.[26]

Quando eu rolar para o meu chão profundo,
algo de mim perpetuará os instantes
com que a mim mesmo me esbanjei no mundo...[27]

## Referências

BENJAMIN, Walter. Sobre o conceito da história. *In*: BENJAMIN, Walter. *Magia e técnica, arte e política*. Trad. Sergio Paulo Rouanet. 8. ed. São Paulo: Brasiliense, 2012.

BENJAMIN, Walter. *Passagens*. Trad. Cleonice Paes Barreto Mourão; Irene Aron. Belo Horizonte; São Paulo: Ed. da UFMG; Imprensa Oficial do Estado de São Paulo, 2006.

BERND, Zilá. Identidade. *In*: BERND, Zilá. *Literatura e identidade nacional*. Porto Alegre: Ed. da UFRGS, 1992.

23. Aureliano de Figueiredo Pinto, *Ad Sodalibus*.
24. *Id.*, *Romances de estância e querência*: marcas do tempo, p. 4.
25. *Id.*, *Romances de estância e querência II*: armorial de estância e outros poemas, p. 124.
26. *Id.*, *Memórias do Coronel Falcão*, p. 212.
27. *Id.*, *Itinerário*: poemas de cada instante, p. 14.

CANDIDO, Antonio. A literatura e a formação do homem. *In*: CANDIDO, Antonio. *Textos de intervenção*. São Paulo: Duas Cidades; Ed. 34, 2002.

CESAR, Guilhermino. Memórias de um Coronel. *In*: CESAR, Guilhermino. *Notícia do Rio Grande*. Porto Alegre: IEL; Ed. da UFRGS, 1994.

CHIAPPINI, Ligia. Do beco ao belo: dez teses sobre o regionalismo na literatura. *Revista Estudos Históricos*, FGV, Rio de Janeiro, v. 8, 15, p. 153-159, 1995. Disponível em: https://periodicos.fgv.br/reh/article/view/1989/1128. Acesso em: 19 jul. 2022.

FISCHER, Luís Augusto. *Um passado pela frente:* poesia gaúcha ontem e hoje. Porto Alegre: Ed. UFRGS, 1992.

GADAMER. Hans-Georg. Poema e diálogo (1988). *In*: GADAMER, Hans-Georg. *Hermenêutica da obra de arte*. Trad. Marco Antonio Casanova. São Paulo: Martins Fontes, 2010.

MAROBIN, Luiz. *Painéis da literatura gaúcha*. São Leopoldo: Ed. da UNISINOS, 1995.

METZ, Luiz Sérgio. *Aureliano de Figueiredo Pinto*. Porto Alegre: Tchê!, 1986. (Coleção Esses Gaúchos).

NEUBARTH, Fernando. Aureliano de Figueiredo Pinto. *MUHM* – Museu de História da Medicina do Rio Grande do Sul. Disponível em: https://www.muhm.org.br/biografiasmedicas/biografia/1149. Acesso em: 19 jul. 2022.

PINTO, Aureliano de Figueiredo. *Ad Sodalibus*, s.d.

PINTO, Aureliano de Figueiredo. *Romances de estância e querência*: marcas do tempo. Porto Alegre: Globo, 1959.

PINTO, Aureliano de Figueiredo. *Romances de estância e querência II*: armorial de estância e outros poemas. Porto Alegre: Sulina, 1963.

PINTO, Aureliano de Figueiredo. *Memórias do Coronel Falcão*. Porto Alegre: Movimento, 1973.

PINTO, Aureliano de Figueiredo. *Itinerário*: poemas de cada instante. Porto Alegre: Movimento, 1998.

RAMA, Ángel. Os processos de transculturação na narrativa latino-americana. *In*: AGUIAR, Flávio; VASCONCELOS, Sandra Guardini T. (Org.). Ángel Rama: literatura e cultura na América Latina. São Paulo: EDUSP, 2001.

SARLO, Beatriz. *Tempo passado*: cultura da memória e guinada subjetiva. São Paulo: Companhia das Letras; Belo Horizonte: Ed. da UFMG, 2007.

TORNQUIST, Helena. *Aureliano de Figueiredo Pinto*. Porto Alegre: IEL, 1989.

Carla Cristiane Martins Vianna

# 3.8

# A crítica literária na Era Erico

Os nomes de Moysés Vellinho e Augusto Meyer comprovam que os anos 1930 foram um período de amadurecimento da crítica literária sul-rio-grandense, ainda mais se considerarmos que eles não estavam sós naquele momento da crítica. Eles foram contemporâneos de Vianna Moog, Carlos Reverbel, Athos Damasceno Ferreira, Theodemiro Tostes, entre outros nomes, na crítica literária sulista. Todos eles nasceram nos primeiros anos do século XX, passaram pela Revolução de 23, viveram a Revolução de 30 e interpretaram com argúcia a literatura de vários autores nacionais.

No decênio de 1930 houve o desenvolvimento do mercado editorial e das instituições universitárias. Os intelectuais passaram a marcar presença tanto nas páginas dos jornais quanto no funcionalismo público, circunstância que modificou a rotina da vida cultural brasileira, agitando a cena literária. Foi um período de desestabilização do panorama político que atingiu as mais diversas áreas, da economia às artes, do empresariado à educação. Os intelectuais da Era Erico se ocuparam das diferentes demandas daquele momento que sucedeu à chegada de Getúlio ao poder. Foram homens de seu tempo, atuando nos espaços que permitiam a criação e o debate literário em um ambiente de efervescência cultural.

## Moysés Vellinho, um dos críticos da província

Não há como contar a história da crítica literária gaúcha sem mencionar a Editora Globo e a revista *Província de São Pedro*, bem como é impossível tratar da Era Vargas sem fazer referência à cooptação dos intelectuais pelo estado.[1] Moysés Vellinho foi personagem importante nesse cenário. Nascido em Santa Maria, em 1901, Moysés Vellinho chegou a Porto Alegre com a mãe e os irmãos — o pai tinha falecido — aos dois anos de idade e fez sua formação escolar no Colégio Anchieta. Formado em Direito, exerceu diversas funções na vida pública: foi promotor, inspetor de ensino e chefe de gabinete de Oswaldo Aranha, quando ele assumiu a Secretaria do Interior, em 1928, acompanhando-o como oficial do seu gabinete quando ele assumiu o Ministério da Justiça, em 1930.

Moysés Vellinho, portanto, vivenciou de dentro a construção do novo panorama político brasileiro, retornando em 1932 ao Rio Grande do Sul para eleger-se deputado em 1934. Ainda nos anos 1930, ingressou no Tribunal de Contas do Estado, onde trabalhou até a sua aposentadoria. Paralelamente aos cargos públicos, Vellinho exerceu a crítica literária de forma atuante, sendo responsável por ensaios de destaque, como os dedicados a Alcides Maya e a Machado de Assis, por exemplo.

Em 1925, sob o pseudônimo de Paulo Arinos, Moysés Vellinho já mostrava a que vinha no debate literário, protagonizando com Rubens de Barcellos uma das mais famosas polêmicas da cultura gaúcha nas páginas do *Correio do Povo*. Conforme Theodemiro Tostes, "Moysés deu à nota crítica uma limpidez e uma argúcia que a destacava. Foi a sua fase de Paulo Arinos em que, às vezes ferino, às vezes amável, registrava, num estilo enxuto, os temperos e destemperos do Modernismo".[2] Os polemistas,

1. A tese da cooptação dos intelectuais nesse período da vida nacional é desenvolvida por Sérgio Miceli em seu livro *Intelectuais e classe dirigente no Brasil* (1920–1945).

2. Theodemiro Tostes, *Nosso bairro*, p. 87.

representando lados políticos opostos, discutiram aguerridamente a obra *Tapera*, de Alcides Maya, em várias edições do jornal. Rubens de Barcellos percebia nas narrativas de *Tapera* a sintonia com o abatimento do gaúcho diante da incipiente modernização, enquanto Vellinho considerava-as saudosista. Essa polêmica antecipa o que seria uma constante na trajetória intelectual de Moysés Vellinho: a literatura e a história dividindo a cena do debate em seus ensaios.

Mais maduro, em 1939, Vellinho fez uma conferência sobre Machado de Assis na Biblioteca Pública do Estado, evento importante em sua trajetória, pois assinalou o abandono do pseudônimo Paulo Arinos e a origem de seu primeiro livro, *Machado de Assis: aspectos de sua vida e obra*, publicado pela Editora Globo no mesmo ano. A afinidade com a obra do escritor rendeu, em 1960, outro título dedicado ao tema: *Machado de Assis: histórias mal contadas e outros assuntos*, pela Livraria São José, do Rio de Janeiro. Em seus ensaios, Vellinho demonstra lucidez na compreensão da literatura machadiana, inscrevendo seu nome entre os célebres machadianos rio-grandenses, como podemos acompanhar no seguinte excerto:

> Tratar o meio como acessório do homem não é suprimi-lo. Via de regra, traídos pela sedução e pelo encantamento da terra, tomamos o partido da paisagem e nos deixamos absorver por ela. Machado de Assis preferiu ficar com o homem, senão para amá-lo, ao menos pelo vário e profundo jogo de sombras que ele oferece.[3]

Em 1944, vem a público *Letras da província*, volume que traz outro ensaio sobre Alcides Maya, um capítulo dedicado ao poeta e crítico Augusto Meyer, seguido de outro destinado à crítica de João Pinto da Silva e mais outros dedicados a autores sulistas, como Dyonelio Machado e Erico Verissimo, sobre quem afirmou que "se a obra do escritor rio-grandense, como a dos ficcionistas

3. Moysés Vellinho, *Machado de Assis*: histórias mal contadas e outros assuntos, p. 20.

brasileiros em geral, se ressente de certa escassez psicológica, se é possível observar, de vez em quando, pouca maturidade nas suas reservas de experiência pessoal, o que não é lícito desconhecer é que se fez senhor de um estilo notavelmente plástico, através do qual diz o que quer com uma graça e propriedade em que nenhum dos contemporâneos lhe leva vantagem".[4]

Esse trecho comprova que Vellinho se comprometia como crítico, assumindo o risco de desagradar até mesmo seus conhecidos, como Erico, com ensaios que apontam qualidades e desacertos com a mesma verve. Tanto não faltava ânimo para o crítico que, em 1945, com o aval de Henrique Bertaso, da Editora Globo, Vellinho cria e coordena a revista *Província de São Pedro*. Vale a pena a leitura da descrição do periódico realizada por Carlos Reverbel:

> A maior parte dos artigos deveria estar voltada para aspectos da cultura rio-grandense, mas sem cair no regionalismo e sem perder de vista o caráter nacional da publicação. De 1945 a 1957, a revista rodou 21 números, com uma tiragem que nunca passava dos três mil exemplares. Ainda assim, a *Província de São Pedro* tinha prestígio e projeção nacional nos círculos intelectuais mais importantes.[5]

Na *Província*, Moysés Vellinho exercia os papéis de diretor e autor. Em 1946, no quinto número da revista, foi republicado o ensaio "Eça de Queirós e o espírito de rebeldia", escrito especialmente para uma publicação de Lisboa comemorativa ao centenário do autor. Além de veicular ensaios sobre os mais diversos temas culturais e divulgar autores, o periódico, segundo testemunho de Reverbel[6], tinha o objetivo de reforçar a imagem da Editora Globo no cenário nacional. Assim, a revista assumiu a

4. *Id.*, *Letras da província*, p. 100.
5. Cláudia Laitano; Carlos Reverbel, *Arca de Blau*, p. 115.
6. *Ibid.*

tarefa de publicar ensaios e textos representativos de uma cultura que visava aproximar-se cada vez mais do centro do debate. Não podemos esquecer que houve uma ligação muito próxima entre a Editora Globo e a trajetória política de Getúlio. De acordo com Guilhermino Cesar[7] no prefácio de *Aparas do tempo*, Vellinho, "orientando-a para as grandes questões do nosso tempo, selecionando com rigor a colaboração nela divulgada, deu-lhe um conteúdo que é raro, pela qualidade, em nosso país, onde as revistas pouco diferem dos jornais, com estes se identificando na mesma pressa, na mesma improvisação".

Se a literatura e a história interessavam a Moysés Vellinho, é verdade ainda que, com o passar dos anos, o crítico literário parece ter cedido espaço maior para o historiador, como comprovam a publicação de *Capitania d'El-Rei* (1964) e *Fronteira* (1973). Entre esses dois volumes dedicados à formação histórica do Rio Grande do Sul, Vellinho publicou ainda *Recortes do velho mundo* (1970), narrativas da viagem para a Europa realizada com sua esposa em 1967.

Entre um trabalho e outro, Moysés Vellinho fez parte, desde 1949 até a sua morte, do Instituto Histórico e Geográfico do Rio Grande do Sul, exercendo ainda diversas atividades políticas e culturais, tais como a presidência da Orquestra Sinfônica de Porto Alegre, por vários anos, e da Aliança Francesa, entre 1965 e 1969. Vellinho foi ainda o representante do Rio Grande do Sul no Conselho Federal de Cultura, em 1967, função que não exerceu por muito tempo, bem como foi eleito correspondente da Academia Portuguesa de História, em 1966, e presidente do Gabinete Português de Leitura, em 1967.

Moysés Vellinho faleceu em 1980, em Porto Alegre, deixando uma série de ensaios de sua autoria compilada dias antes de sua morte, os quais deram origem a *Aparas do tempo* (1981) e,

7. Guilhermino Cesar, "Prefácio", p. 19.

sobretudo, legando-nos uma obra crítica de imenso valor para a literatura gaúcha.

## Augusto Meyer, o crítico

Augusto Meyer foi um inquieto na vida. Como poeta, foi autor de *Ilusão querida* (1923), *Coração verde* (1926), *Giraluz* e *Duas orações* (1928), *Poemas de Bilu* (1929), *Sorriso interior* (1930) e *Últimos poemas* (1955). Com Theodemiro Tostes, Azevedo Cavalcanti e João Santana, entre outros intelectuais, fundou, em 1926, a revista modernista *Madrugada*, periódico de inquestionável valor documental para o entendimento da cultura sulista nos anos 1920. Como crítico literário, publicou *Literatura e poesia* (1931), *Machado de Assis* (1935), *Prosa dos pagos* (1943), *À sombra da estante* (1947), *Le bateau ivre: análise e interpretação* (1955), *Preto e branco* (1956), *Camões, o bruxo e outros estudos* (1958), *A chave e a máscara* (1964) e *A forma secreta* (1965). Como estudioso do folclore rio-grandense, foi responsável pelas edições de *Guia do folclore gaúcho* (1951) e do *Cancioneiro gaúcho (1952)*. Como memorialista, trouxe a lume *Segredos da infância* (1949) e *No tempo da flor* (1966).

A extensa produção bibliográfica comprova que Augusto Meyer nasceu sob o signo da inquietação na Porto Alegre de 1902. No mesmo ano, em Itabira, nascia Carlos Drummond de Andrade. Assim como o mineiro, Augusto Meyer estendeu a sua atuação para além da poesia. Como Drummond, pensou a literatura e a cultura nacional de dentro do sistema político da primeira metade do século XX, uma vez que ambos trabalharam como funcionários públicos no Rio de Janeiro, cooptados ainda na década de 1930 pelo governo Vargas. Enquanto Drummond seguiu destinando à poesia o centro de suas atenções, Meyer, conforme podemos depreender na análise de sua bibliografia, passou a dedicar-se principalmente à crítica literária.

Em Porto Alegre, Augusto Meyer foi diretor da Biblioteca Pública do Estado do Rio Grande do Sul, de 1930 a 1936, deixando o posto para assumir, em 1938, o cargo de diretor do Instituto Nacional do Livro, posição que ocupou em dois períodos distintos: entre 1938 e 1956 e entre 1961 e 1967. Além de escrever para jornais e revistas, Meyer foi professor da Universidade do Brasil, dirigiu a cadeira de Estudos Brasileiros na Universidade de Hamburgo e foi adido cultural na Espanha. Em 1947, recebeu o Prêmio Felippe D'Oliveira na categoria Memórias e, em 1950, o Prêmio Machado de Assis, da Academia Brasileira de Letras, instituição que o recebeu, em junho de 1961, como o sexto ocupante da cadeira 13. Na ocasião, em seu discurso de acolhida, Alceu Amoroso Lima, o Tristão de Ataíde, afirmou que

> O nome de Augusto Meyer é estrela de primeira grandeza nessa constelação de filhos ou netos de imigrantes, que galgaram em uma ou duas gerações o degrau que os levava à condição de representantes típicos da mais elevada cultura da nova nacionalidade luso-afro-indo-brasileira.[8]

De formação erudita, Augusto Meyer foi autor de uma obra crítica tão variada quanto competente em sua lucidez de análise de conteúdo e forma, seja nas páginas dedicadas à análise de um poema de Rimbaud, como em *Le bateau ivre*, ou naquelas destinadas ao estudo de Machado de Assis, em seu livro que leva o nome do autor de *Dom Casmurro*, ou ainda nas de *Prosa dos pagos*, nas quais a literatura regionalista gaúcha constitui o centro do debate. O bisneto de imigrantes alemães do Vale do Sinos soube analisar com a mesma sagacidade crítica a literatura de temática local e outras de um raio de alcance maior. Por isso, o seu nome é referência no estudo de autores tão diferentes entre si, mas irmanados pela alta literatura.

8. Alceu Amoroso Lima, *Discurso de recepção*.

Seus ensaios dedicados a Machado de Assis tornaram-se leitura obrigatória para aqueles que estudam a obra machadiana. Muitos críticos referem-se aos textos de Meyer como um dos marcos divisórios da fortuna crítica machadiana. Dentre eles, Roberto Schwarz é um dos que reconhecem a agudeza de espírito na crítica de Augusto Meyer:

> As observações e deduções de Meyer, neste e noutros estudos, são o ponto alto da crítica machadiana. Conservam poder de revelação notável, apesar do envelhecimento de seu quadro teórico, o que aliás ilustra a independência relativa entre as conceituações adotadas e, do outro lado, a percepção literária e a capacidade de expressá-la. O presente trabalho deve muito às formulações de Meyer.[9]

O "poder de revelação notável" de Meyer talvez se deva ao fato de que ele soube captar, em meados da década de 1930, a singularidade estilística do Bruxo do Cosme Velho e o acerto formal nela representado. Foi Augusto Meyer quem enunciou, entre outras coisas, que "Machado cabe mal na categoria reservada ao novelista, ao escritor de ficção".[10] O mérito do crítico está justamente em perceber que a inadequação de Machado à categoria do escritor de ficção não o torna escritor de menor grandeza, mas mestre em sua arte, como podemos ler a seguir em análise publicada em 1947: "Sim, e daí a gravidade, a importância, o peso de sua obra, apesar do esforço que empregou de revesti-la de graça frívola, não obstante todos os "priscos" do seu caprichoso humorismo".[11]

Augusto Meyer dedicou-se a ler e a compreender a obra de Machado de Assis e seus intérpretes, produzindo uma ensaística em que transparece uma ampla bagagem de conhecimentos

9. Roberto Schwarz, *Um mestre na periferia do capitalismo*, p. 31.
10. Augusto Meyer, *Machado de Assis*, p. 25.
11. *Ibid.*, p. 87.

literários e filosóficos, mas sobretudo uma intimidade com a obra estudada, que ensejou a percepção de que "tudo nele me parece oblíquo, vertiginoso, retrátil. E para acabar com tudo isto, diga-se que Machado cultivou como poucos a arte da dubiedade e a falsa transparência da máscara".[12] Afirmando isso em plena década de 1940, quando Machado de Assis ainda era bastante incompreendido em sua essência, Meyer fez jus à sua inscrição no rol dos machadianos célebres.

Entre 1940 e 1959, Augusto Meyer publicou textos que, posteriormente, formariam a coletânea intitulada *Prosa dos pagos*, ensaios fundamentais para a compreensão da literatura sul-rio-grandense. Nessa obra, ele voltou-se aos assuntos da cultura da região, com ensaios dedicados à história da palavra "gaúcho", à poesia popular, ao romance *O gaúcho*, de José de Alencar, e a Simões Lopes Neto, entre outros temas.

Nessa coletânea de ensaios, deparamo-nos com um estudioso apaixonado pela temática rio-grandense no exercício de uma crítica embasada em ampla pesquisa de fontes e textos, bem como com um crítico que não titubeia ao demonstrar novamente intimidade com o estudo e a arte da palavra. A leitura de *Prosa dos pagos* evidencia ainda um ensaísta que exerce uma crítica literária na qual se conciliam as vozes do poeta, do memorialista e do homem público, pois "a preocupação com o discurso crítico, o tratamento que dá à linguagem nos ensaios não a fazendo aí divergir muito de seus outros textos, revela, em Meyer, a concepção dessa atividade como criadora"[13]. Ou seja, uma crítica escrita com o engenho de um pesquisador contumaz e a prosa de um ensaísta que seguiu se aventurando com a arte da palavra.

Assim como aconteceu com a obra crítica dedicada a Machado de Assis, os textos referentes à matéria local também traziam um ângulo de análise diferente em algumas obras

12. *Ibid.*, p. 180.
13. Tania Franco Carvalhal, *Augusto Meyer*, p. 20.

estudadas por Meyer, como no ensaio que tratava de *Antônio Chimango*, de Amaro Juvenal, pseudônimo de Ramiro Barcelos. Eis o que podemos ler no seguinte fragmento de *Prosa dos pagos*:

> A intenção política de que se revestira o poema prejudicou de certo modo a compreensão do seu valor literário, dentro do nosso regionalismo. Visto agora, a uma distância de tantos anos, sentimos que *Antônio Chimango* era a produção mais espontânea, mais próxima do sentimento popular, que então viera incorporar-se no movimento regionalista do Rio Grande. Juntamente com alguns versos de Vargas Netto, ouvi-o mais de uma vez na campanha, recitado por gaúchos de lei, rudes e mal soletrados, mas de memória limpa.[14]

Esse trecho é ilustrativo do que havíamos comentado anteriormente sobre o estilo da ensaística de Meyer, pois podemos vislumbrar uma voz de memorialista nas entrelinhas da análise crítica. O mesmo Meyer que reconhece o valor literário de *Antônio Chimango* também dá o seu testemunho do alcance dos versos de Amaro Juvenal com os "gaúchos de lei". Para Meyer, portanto, a sátira política de Amaro Juvenal merecia ser apreciada, porque, "embora correspondesse ao gosto do rio-grandense pelas questões políticas, trazia de envolta outras qualidades, talvez superiores, destacando-se em primeiro lugar pela extensão humana da sátira, o seu sentido preceptivo e, de vez em quando, por certa dose de sabedoria amarga e desabusada".[15]

Na conta de Augusto Meyer, o *Antônio Chimango* de Amaro Juvenal deveria ocupar um lugar diferente daquele que lhe era destinado até então no panorama da literatura gaúcha. Para ele, Alcides Maya, Simões Lopes Neto e Ramiro Barcelos "sempre que podiam, ganhavam o verde e arejavam o espírito, como quem deseja voltar às raízes depois da fascinação do grande

14. Augusto Meyer, *Prosa dos pagos*, p. 211.
15. *Ibid.*

mundo da cultura".[16] Segundo Meyer, assim como os versos de *Antônio Chimango* eram dignos de nova avaliação, também a literatura de Simões Lopes Neto merecia uma nova mirada por apresentar uma inovação estilística:

> Simões Lopes é de outra casta. O que me parece extraordinário no seu caso é o problema de estilo que conseguiu resolver. Entre o linguajar e a estilização, não notamos solução de continuidade. Quando joga com os recursos tão limitados do estilo indireto, raras vezes o leitor se dá conta do momento crítico da transição, do momento em que a prosa rude, colorida, sincopada de Blau Nunes deixa transparecer a voz do autor, em que a imaginação livre do campeiro contador de "casos" se transforma em consciente e criadora.[17]

Mais uma vez, o crítico literário Augusto Meyer consegue equacionar a singularidade da solução formal alcançada por um autor. Se Machado tinha apresentado o seu "improviso de borboleteios maliciosos, digressões e parênteses felizes" e "fez do seu capricho uma regra de composição"[18], Simões Lopes Neto teria conseguido, com Blau Nunes, apagar o rastro do distanciamento entre o linguajar e a estilização. Eis a dimensão do ensaio crítico de Augusto Meyer, pois não podemos perder de vista que

> Na altura em que Meyer o estuda, o autor dos *Contos Gauchescos* é pouco mais que uma curiosidade. Da mesma forma, o "poemeto campestre" *Antônio Chimango* é, naqueles anos, ainda e apenas uma peça política contra Borges de Medeiros [...] Será justamente o trabalho de Meyer, ao apreciar os dois casos entre outros, que irá realizar a virada: por causa de seu trabalho crítico, que discerniu ali matéria literária superior, a Editora Globo daquele tempo — com o precioso auxílio

16. *Ibid.*, p. 149.
17. *Ibid.*, p. 151.
18. Augusto Meyer, *Machado de Assis*, p. 15.

> de nosso Carlos Reverbel — tomará a providência de reeditar as obras de ambos, agora em alto estilo — e com os comentários do crítico que as salvou da ganga bruta, pepitas que eram e são.[19]

A crítica literária de Augusto Meyer foi, portanto, de imensurável importância para que uma obra como *Antônio Chimango* e um autor como o pelotense Simões Lopes Neto ocupassem o devido lugar no quadro da literatura gaúcha. Não há como negar que Meyer percorreu, como crítico literário, uma trajetória que justifica a presença do seu nome entre os maiores da crítica nacional.

## Augusto Meyer, o memorialista

Em 1949, já reconhecido como poeta e crítico literário de valor, Augusto Meyer publica *Segredos da infância*, narrativa que iniciava sua trajetória de memorialista. Nesse primeiro volume, Meyer recompõe lembranças familiares, como as vivências de seus bisavós imigrantes alemães em solo gaúcho, a infância no bairro Floresta, as aulas no Bom Conselho e a idílica Praça da Matriz no início do século XX.

As lembranças de Meyer são narradas de tal modo que o testemunho íntimo, lírico sempre, cede a vez para o registro de uma outra história da cidade e da sociedade das primeiras décadas do século passado, uma vez que não é raro o autor dar vida a eventos históricos mediante o seu relato pessoal. É o que acontece também no segundo volume de sua obra memorialística, a qual veio a completar-se em 1966 com *No tempo da flor*. Segundo Erico Verissimo, *Segredos da infância* e *No tempo da flor* "são talvez os melhores livros no gênero escritos no Brasil".[20]

19. Luís Augusto Fischer, "Augusto e Carlos, que amaram João", p. 15.
20. Erico Verissimo, *Solo de clarineta*, p. 237.

## Carlos Reverbel e o jornalismo literário

Carlos Reverbel nasceu em 1912, em Quaraí, primogênito dos quatro filhos de uma família de estancieiros. Aos seis anos, mudou-se com a família para uma estância arrendada no interior de São Gabriel. Herdeiro da tradição maragata e filho de um pai leitor, Reverbel estudou em um internato salesiano em Bagé e, a partir de 1927, no Colégio Anchieta de Porto Alegre.

Na capital, Reverbel não conseguiu animar-se com os estudos regulares, abandonando em 1933 o colégio antes de concluir o ginásio. Conforme o seu próprio testemunho, "com a determinação que nunca havia apresentado como estudante, estava decidido a seguir a mesma profissão de Fanfa Ribas e Euclides da Cunha".[21] Assim, parte para Florianópolis, a fim de começar em A *Pátria*, periódico antigetulista, a sua trajetória como jornalista.

Em 1935, Carlos Reverbel volta aos pagos para trabalhar como auxiliar de repórter no *Correio do Povo*, e um ano mais tarde passa a trabalhar também na *Folha da Tarde*. Desassossegado, desejando novas experiências profissionais, ruma ao Rio de Janeiro para trabalhar no *Diário de Notícias*, retornando para Porto Alegre no final de 1938. Passa então a acumular a função de repórter no *Correio do Povo* com a de representante da imprensa no gabinete do Dr. Coelho de Souza, secretário da Educação, cargo que ocupou até 1942.

No final dos anos 1940, Reverbel integrou o grupo de intelectuais que fez a história da Editora Globo. Como secretário da editora de Henrique Bertaso, conviveu e aprendeu com Erico Verissimo, Mario Quintana, Moysés Vellinho, Paulo Rónai, entre outros nomes de peso no campo literário. O trabalho de Reverbel na Globo estendeu-se ainda ao projeto idealizado por Moysés Vellinho e apoiado por Henrique Bertaso, a revista literária

21. Laitano; Reverbel, *op. cit.*, p. 35.

*Província de São Pedro*, publicada entre 1945 e 1957, cujo único diretor foi Moysés Vellinho.

Essa publicação veiculava conteúdo de alto nível e, segundo o próprio Reverbel, tinha como objetivo não declarado "projetar para o país a imagem cultural da editora"[22], pois contava com a colaboração do seu quadro de escritores para a escrita dos artigos da revista. Na *Província*, Reverbel foi secretário da redação, conforme podemos acompanhar no testemunho que segue:

> Exerci as funções de secretário de redação dos números 2 ao 12. Meu trabalho, além de lidar com as oficinas e revisar os textos, era arrancar colaborações aqui e ali, o que às vezes apresentava certas dificuldades. Com Erico, por exemplo, eu precisava insistir muito, argumentando que uma colaboração sua aumentava a circulação da revista, e coisa e tal. Como era um bom amigo, ele aceitava, mas sem muito entusiasmo. Na verdade, preferia não desviar muito tempo da realização da sua obra literária.[23]

O faro de jornalista e o conhecimento literário de Carlos Reverbel fizeram dele um nome que ficará marcado nas letras rio-grandenses por vários feitos importantes para a vida cultural gaúcha. Um deles foi a sugestão para Moysés Vellinho, no final dos anos 1940, da publicação de *Antônio Chimango* nas páginas da *Província de São Pedro*, o que resultou em enorme êxito nas vendas do periódico. Em outra tentativa de alavancar a popularidade da revista, pediu ao seu colega do *Correio do Povo*, poeta regionalista nas horas vagas, João Otávio Nogueira Leiria, a tradução de *Martín Fierro*, de José Hernández, o que deu origem à primeira tradução brasileira integral do clássico argentino.

Na Editora Globo, Henrique Bertaso e Erico Verissimo idealizaram a Coleção Província, destinada à publicação de autores rio-grandenses, a ser inaugurada com uma edição de luxo de

22. *Ibid.*, p. 115.
23. *Ibid.*, p. 117.

Simões Lopes Neto, enriquecida com uma reportagem sobre a vida do autor. Em 1945, Carlos Reverbel viajou a Pelotas para pesquisar a fundo a vida e a obra do criador de Blau Nunes. Uma vez lá, conversou com a viúva e com os amigos de Simões, furungou jornais antigos, enfim, vasculhou as mais diversas fontes para conhecer a história do escritor pelotense. Vale a pena o registro de uma das descobertas no seguinte fragmento:

> Pela mão de Francisco Cardoso, fui levado ao sótão de um casarão abandonado, onde tive a sorte de encontrar, entre outros guardados preciosos, um volume encadernado do *Correio Mercantil*, jornal pelotense há muito fora de circulação. Ali encontrei, publicado em folhetim, a partir da edição de 1° de junho de 1914, o texto completo dos *Casos do Romualdo*, livro cujos originais a viúva acreditava terem sido extraviados por Pinto da Rocha, que os levara, numa de suas passagens por Pelotas, para fazer-lhe o prefácio e procurar-lhe o editor no Rio de Janeiro, deles não tendo ficado cópia nem rastro.[24]

Em agosto de 1945, a *Revista do Globo* publicou a primeira reportagem de Carlos Reverbel sobre Simões Lopes Neto, e no mês seguinte a segunda e "um artigo mais circunspecto no número 2 da *Província de São Pedro*"[25], o qual foi republicado como posfácio da edição crítica de *Contos gauchescos* e *Lendas do Sul* de 1949, que teve introdução e glossário de Aurélio Buarque de Holanda e prefácio de Augusto Meyer. A inestimável biografia de Simões Lopes Neto, intitulada *Um capitão da Guarda Nacional*, seria publicada apenas em 1981. A respeito do papel de Reverbel para a literatura rio-grandense, Flávio Loureiro Chaves é eloquente ao enunciar que "hoje podemos afirmar que a nossa literatura seria outra, situada em grau de inferioridade, sem sua

24. *Ibid.*, p. 123.
25. *Ibid.*, p. 126.

inestimável contribuição, isto é, o resgate da herança simoniana, que mudou a maneira de ler o regionalismo no Brasil".[26]

Além de editorialista, cronista, repórter, secretário da Editora Globo, redator-chefe da Revista do Globo e secretário da revista *Província de São Pedro*, Carlos Reverbel, ao viajar com sua esposa Olga para Paris, em 1947, iniciava a atividade como correspondente internacional. Além de enviar reportagens para o *Correio do Povo* e a *Revista do Globo*, Reverbel representava a Editora Globo junto aos seus autores franceses, tais como Roger Martin du Gard, Jacques de la Cretelle e Paul Claudel.

De volta a Porto Alegre, Reverbel editou, durante cerca de dez anos, entre os anos 1950 e 1960, duas páginas literárias no *Correio do Povo*, nas quais, segundo ele mesmo, "se o aspecto gráfico ficava muito a desejar, o time de colaboradores era notável: Otto Maria Carpeaux, Paulo Rónai, Herbert Caro, Carlos Drummond de Andrade, Augusto Meyer, Carlos Dante de Moraes, Athos Damasceno Ferreira, Paulo de Gouvêa, Dyonelio Machado, Walter Spalding, Mario Quintana, só para citar os que eu me lembro sem precisar pensar muito".[27]

Dentre as suas atribuições como organizador dessas páginas, estava a tarefa de convencer os autores a aceitarem as suas propostas. Foi o que aconteceu com Paulo de Gouvêa, por exemplo, que acabou escrevendo as memórias do "grupo", como ele mesmo denominava. Os textos com a história do "grupo" dos modernistas gaúchos foram publicados nas páginas literárias, as quais, posteriormente, originaram o célebre "Caderno de Sábado", de P. F. Gastal.

Carlos Reverbel afirmava não ser crítico literário e historiador, sendo antes um pesquisador biobibliográfico em assuntos referentes à literatura e "um jornalista que eventualmente escreveu

26. Flávio Loureiro Chaves, "Na trilha de Simões", p. 20.
27. Laitano; Reverbel, *op. cit.*, p. 123.

sobre assuntos históricos".[28] Crítico ou pesquisador em matéria de literatura, historiador ou jornalista de assuntos históricos, cronista vocacionado, em qualquer uma dessas atividades Carlos Reverbel foi essencial para a história da cultura rio-grandense.

## Athos Damasceno Ferreira, o autor e a cidade

Athos Damasceno Ferreira nasceu em Porto Alegre em 1901[29] e, assim como outros de sua geração, dedicou-se a várias atividades, dentre elas o funcionalismo público, o jornalismo, a tradução, a poesia, a ficção, a pesquisa, a crônica e o ensaio. Em sua trajetória literária, passou pelo exercício da lírica com *No turbilhão* (1922), *Poemas do sonho e da desesperança* (1925), *Lua de vidro* (1930) e *Poemas da minha cidade* (1936), bem como foi autor de ficção com *Moleque* (1938), *Menininha* (1941) e *Persianas verdes* (1967). Mas foi como autor de crônicas e ensaios de fundo histórico a sua maior contribuição para a cultura rio-grandense.

Em *Imagens sentimentais da cidade*, obra publicada em 1940 pela Editora Globo e premiada com o primeiro lugar no concurso literário "Cidade de Porto Alegre", o leitor encontra um narrador preocupado em desvendar os mistérios e as nuanças com que se constituiu o processo de urbanização de Porto Alegre. Trata-se, portanto, de uma viagem ao passado na qual o olhar de viajantes como Saint-Hilaire e Nicolau Dreys colabora na reconstrução histórica e cultural empreendida por Athos. Ainda em 1940, Athos publica *Roteiro de Porto Alegre* e, anos mais tarde, *Colóquios com a minha cidade* (1974).

Nesses *Colóquios*, por exemplo, há estudos sobre o trabalho dos fotógrafos na Porto Alegre do século XIX. Esse ensaio

28. *Ibid.*, p. 161.

29. Há alguns pesquisadores que apontam o nascimento de Athos Damasceno Ferreira em 1902, no entanto Guilhermino Cesar, na separata do livro *Poesias reunidas* (1979), esclarece que ele nasceu em 3 de setembro de 1901, embora no seu registro civil conste o ano de 1902.

permite ao leitor conhecer um tanto sobre os fotógrafos e suas origens, as ruas da cidade, as suas clientelas e suas preferências, assim como os diversos processos pelos quais passou a arte fotográfica à época.

Há nesse livro, ainda, um ensaio que tem como tema as sacadas e as sacadinhas porto-alegrenses, e outro intitulado "Breve notícia e ligeiras considerações acerca da arte doceira no Rio Grande do Sul", elogiado por Gilberto Freyre como uma "obra-prima no gênero", na primeira edição do livro em 1974. Nessa obra encontra-se, portanto, parte da história social e cultural de Porto Alegre, narrada em uma prosa que transcende a forma protocolar dos textos históricos, deixando espaço para que a ironia e a melancolia assinalem a singularidade do olhar de Athos Damasceno Ferreira.

Athos foi autor de estudos como *Jornais críticos e humorísticos de Porto Alegre no século XIX* (1944), *Palco, salão e picadeiro em Porto Alegre no século XIX* (1956), *Imprensa caricata no Rio Grande do Sul no século XIX* (1962), *Carnaval porto-alegrense no século XIX* (1970), *Porto Alegre ontem e hoje* (1971), *Artes plásticas no Rio Grande do Sul* (1971), *Gabinetes de leitura e bibliotecas no Rio Grande do Sul no século XIX* (1973) e *Imprensa literária de Porto Alegre no século XIX* (1975). Ao longo de sua trajetória, Athos teve a cidade de Porto Alegre como o assunto principal de suas pesquisas e de suas composições nos mais diferentes gêneros, de modo que, segundo Carlos Reverbel, "a sua obra enriqueceu, como, talvez, a de nenhum outro escritor rio-grandense a bibliografia existente sobre 'o velho burgo açoriano', uma expressão muito de seu agrado".[30] E isso já o torna um autor indispensável para quem deseja compreender o processo cultural no paralelo 30.

30. Carlos Reverbel, *Barco de papel*, p. 67.

## Theodemiro Tostes e as memórias de Nosso bairro

Theodemiro Tostes nasceu em Taquari em 1903 e, assim como Augusto Meyer e Moysés Vellinho, foi integrante do grupo[31] de intelectuais responsáveis pela agitada vida literária dos anos 1920 na capital do estado. Como eles, Tostes também exerceu diversas atividades: foi poeta, jornalista, tradutor e diplomata. Como cronista do *Diário de Notícias*, segundo Carlos Reverbel, ele "foi o colunista mais lido de Porto Alegre. Isto numa época em que circulavam diversos jornais na cidade, ainda concentrando quase com exclusividade os meios de comunicação vigentes, dá-lhe prestígio e popularidade como a nenhum outro colunista da época".[32]

*Nosso bairro*, o livro de memórias de Theodemiro Tostes, foi escrito em 1975 e publicado postumamente, em 1989. Ou seja, cerca de cinquenta anos separam o autor dessas memórias das experiências narradas, mas, ao contrário do que podemos imaginar, as lembranças parecem estar bem vivas no momento da narração. Testemunho de um personagem inserido no centro dos acontecimentos em um tempo fundamental para a história brasileira, o livro cumpre a tarefa de reconstruir em parte o cenário de uma Porto Alegre movimentada pela incipiente modernização da sua paisagem e pela efervescência do momento

31. Paulo de Gouvêa esclarece a formação do grupo: "Atente-se, simplesmente, para estes nomes e veja-se se, em época alguma, reuniu o Rio Grande um grupo assim tão grande, em qualidade e número: Augusto Meyer, Erico Verissimo, Moysés Vellinho, Viana Moog, Darcy Azambuja, Vargas Netto, Theodemiro Tostes, Paulo Corrêa Lopes, Carlos Dante de Moraes, Athos Damasceno Ferreira, Dyonelio Machado, Pedro Wayne, Ernani Fornari, Miranda Neto e, citado por último já que seu primeiro livro foi publicado muitos anos depois, Mario Quintana. Destes, um pequeno grupo formava o centro natural de atração — Augusto Meyer, Theodemiro Tostes, João Santana, sempre acompanhados pela fidelidade devota de João Manuel de Azevedo Cavalcanti, Leônidas Garcez, Aluísio Franco. A eles me incorporei, numa frequência de todos os instantes, tendo o grupo ainda, como companheiros mais assíduos, Sotero Cosme, Francis Pelicheck, Joaquim Guerreiro e, nas suas raras vindas ao Sul, Raul Bopp". Paulo de Gouvêa, *O grupo*: outras figuras-outras paisagens, p. 14.

32. Carlos Reverbel, "T. T.: homem de jornal", p. 19.

entre revoluções. Época, sobretudo, de intensa movimentação na vida literária da província.

## O grupo e as crônicas do passado, de Paulo de Gouvêa

Para encerrar esse passeio pela geração, vale uma menção especial a Paulo de Gouvêa. Foi poeta em sua juventude e, de acordo com Carlos Reverbel, "fez jornalismo a vida inteira, vivendo quase meio século praticamente de seu trabalho no *Correio do Povo*".[33] Ele foi, portanto, um homem de jornal, de modo que *O grupo* (1976) enuncia a intimidade com a crônica e uma voz lírica ao fundo. O livro foi escrito por um cronista que registra a saudade e a vontade de entender tanto as experiências vividas nos anos 1920 pelo grupo quanto de examinar o Modernismo no Rio Grande do Sul.

## Referências

BONES, Elmar; LAITANO, Cláudia. *Carlos Reverbel*: textos escolhidos. Porto Alegre: Já Editores, 2006.

CARVALHAL, Tania Franco. *Augusto Meyer*: poesia, prosa e ensaio. Porto Alegre: IEL, 1987.

CESAR, Guilhermino. Introdução. *In*: FERREIRA, Athos Damasceno. *Poesias reunidas*. Porto Alegre: Globo, 1979.

CESAR, Guilhermino. Prefácio. *In*: VELLINHO, Moysés. *Aparas do tempo*. Porto Alegre: Companhia União de Seguros Gerais, 1981.

CHAVES, Flávio Loureiro. *O ensaio literário no Rio Grande do Sul*. São Paulo: Ao Livro Técnico, 1978.

FERREIRA, Athos Damasceno. *Colóquios com a minha cidade*. Porto Alegre: Globo, 1974.

FERREIRA, Athos Damasceno. *Imagens sentimentais da cidade*. Porto Alegre: Globo, 1940.

33. *Ibid.*, p. 13.

FISCHER, Luís Augusto. Augusto e Carlos, que amaram João. *Jornal da Universidade*. Porto Alegre, maio 2002, p. 15.

GOUVÊA, Paulo de. *O grupo*: outras figuras-outras paisagens. Porto Alegre: Movimento; IEL, 1976.

LAITANO, Cláudia; REVERBEL, Carlos. *Arca de Blau*. Porto Alegre: Artes e Ofícios, 1993.

LIMA, Alceu Amoroso. Discurso de recepção [1961]. *Academia Brasileira de Letras*, 2024. Disponível em: http://www.academia.org.br/academicos/augusto-meyer/discurso-de-recepcao. Acesso em 13 ago. de 2015.

MEYER, Augusto. *Machado de Assis (1935–1958)*. Rio de Janeiro: José Olympio; ABL, 2008.

MEYER, Augusto. *Prosa dos pagos*. Rio de Janeiro: Livraria São José, 1960.

MEYER, Augusto. *Segredos da infância* e *No tempo da flor*. Porto Alegre: Ed. da UFRGS; IEL, 1996.

MICELI, Sérgio. *Intelectuais e classe dirigente no Brasil (1920–1945)*. São Paulo: DIFEL, 1979.

REVERBEL, Carlos. *Barco de papel*. Porto Alegre: Editora Globo, 1979.

REVERBEL, Carlos. T. T.: homem de jornal. *In*: TOSTES, Theodemiro. *Bazar e outras crônicas*. Porto Alegre: Fundação Paulo do Couto e Silva: IEL, 1994.

REVERBEL, Carlos. Apresentação. *In*: MEYER, Augusto. *Segredos da infância* e *No tempo da flor*. Porto Alegre: Ed. da UFRGS; IEL, 1996.

SCHWARZ, Roberto. *Um mestre na periferia do capitalismo*. São Paulo: Duas Cidades; Ed. 34, 2000.

VELLINHO, Moysés. *Aparas do tempo*. Porto Alegre: Companhia União de Seguros Gerais, 1981.

VELLINHO, Moysés. *Letras da província*. Porto Alegre: Globo, 1960.

VELLINHO, Moysés. *Machado de Assis, histórias mal contadas e outros assuntos*. Rio de Janeiro: Livraria São José, 1960.

VERISSIMO, Erico. *Solo de clarineta*. Porto Alegre: Globo, 1973. v. 1.

TOSTES, Theodemiro. *Bazar e outras crônicas*. Porto Alegre: Fundação Paulo do Couto e Silva; IEL, 1994.

TOSTES, Theodemiro. *Nosso bairro*: memórias de Theodemiro Tostes. Porto Alegre: Fundação Paulo do Couto e Silva, 1989.

Luís Augusto Fischer

# 3.9

# A *História da literatura* de Guilhermino Cesar

Espécie de culminação, no campo da crítica, do que se pode chamar a Era Erico, a *História da literatura do Rio Grande do Sul*, de Guilhermino Cesar, veio à luz em 1956, como o décimo volume da Coleção Província, da Editora Globo, esta por sua vez um marco cultural da época, no estado e no país. A *História*, como veremos, um feito intelectual que teria relevância em qualquer parte do mundo por sua qualidade de grande recenseamento organizado da produção literária de uma região do planeta, tem importância estratégica no processo literário gaúcho: dando balanço no passado relativamente remoto — seu período de abrangência vem dos primeiros momentos até 1902, não mais, portanto mais de meio século antes do momento de sua edição —, o livro ao mesmo tempo discute particularidades da literatura no estado naquele momento e projeta o debate para o futuro.

Mineiro de origem e formação, nascido em Eugenópolis, em 1908, Guilhermino se estabeleceu em Porto Alegre em 1943, trabalhando como Chefe da Casa Civil do governador-interventor Ernesto Dorneles. Antes disso, viveu experiências que o credenciariam para a produção intelectual, o mundo acadêmico e a vida política. Saindo de sua região natal, onde vivera como filho da classe média intelectualizada (pai farmacêutico, mas ligado ao jornalismo e autor de memórias, que o filho viria a publicar em livro postumamente, em 1971, em Porto Alegre), para a capital mineira, a fim de estudar Medicina, em 1926, aos 18 anos, Guilhermino envolve-se imediatamente com o cenário intelectual vigente, futuroso como poucos outros no Brasil: gente como Carlos Drummond de Andrade, Emílio Moura, João Alphonsus, Cyro dos Anjos era sua parceria regular.

Já na cidade de Cataguases, onde vivera entre os 12 e os 18 anos, tivera boa experiência cultural, em parte proporcionada pela família mesmo, em parte pela escola, mas talvez mais que tudo pelo ambiente da cidade: embora interiorana e relativamente pequena, Cataguases, localizada na fronteira com o Rio de Janeiro, foi berço de Humberto Mauro, o famoso cineasta, um dos pioneiros do cinema no Brasil. Cidade que viveu, nas primeiras décadas do século, um surto industrial forte, ela abriga obras de Portinari e Djanira, assim como uma série de casas, um hotel e um colégio projetados por Oscar Niemeyer. Também nela amadureceu e frutificou o que seria conhecido como Movimento Verde, que se expressou numa importante revista literária, uma das vozes do Modernismo brasileiro.

Na capital mineira a partir da maioridade civil, Guilhermino se envolveu profundamente com o jornalismo, tendo trabalhado em vários órgãos, o que se combinou com a mudança de curso, da Medicina para o Direito, em 1928, um ano depois de participar do lançamento da revista *Verde*, antes citada. No ano de 1928, o mesmo do lançamento da obra-síntese do Modernismo, *Macunaíma*, Guilhermino publicou *Meia-pataca*, poesia, em parceria com Francisco Inácio Peixoto e Rosário Fusco; no ano seguinte, fundou, com João Dornas e Achilles Vivacqua, *Leite criôlo*, tabloide que se transformaria em página especial do jornal *Estado de Minas*. Como se vê, foi intensa a militância do jovem poeta. De 1929 é também uma carta do mineiro a Mário de

Andrade, figura tutelar da vanguarda daquele momento, a quem Guilhermino pede encarecidamente amizade.[1]

O ano de 1930 foi em muitos sentidos revolucionário, no Brasil. Para a geração de escritores que vinham desabrochando na década de 1920, aquele foi um tempo de significativas mudanças: não foram poucos os que de algum modo se envolveram com a política. Guilhermino passou a ser auxiliar de gabinete de Mário Casassanta, diretor da Imprensa Oficial de Minas Gerais, ocupação que convivia com os estudos da faculdade e com tarefas em outros órgãos de imprensa. Formando-se em 1932 e casando-se em 1933, Guilhermino acumularia ainda outro afazer, no magistério secundário, iniciado em 1934, que se estenderia até 1943. Em 1939 encontrou tempo para publicar seu romance *Sul*. Em outro passo central para seu futuro, em 1941 participa do grupo fundador da Faculdade de Filosofia, Ciências e Letras de Minas Gerais, que dirige daí até 1943; ocupa as cadeiras de Literatura Brasileira, História Moderna, Estética e História do Brasil, lecionando também Economia Política na Escola de Ciências Econômicas, todas elas partes da Universidade de Minas Gerais, atual UFMG. Como se pode perceber, estávamos num tempo histórico anterior às especializações acadêmicas, que seriam a regra nas gerações seguintes.

Mas já em 1935 ocorrera um encontro decisivo para seu futuro: passou a trabalhar como chefe de gabinete de Ernesto Dorneles, chefe de Polícia de Belo Horizonte. Gaúcho de São Borja, cidade da fronteira com a Argentina, militar de carreira e primo do próprio Getúlio, Dorneles carregaria consigo seu auxiliar quando, em 1943, se transferiu para Porto Alegre, como governador-interventor em seu estado natal. Então, Guilhermino Cesar passou a chefe da Casa Civil, ocupando cargo de primeiro escalão na política do estado sulino. Não há chances, portanto,

1. A carta está reproduzida em Maria do Carmo Campos (Org.), *Guilhermino Cesar: memória e horizonte*, p. 375. Da mesma publicação são os dados de vida do autor.

acerca de estarmos pensando em alguém ingênuo em matéria política, em um poeta de almanaque, incapaz de entender as variáveis em cena.

A chegada a Porto Alegre naquela conjuntura deve ter sido interessante, para um leitor, escritor e intelectual do porte e das aspirações de Guilhermino. Se havia conflitos pesados no campo político em que ele veio a atuar diretamente — como a defenestração do governador eleito Flores da Cunha, que se exilou no Uruguai em 1937, sendo sucedido por alguns outros interventores antes da ascensão de Ernesto Dorneles —, por outro lado havia um cenário literário e cultural vivo. A livraria e editora Globo estava a meio caminho de seu apogeu, tendo na figura de Erico Verissimo um *best-seller* e um editor de grande tino, na companhia de uma geração de grandes valores, alguns dos quais já com projeção nacional, como era o caso de Augusto Meyer, crítico e poeta que desde 1937 vivia no Rio, dirigindo o Instituto Nacional do Livro. Ainda sem grande importância pública, também em Porto Alegre estava se estruturando uma Faculdade de Filosofia, Ciências e Letras, decisiva para a configuração da Universidade do Rio Grande do Sul, a futura UFRGS.

No curso de Letras, Guilhermino viria a ter papel absolutamente central, como catedrático de Literatura Brasileira e, entre outros movimentos, como inventor da disciplina Literatura Sul-Rio-Grandense. (Mas não foi desde sempre o titular da área: como se lê em publicação comemorativa dos 25 anos daquela Faculdade, em 1943, o primeiro ano de funcionamento do curso de Letras, foi responsável pela Literatura Brasileira o então importante crítico literário Moysés Vellinho. Por motivo não conhecido, Vellinho abandonou tal posição, que no ano seguinte viria a ser ocupada, agora sim, pelo mineiro recém-chegado.[2])

2. Lothar Hessel (Org.), *Faculdade de Filosofia*: 25 anos de atividade (1942–1967), p. 125-126.

Em 1945, quando caíram Getúlio e seu Estado Novo — e igualmente seus parceiros interventores nas províncias —, o professor catedrático de Literatura Brasileira acumularia outra função, a de ministro do Tribunal de Contas do Estado gaúcho. Era então, como ainda hoje é, uma posição política, dependente de força junto aos altos escalões. (Como curiosidade, veja-se que o Tribunal havia sido fechado em 1939, no Estado Novo, e agora era reaberto, com Ernesto Dorneles nomeando de uma vez sete ministros, entre os quais Guilhermino e também o já citado Vellinho.) Essa convivência do professor com o ministro do Tribunal de Contas precisa ser matizada e colocada em contexto: nos anos iniciais, as faculdades de Letras eram pura e simplesmente escolas normais superiores, que funcionavam como preparação de professores para o Ensino Médio, nada mais que isso. Quer dizer, Guilhermino devia envolver-se com a faculdade apenas nas aulas que dava e em sua preparação, mas não em pesquisas, reuniões pesadas ou orientações, como a partir dos anos 1970 começou a ser comum.

De todo modo, não era pouco, e mesmo assim Guilhermino ainda atuava em outra frente, complexa e importante para sua obra: mantendo seu gosto pelo estudo da História, que chegou a lecionar em Belo Horizonte, filia-se ao Instituto Histórico e Geográfico do Rio Grande do Sul. Tanto empenho mostrou, que em 1950 passou a presidir aquela instituição, permanecendo na posição por quatro mandatos, até 1958, a que se somaram outros três biênios como vice-presidente. Neste meio-tempo, o professor mineiro voltou ao poder estadual, com a eleição do mesmo Ernesto Dorneles, agora pelo voto, no processo que fez Getúlio retornar ao comando brasileiro. Guilhermino seria nada menos que secretário da Fazenda, cargo de extrema confiança do poder, a partir de 1954.

As atividades de pesquisa, porém, andavam com vento a favor. Em 1948 vamos encontrá-lo como diretor de teatro, comandando uma penca de jovens gaúchos (entre os quais o futuramente famoso Walmor Chagas) em peça de Jean Anouilh, e ao longo dos anos 1950 será comum vê-lo atuando em publicações sobre antigos escritores e intelectuais do estado, como Caldre e Fião, Araújo Porto Alegre, Carlos von Koseritz. (Por curiosidade, vale consignar que em 1952 o mineiro deu um jeito de reviver algo de sua terra natal aqui, no desenho que fez para sua casa de moradia, construída por Fernando Corona, em ousada concepção que combinava lances modernistas com fachada em muxarabi, treliças de madeira, a lembrar as cidades barrocas do ciclo do ouro mineiro.)

Uma página importante do percurso de Guilhermino até sua *História da literatura do Rio Grande do Sul*, passagem obrigatória e algo controversa, tem a ver com Qorpo-Santo, o estranho escritor e dramaturgo gaúcho do século XIX sobre quem o professor publicou dois importantíssimos livros, um em 1967 e outro em 1980. Deixando para depois apreciar de que modo a *História* lidou com este tema, será interessante agora, na cronologia dos fatos, lembrar um episódio menor, que no entanto pode ter sido decisivo no futuro. Ocorre que em 1955, momento em que certamente andava o pesquisador envolvido com a produção da futura *História*, que sairia no ano seguinte, ocorreu uma então importante Exposição de Autógrafos e Livros Raros da Coleção de Olyntho Sanmartin, um bibliófilo conhecido na cidade, poeta e cronista de bons méritos.[3] Foi realizada no Instituto de Belas Artes, e nela havia um exemplar da rara obra A *saúde e a justiça*, impresso na Tipografia Qorpo-Santo, em Porto Alegre, ano de 1871. Terá Guilhermino visto esse exemplar?

Um depoimento de Aníbal Damasceno Ferreira[4] dá conta de que sim, e que Guilhermino não apenas viu os livros como foi

3. Foi editado um *Catálogo* dessa exposição, como consta do estudo de Moacyr Flores *Olyntho Sanmartin, biografia e antologia*, p. 42.

4. Colhido por mim mesmo, oralmente, no ano de 2001.

de algum modo interpelado a respeito. Ocorre que Aníbal, então um jovem jornalista e estudante da UFRGS, tinha ficado embevecido pela singularidade do amalucado escritor ao topar com sua obra, dois ou três anos antes. Desde então, comentava com amigos e fazia campanha pela sua valorização, num momento em que Qorpo-Santo não significava nada, morto havia muitas décadas e praticamente fora de qualquer acesso; ou pior ainda: em seu tempo de vida, quando teve certa fama na cidade, seu nome se ligava a episódios estranhos ou à fama de louco, pura e simplesmente. Aníbal conheceu um testemunho vivo sobre Qorpo-Santo em Afonso Guerreiro Lima (1870–1959), historiador, que contou da péssima fama dele na cidade, em função de maluquices de variado calibre. Durante a abertura da exposição, sabendo, como todos os letrados da cidade, que Guilhermino preparava uma história da literatura no estado, Aníbal se aproximou do professor quando este se acercou daquele exemplar qorpo-santense, e indagou se aquela figura teria lugar na sua *História*. Guilhermino respondeu que não, não fazia sentido incorporar um sujeito amalucado como aquele.

Seja como for, é certo que na edição de 1956, a primeira da *História da literatura no Rio Grande do Sul*, nada consta sobre Qorpo-Santo, exatamente nada; mas ele ganha nota destacada e parágrafo específico na segunda, publicada em 1971. Na "Nota à segunda edição", que abre o volume, Guilhermino agradece os comentários de leitores e menciona o acréscimo de índice onomástico, para então assinalar:

> Um fato não podemos silenciar: a ressurreição de alguém que agora começa a provocar, com extraordinária força, a inércia da crítica, propondo problemas ao homem moderno e dando a todos, leitores e espectadores, uma visão surpreendente de sua capacidade criadora. Trata-se de José Joaquim de Campos Leão Qorpo-Santo [...]. Diante de um acontecimento de tal importância, não podíamos deixar de escrever aqui sobre esse autor — cuja obra teatral já estava

> impressa, mas de que se conhecia apenas um exemplar — algumas palavras, que se lerão adiante [...].[5]

Eis aqui a única referência, muito vaga e inexata, ao intenso debate havido quando do início da divulgação, em verdadeira descoberta, por Aníbal Damasceno Ferreira, assim como das primeiras encenações de Qorpo-Santo, com idas e vindas bastante conhecidas de modo esparso mas nunca relatadas de modo sistemático.[6] Não se trata aqui de qualquer tipo de julgamento ético, mas de um registro histórico de relevo, especialmente porque Guilhermino trabalhou muito e com grande qualidade intelectual na obra de Qorpo-Santo, a começar pela edição de algumas de suas peças, em 1969, numa edição em que fixa o texto do autor, anota-o, recolhe e ordena documentos acerca de sua vida e escreve importante ensaio.

Já em 1966, quando da primeira encenação do dramaturgo, Guilhermino escrevera uma apresentação que chancela, com sua autoridade professoral então incontrastada no estado gaúcho, o evento; e na segunda edição da *História*, faz constar um parágrafo de largo elogio e grande desmedida historiográfica e crítica, tratando o autor como "um gaúcho que ultrapassou por completo as acanhadas medidas provincianas", "com toda a

5. Guilhermino Cesar, *História da literatura do Rio Grande do Sul*, 2. ed., p. 13.

6. Janer Cristaldo foi quem, por primeiro e com grande clareza, demonstrou que Guilhermino foi injusto com Aníbal e no mínimo impreciso em suas alegações a respeito de não ter podido conhecer a obra de Qorpo-Santo antes da edição primeira de sua *História*, em 1956. Para dados suficientes a respeito, ver Janer Cristaldo, "A descoberta do Qorpo". Quanto a Aníbal, veja-se o que diz Guilhermino em 1969, quando da primeira edição de *As relações naturais e outras comédias*: "Direi apenas que ao escrever a *História da literatura do Rio Grande do Sul*, aparecida em 1956, nada encontrei da autoria de Qorpo-Santo nas bibliotecas e arquivos do Estado e do país, apesar das muitas buscas realizadas. Um dia, porém, conversando com um funcionário da Rádio da Universidade, disse-me ele que o professor Dario de Bittencourt possuía um fascículo da *Enciclopédia* em que figuravam muitas peças do discutido dramaturgo. Havia lido algumas, estava impressionado". Apenas em nota, marcada após a palavra "Universidade", é que aparece o nome, "O sr. Aníbal Damasceno". Escreveram sobre o tema muitas pessoas, entre as quais Flávio Aguiar e Luís Francisco Wasilewski. Ver Campos (Org.), *Guilhermino Cesar*: memória e horizonte.

certeza o criador do 'teatro do absurdo'; veio muito antes de um Jarry e de um Vian, precedeu Ionesco na ousadia das soluções", "uma das soluções mais originais que o Brasil pode oferecer ao teatro do Ocidente"[7], tudo isso por certo compreensível pelo clima de entusiasmo nascido daquela primeira encenação, que em 1968 fez breve temporada no Rio, sendo ali saudada como grande novidade pela melhor crítica teatral.

A *História da literatura do Rio Grande do Sul* sai à luz em 1956, na Coleção Província, que vinha oferecendo edições de alto padrão editorial e acadêmico de livros que, se eram já admirados por alguns, de fato passaram a ser conhecidos proficientemente, com bom aparato crítico e distribuição profissional, apenas a partir de então — tal foi o caso do primeiro volume, reunindo *Contos gauchescos* e *Lendas do Sul*, livros que Simões Lopes Neto havia publicado pela primeira vez em 1912 e 1913, respectivamente.[8]

O livro representou um enorme salto de qualidade na descrição historiográfica da literatura feita no Rio Grande do Sul. Antes, havia um livro de grande valor, mais ensaístico do que descritivo, a *História literária do Rio Grande do Sul*, por João Pinto da Silva, com primeira edição em 1923 e segunda em 1930. Não apenas havia transcorrido uma geração inteira, com obra e vida, desde então, como, mais ainda, havia se criado, com o curso de Letras, a condição para um pesquisador debruçar-se sobre materiais passados e deixados à margem do ensaio de João Pinto. Mas agora o patamar era outro: "O livro de Guilhermino é, pois, o primeiro que resulta dum paciente e rigoroso trabalho de pesquisa nas fontes", anota Flávio Loureiro Chaves; e acrescenta,

---

7. Cesar, *op. cit.*, p. 268.

8. Depois desse primeiro volume, até o livro de Guilhermino apareceram na Coleção *Cancioneiro gaúcho*, de Augusto Meyer; *No galpão*, contos de Darcy Azambuja; *Casos do Romualdo*, Simões Lopes Neto; *Antônio Chimango*, de Amaro Juvenal; *Cancioneiro guasca*, de Simões Lopes Neto; *Estudos rio-grandenses*, de Rubens de Barcellos; *Tropilha crioula e Gado xucro*, de Vargas Netto; e *Coxilhas*, de Darcy Azambuja.

com entusiasmo talvez excessivo: "apresenta uma perspectiva renovadora ao articular o sistema literário no conjunto da cultura gaúcha e, reformulando totalmente a noção tradicional do quadro histórico, mantida desde João Pinto da Silva, estabelece com segurança a periodização".[9]

Curiosamente, porém, o livro de Guilhermino restringe seu tempo aos limites de 1737 e 1902, datas anunciadas apenas na folha de rosto, não na capa. Isso significa muitas coisas: de um lado, a nova *História* era, por assim dizer, antiga em seu objeto; de outro, ela abrangia um tempo menor do que aquele alcançado por João Pinto, que comentava seus próprios contemporâneos; de outro ainda, cavava-se um abismo entre o presente do pesquisador e o tempo que estudava. Será que Guilhermino cogitava em um segundo volume, para depois? Se pensou, nunca ele apareceu de modo claro.

Mas é de lembrar uma publicação de 1964, *Rio Grande do Sul: terra e povo*, livro coletivo publicado pela Globo, no qual há duas contribuições de Guilhermino, a atestar mais uma vez sua dupla militância, na História e na Literatura, sintoma daquela pouca especialização antes mencionada. Um deles é "Raízes históricas do Rio Grande do Sul" e expõe uma posição lusitanista (ver adiante) sobre o tema; o outro, de maior relevo para o nosso caso, se chama "A vida literária no Rio Grande do Sul". Nele, lemos um amplo panorama da literatura no estado, com o limite de tempo estendido até o presente da publicação: Guilhermino repassa o século XIX e avança ao Simbolismo, aborda todo o Modernismo, em poesia e prosa, e alcança a publicação *Nove do Sul*, de 1962. Além disso, uma publicação póstuma, organizada por Tania Carvalhal, *Notícia do Rio Grande*, reúne artigos de jornal escritos até 1981. Postos em sequência pela cronologia dos assuntos abordados, os artigos revelam também uma importante visitação ao período posterior a 1902, um embrião de história,

9. Flávio Loureiro Chaves, *O ensaio literário no Rio Grande do Sul (1868–1960)*, p. XXXIX.

eis que começam com um estudo sobre o conto gauchesco da geração de Simões Lopes Neto e chegam a Lya Luft e João Gilberto Noll. Panorama amplo, sem dúvida.

A *História* propriamente dita vem dividida em vinte capítulos, e o que se pode dizer sumariamente sobre o empenho do autor é que se trata de uma abordagem típica da velha tradição filológica, abarcante. Não são descartados textos documentais, que nada têm de ficcionais, nem são fruto de elaboração formal apurada (tal é o caso do "jornalismo de ideias" do capítulo XIII), assim como ganham espaço os poemas populares, nascidos naquela nebulosa que se chamava "folclore", formando o que se tratava como "cancioneiro" (no capítulo II, matéria abordada não só por Guilhermino, mas também, antes, Meyer, Simões Lopes Neto e outros). A pesquisa foi realmente minuciosa, motivo pelo qual o trabalho foi imediatamente reconhecido num novo patamar da discussão.

As divisões atendem a um critério primeiro, o passar do tempo, mas sabe deter-se ao abordar figuras e circunstâncias maiúsculas, segundo o contexto específico. Assim temos um capítulo para Caldre e Fião, o "criador do romance", e outro para Apolinário Porto Alegre. Vale a nota de que, ao produzir a *História* e também ao revisá-la anos depois, Guilhermino não pôde obter exemplar de livro que lhe teria sido precioso, *A Divina Pastora*, de Caldre e Fião, de 1847, romance de que se tinha notícia precisa e que cronologicamente é dos primeiros do país, mas que só foi localizado anos depois, em 1992, com nosso pesquisador ainda vivo, mas já sem condições de apreciar o valor do achado.

Diz o autor, na "Introdução", que escreveu o livro "com amor", de modo a pagar dívida para com o povo gaúcho. Mas o tempo era crítico (Sartre à frente) e o ambiente era já acadêmico (para lembrar um caso brasileiro que com o tempo se converteria em marco metodológico, Antonio Candido publicaria sua *Formação da literatura brasileira* em 1959, apenas três anos depois), de forma que Guilhermino se obriga a algum comentário acerca de seus procedimentos, sua perspectiva historiográfica. O que afirma é pouco e vago, e típico para um homem de sua formação, ainda generalista: diz que pensou em fazer uma história, mas mantendo a intenção de "fazer também crítica literária". Deliberou não discutir metodologia, mas afirma que valeu-se do "método histórico-literário", sem desprezar "achegas da sociologia e da história", mas sempre sabendo "que o fenômeno artístico tem objeto próprio, planando, por conseguinte, acima das contingências sociais que influem a conduta do homem". Pode-se traduzir essas passagens como uma declaração de apreço pela história como um relato ordenado do passado, com eventual aporte conceitual (sociológico, por exemplo) a iluminar o trajeto, mas sempre respeitando o que seria a autonomia do objeto estético relativamente ao social, rejeitando o determinismo tainiano e certamente longe de uma visão como a de Candido, então professor de Sociologia na Universidade de São Paulo (USP) e certamente marcado por essa ciência, mesmo ao tratar de literatura.

Ao lado disso, aborda uma dimensão sempre presente em se tratando de discussões sobre cultura no Rio Grande do Sul, província não hegemônica no país mas desde muito tempo marcada por um sonho de autonomia que chegou a resultar em declaração de independência, como se sabe: a dimensão identitária estadual. Dimensão que deve ter imposto a Guilhermino, como impõe regularmente, uma dúvida liminar: tem cabimento propor uma história da literatura de um estado apenas, num país como o nosso? Seria essa, talvez, uma prerrogativa do Rio Grande do Sul, por sua história autonomista?

Essa questão parece bem resolvida desde antes da Introdução e mesmo do Sumário: Guilhermino faz preceder ao conjunto todo do livro uma epígrafe de Mário de Andrade — "De todas as literaturas regionais do Brasil, tenho a impressão que a gaúcha é a que mais apresenta uma identidade de princípios, uma normalidade geral dentro do bom, uma consciência de cultura, uma igualdade intelectual e psicológica, que a tornam fortemente unida e louvável".[10] Parece resolvida assim, numa petição de princípio, a eventual dúvida; mas no texto de apresentação retorna o problema, na forma de uma chaga aberta: Guilhermino reclama da "omissão" da historiografia nacional, que, "desde o grande Sílvio Romero, tem feito do Rio Grande dentro do processo cultural brasileiro". Diz que não basta, como explicação para tal omissão, "o isolamento geográfico em que viveu a província, nem as peculiaridades de seu estilo de vida obstam a que se compreenda [...] a alma brasileira que aqui lateja". Reclama, mas não pergunta dos motivos dessa omissão. Por que não? Não seria uma boa hora para o debate?

Seria então a gaúcha uma literatura "regional" no sentido de não alcançar "universalidade" — mantenhamos em aspas os termos, que na época corriam soltos —, ou seria ela tão brasileira quanto qualquer outra? E agora, na *História* que escrevia, estaria Guilhermino fazendo também justiça, enquanto escrevia história, e portanto seu livro seria também um elemento de disputa ideológica? Problema mais ou menos espinhoso, conforme o autor quisesse arguir dimensões mais fortes do problema, que de resto estavam postas explicitamente no cenário mental sul-rio-grandense desde a primeira metade do século anterior. Guilhermino porém vale-se da chancela de Mário de Andrade para serenar qualquer animosidade, atirando para o passado eventuais "juízos imprudentes ou injustos", como este de Sílvio Romero, que parece ser, ainda que de modo sutil, a maior referência em metodologia, por sua abrangência empirista, por sua simpatia folclorista pela poesia oral, por seu

10. Primeira frase do texto "Os gaúchos", saído no *Diário de Notícias* do Rio de Janeiro, a 22 de outubro de 1939, reproduzido em 1969, quando da primeira edição de As *relações naturais e outras comédias*.

vezo classificatório, características todas presentes também no trabalho de Guilhermino.

Aqui cabe sair por uns instantes da *História*, para tentar entender a posição de Guilhermino acerca da condição do Rio Grande do Sul no contexto geral do Brasil. Ocorre que, no tempo em que produziu o livro que aqui analisamos, como se lê à página 23, "Viamão — Porto Alegre, 1953–1955", houve uma significativa polêmica cultural, cujo epicentro era algo aparentemente remoto — o cabimento de erigir uma estátua para Sepé Tiaraju, morto em 1756, no bicentenário dessa data. O Instituto Histórico e Geográfico do Rio Grande do Sul (IHGRGS), presidido naquele momento pelo próprio Guilhermino, havia sido solicitado pelo governo para opinar sobre o assunto; para tal, designou uma comissão, constituída por Afonso Guerreiro Lima, Othelo Rosa (relator) e Moysés Vellinho, que disse não ser conveniente tal homenagem, uma vez que Sepé havia liderado movimento de resistência ao cumprimento do Tratado de Madri, estando portanto ligado às reduções jesuíticas, que eram comandadas por jesuítas espanhóis, que prestavam contas ao império espanhol, quer dizer, aos inimigos do império português e, portanto, do Brasil — isso na visão da comissão. O Brasil, aqui no Sul, era o que era por ter-se constituído *contra* as Missões, segundo esse ponto de vista.

Instalou-se uma polêmica viva na opinião pública do estado, a partir da contestação pública a esse parecer, feita por outro confrade do IHGRGS, o padre Luiz Gonzaga Jaeger, por sinal jesuíta. Estendeu-se por anos o debate, que pode ser sumariado a duas posições: uma lusitanista, liderada por aqueles historiadores e secundada pelos grandes intelectuais do estado, como Augusto Meyer, e outra chamada de platinista, liderada por aquele padre e subscrita pelos então jovens tradicionalistas[11] e por intelectuais

11. É de lembrar que esse período do pós-Segunda Guerra vê nascer no estado um impressionante movimento que mescla cultura com comportamento, de inflexão

de menor expressão, ou investidos de menor poder simbólico, como Manoelito de Ornellas. Guilhermino estava no primeiro grupo, como seria de esperar, dada sua posição destacada no Instituto, para dizer o menos.[12]

Um importante trabalho historiográfico de Guilhermino comprova tal afinidade. Em 1970, sai publicada sua *História do Rio Grande do Sul: período colonial*, pela mesma Globo (também publicado na Coleção Província), com uma "deliberada omissão da história dos Sete Povos das Missões", a revelar um "forte etnocentrismo lusófilo" do autor.[13] O livro mais uma vez comprova "a lusofilia" do autor, com uma visão "claramente eurocêntrica, ao considerar que até 1737 [...] o Rio Grande do Sul era 'terra de ninguém'", eis que para ele "a presença indígena não contava [...] no processo histórico luso-brasileiro do Rio Grande do Sul".[14]

Pode estar aqui, nessa polêmica em que Guilhermino esteve ao lado de Vellinho e Meyer, duas figuras a quem respeitava muito, ou, dizendo em palavras mais claras, ao lado da posição antiplatinista e lusófila, no contexto uma posição também centralista a reiterar a tradição lusa e brasileira (além de latina e neolatina, em geral), um fundo de explicação para a relativa serenidade com que o autor da *História da literatura do Rio Grande do Sul*, com a mão firmemente agarrada na de Mário de Andrade, dispensa-se de discutir dimensões problemáticas da condição regional, estadual, parcial ou como se queira considerar a literatura sul-rio-grandense.

Ainda na "Introdução", de todo modo, Guilhermino expõe de forma transparente essa lusofilia, que tanto empobrece uma visada comparatista que aproxime a literatura sul-rio-grandense

---

localista e gosto pelo mundo rural das estâncias de gado, tudo isso simbolizado pela criação do primeiro Centro de Tradições Gaúchas, em 1948.

12. Para dados completos e análise da polêmica, ver Eliana Pritsch, *As vidas de Sepé*. Ver também Ieda Gutfreind, *A historiografia rio-grandense*.

13. Sérgio da Costa Franco, em "Guilhermino, historiador regional", p. 243.

14. Helga Landgraf Piccolo, "Guilhermino Cesar: literatura e história", p. 263.

da platina, notadamente no caso da gauchesca. O autor renega explicitamente essa proximidade: diz que ao estudar os autores gaúchos convenceu-se de que "a literatura rio-grandense, ao contrário do que se pensa, jamais deixou de participar das correntes válidas da literatura nacional". Isso quereria dizer que mesmo o regionalismo dos autores sulinos era inspirado no exemplo de poetas e escritores brasileiros de outras regiões brasileiras, nunca de gente de outros países — e daqui deriva para um ataque contra a posição oposta, num juízo sumário, sem demonstração, na forma de uma pergunta: "Onde, pois, a influência platina descaracterizadora — alegada impensadamente, por comodidade, preguiça ou ignorância — sobre o conjunto do regionalismo gaúcho?".[15]

Se atentamos para o palavreado agressivo — a influência *descaracterizadora*, a posição platinista *impensada por comodidade, preguiça ou ignorância* —, precisaremos concluir que, ao contrário da serenidade do abrigo sob a asa judicativa de Mário de Andrade, guru de praticamente toda a geração de Guilhermino e dele mesmo, como vimos naquela carta de 1929, era vivo e ativo o problema das dimensões políticas, ideológicas e estéticas implicadas na consideração da literatura produzida no estado gaúcho como um objeto específico. Vivo, mas isolado do horizonte crítico com essa alegação.[16]

Embora estenda sua descrição até apenas 1902, ano da publicação de um livro tido como simbolista, de Marcelo Gama, Guilhermino propõe, na "Introdução", uma divisão mais abrangente da cronologia da história da literatura no estado sulino:

1. das origens a 1834 (livro de Delfina Benigna da Cunha);
2. daí até 1856 (jornal O *Guaíba*);
3. daí até 1869 (começo da *Revista Mensal do Partenon Literário*);
4. daí até 1884 (edição de *Opalas*, de Fontoura Xavier);

15. Cesar, *op. cit.*, p. 21.

16. Para uma leitura apologética bem informada, ver Antonio Hohlfeldt, "Guilhermino Cesar: intelectual por excelência, pesquisador sul-rio-grandense por opção", em *Guilhermino Cesar*: memória e horizonte.

5. daí até 1902 (edição de *Via-Sacra*, de Marcelo Gama);
6. daí até 1925 (edição de *No galpão*, de Darcy Azambuja);
7. de 1925 em diante.

Expõe, logo a seguir, um sumário para cada uma dessas seções, que como se vê não coincidem com a divisão dos capítulos do livro. A divisão tem boa consistência com os fatos literários do estado, segundo a visão tradicional, naquele momento: os marcos são as datas de publicação de obras importantes, que assinalam inflexões de ordem estética, afastado assim o balizamento da história política, naturalmente por eleição do autor, que assim se desmarcava de qualquer traço nacionalista ou provincialista, para afiliar a experiência literária aqui produzida ao grande movimento ocidental das letras.

Vale registrar que o mesmo autor da divisão faz um reparo ao período de número 7, que se aproxima de seu presente. Diz que talvez se pudesse pensar que de 1925 se viria mais propriamente até 1947, ano inicial da edição da revista *Quixote*, quando então outra geração teria surgido, enfrentando o dilema de escolher entre a modernização, "a implantação de um novo processo literário", e "o regresso ao regional". Para que se veja como são contingentes os juízos dos contemporâneos, Guilhermino exemplifica o caso com Erico, que havia passado de um "universalismo inicial", com por exemplo *Um lugar ao sol*, para um "neorrealismo gauchesco" com *O tempo e o vento*, obra que, sublinhemos, sequer tinha sido editada em sua totalidade, eis que o derradeiro volume só apareceu em 1962.[17]

Da primeira para a segunda edição, a *História* em quase nada se alterou, nem mesmo na paginação, característica da lentidão daqueles tempos mecânicos, analógicos — são as mesmas 414 páginas, a mesma distribuição das partes. O que se alterou foi

17. Em 1974, Guilhermino teria outra visão do caso: fala do "teor épico" em *O tempo e o vento*, "um dos mais altos do romance brasileiro", além de subscrever opinião de Tristão de Athayde de que com esta obra Erico teria se oposto frontalmente ao machismo. Em *Notícia do Rio Grande*, p. 153-154.

a já citada menção ao teatro de Qorpo-Santo, que ganhou referência na "Nota à segunda edição", já comentada acima, e um parágrafo analítico na página 268. Não se altera, por exemplo, sua relação com o pioneiro da historiografia literária do estado, João Pinto da Silva, tema de interesse aqui por se tratar de um circuito crítico nada menos que essencial para o caso. Guilhermino reconhece virtudes no trabalho de João Pinto, mas não o analisa detidamente jamais, o que em parte se justifica pelo limite temporal que escolheu abordar. Mas mesmo assim aponta falha, como se lê na página 160, ao considerar "incompreensível o descaso" daquele historiador e crítico na abordagem de Rita Barém de Melo, poeta em exame naquele momento.

Também não muda a proximidade com Sílvio Romero, que recebe quase vinte menções ao longo das análises, comparecendo como documentador mas também como inimigo intelectual, como já vimos acima; não muda igualmente a escassez de referências a José Veríssimo, mencionado apenas uma vez e de modo secundário. Outro historiador ao alcance, Ronald de Carvalho, sequer é mencionado, mesma condição de outros, como os mais jovens Nelson Werneck Sodré (nascido em 1911) ou Antonio Candido (em 1918), ou quaisquer outros, mais antigos. Não se está exigindo, anacronicamente, que Guilhermino houvesse feito um estudo meta-historiográfico, repassando seus colegas de ofício; mas essas escassas presenças e ausências dão notícia de um certo modo de trabalho, compreensível, quando menos, pelo isolamento no trato com a matéria específica eleita pelo autor.

Foi depois de produzir a primeira edição da *História da literatura* que Guilhermino Cesar alçou voos maiores em sua carreira acadêmica. Entre 1962 e 1965 andou em Coimbra, como professor convidado, atuando na cátedra de Literatura Brasileira. Publicou estudos, manteve sua produção poética, circulou bastante, inclusive no mundo acadêmico europeu. Em 1966 está de volta a Porto Alegre, onde dirigirá a revista acadêmica *Organon* e a tempo, como visto acima, de apresentar por escrito a primeira montagem de Qorpo-Santo. No ano seguinte, volta a Coimbra, recebendo o título de professor *Honoris causa* e lá permanecendo até 1970. Feitas as contas, são não apenas muitos anos de vida naquele vetusto ambiente, como são anos de ausência em conjunturas traumatizantes aqui, seja no Golpe de 1964, seja, mais ainda, em 1968, quando da assinatura do maldito AI-5, abertura de uma temporada de cassações de professores e pesquisadores. Teria Guilhermino corrido algum risco se aqui tivesse estado, nesta segunda conjuntura? Os fatos autorizam alguma especulação nessa direção, não porque tivesse ele simpatias pelo lado esquerdo da equação política, mas sim porque aquele tempo assistiu a cassações movidas, muitas vezes, apenas por mesquinharia, como ocorreu com professores da UFRGS como Gerd Bornheim e Dionísio Toledo, colegas da antiga Faculdade de Filosofia de Guilhermino.

Em seu retorno definitivo a Porto Alegre e a sua Universidade, nosso autor teve trajetória de grande significação. Publicou estudos de relevo, como uma edição comentada dos primeiros historiadores estrangeiros da literatura brasileira, e pilota uma prestigiosa página semanal no "Caderno de Sábado", a principal publicação cultural do estado, por toda a década de 1970. Vivendo numa nova fase da vida institucional da UFRGS, agora reformada, estruturada em departamentos vinculados a institutos (bem diferente da situação da antiga Faculdade de Filosofia, em que todas as ciências humanas, naturais e exatas ocupavam departamentos vizinhos), Guilhermino cria a também já citada disciplina Literatura Sul-Rio-Grandense, que por muito tempo parece ter sido a única em cursos superiores de Letras a recortar um estado como unidade de conteúdo acadêmico, e em 1972 é fundador do curso de pós-graduação em Letras da UFRGS, onde leciona e orienta trabalhos importantes.

Aposenta-se compulsoriamente em 1978, mantendo as aulas de pós-graduação ainda por alguns anos. Em 1988, é homenageado pelos seus 80 anos no I Congresso da Associação Brasileira de Literatura Comparada (ABRALIC), realizado em Porto Alegre. Em 1990, é reconhecido publicamente na condição de patrono da Feira do Livro de Porto Alegre. Vem a morrer em 1993, após alguns anos de isolamento devido a motivos de saúde. E deixou um legado que o coloca entre os grandes da inteligência letrada brasileira.

## Referências

### Do autor

CESAR, Guilhermino. *História da literatura do Rio Grande do Sul*. Porto Alegre: Globo, 1956.

CESAR, Guilhermino. *História da literatura do Rio Grande do Sul*. 2. ed. Porto Alegre: Globo, 1971.

CESAR, Guilhermino. A vida literária no Rio Grande do Sul. *In*: PRADO, Áurea *et al*. *Rio Grande do Sul*: terra e povo. Porto Alegre: Globo, 1964.

CESAR, Guilhermino (Org.). *As relações naturais e outras comédias*. Porto Alegre: Edições da Faculdade de Filosofia da UFRGS, 1969.

CESAR, Guilhermino (Org.). *Historiadores e críticos do Romantismo*. 1 – A contribuição europeia: crítica e história literária. Rio de Janeiro: Livros Técnicos e Científicos; Brasília: INL, 1978.

CESAR, Guilhermino. *Notícia do Rio Grande*. Org. Tania Franco Carvalhal. Porto Alegre: Ed. da UFRGS; IEL, 1994.

### Sobre o autor

ANDRADE, Mário de. *Vida literária*. São Paulo: Hucitec; EDUSP, 1993.

CAMPOS, Maria do Carmo (Org.). *Guilhermino Cesar*: memória e horizonte. Porto Alegre: Ed. da UFRGS, 2010.

CHAVES, Flávio Loureiro. *O ensaio literário no Rio Grande do Sul (1868–1960)*. Rio de Janeiro: Livros Técnicos e Científicos; Brasília: INL, 1979.

CRISTALDO, Janer. A descoberta do Qorpo. *Travessia*, Revista de Literatura Brasileira do Curso de Pós-Graduação em Literatura Brasileira, UFSC, Florianópolis, v. 4, n. 7, dez. 1983.

FLORES, Moacyr. *Olyntho Sanmartin, biografia e antologia*. Porto Alegre: UFRGS; Comissão Executiva para as Comemorações do Centenário da Imigração Italiana, 1975.

FRANCO, Sérgio da Costa. Guilhermino, historiador regional. *In*: CAMPOS, Maria do Carmo (Org.). *Guilhermino Cesar*: memória e horizonte. Porto Alegre: Ed. da UFRGS, 2010.

GUTFREIND, Ieda. *A historiografia rio-grandense*. Porto Alegre: Ed. da UFRGS, 1992.

HESSEL, Lothar. *Faculdade de Filosofia*: 25 anos de atividade (1942–1967). Porto Alegre: UFRGS, 1967.

HOHLFELDT, Antonio. Guilhermino Cesar: intelectual por excelência, pesquisador sul-rio-grandense por opção. *In*: CAMPOS, Maria do Carmo (Org.). *Guilhermino Cesar*: memória e horizonte. Porto Alegre: Ed. da UFRGS, 2010.

PICCOLO, Helga Landgraf. Guilhermino Cesar: literatura e história. *In*: CAMPOS, Maria do Carmo (Org.). *Guilhermino Cesar*: memória e horizonte. Porto Alegre: Ed. da UFRGS, 2010.

PRITSCH, Eliana Inge. *As vidas de Sepé*. Tese (Doutorado em Letras) – Universidade Federal do Rio Grande do Sul, Porto Alegre, 2005.

Soraya Patricia Rossi Bragança

# 3.10
# O Grupo Quixote

## Panorama histórico

A ruptura modernista que viria a eclodir na Semana de Arte Moderna teve como marca importante a novidade futurista que Oswald de Andrade traz de Paris. No entanto, o Modernismo paulista logo se divide ideologicamente, encontrando-se de um lado Oswald de Andrade, que centralizou o Grupo Pau-Brasil e, depois, o Antropófago; e do outro o Grupo Verde-Amarelo, com Menotti del Picchia, Cassiano Ricardo e Plínio Salgado, mais moderado e que acentuou seu teor reacionário com a formação do Grupo da Anta. A experimentação vanguardista, ligada sobretudo ao Grupo Pau-Brasil e, depois, ao Antropófago, projetou-se na literatura de ênfase social da década de 1930, observando o cotidiano de forma crítica e mostrando situações típicas do país, inserindo-se na literatura social neorrealista que se afirmou no mundo ocidental a partir da quebra da Bolsa de Nova Iorque, em 1929.[1]

A crise da República Velha intensificou-se com essa quebra, e Getúlio Vargas conquistou a chefia do governo federal, posição que mantém até 1945. Nesse período, há um processo de popularização da cultura, que passou a ser um fator de massificação e manipulação. Ao mesmo tempo, foi sendo publicada uma arte de

1. Benjamin Abdala Junior; Samira Youssef Campedelli, *Tempos da literatura brasileira*, p. 206-207.

resistência a essa política oficial, com nomes como José Lins do Rego, Graciliano Ramos, Jorge Amado, Rachel de Queiroz, Jorge de Lima e outros, no Nordeste, e Erico Verissimo, Dyonelio Machado e Augusto Meyer, no Rio Grande do Sul. Amadureceu também, neste período histórico, a problematização de uma linguagem brasileira, iniciada no Modernismo de 22, e que, em meados da década de 1940, irá emergir com grande criatividade, em Clarice Lispector, Guimarães Rosa e João Cabral de Melo Neto.

O clima de mudanças pós-45 é nitidamente sentido na poesia. Os escritores davam sequência aos desdobramentos do encontro Modernismo/Simbolismo seguindo o roteiro de liberação estética, voltando-se para os problemas do país mas dando ênfase à síntese estética e ideológica na palavra escrita e o retorno à experimentação artística dos movimentos de vanguarda.

A partir de 1945, ganhou corpo uma geração de poetas que se opôs às conquistas e inovações dos modernistas de 1922. Poetas de 45 reagiram contra os excessos de 22 — o poema-piada, o desleixo formal, o prosaísmo, o falso brasileirismo de linguagem. Instauraram uma poesia livre de tais descomedimentos, derivando para soluções que lembram o passado ao recuperar procedimentos poéticos tradicionais, sem que signifique, obrigatoriamente, um regresso a estéticas ultrapassadas. Houve uma busca enfática da experimentação literária, numa tendência que se faria presente nas décadas seguintes, de priorizar o rigor na construção dos textos artísticos.

No Rio Grande do Sul, a poesia tradicionalista mostrou-se revigorada em 1945 pela redemocratização do país. Os Centros de Tradição Gaúchas, idealizados por Paixão Côrtes e Barbosa Lessa, entre outros, propagaram-se pelo estado, estimulando o interesse por hábitos locais. Os livros de orientação campeira distanciaram-se da maneira convencional com que o gaúcho era retratado, apresentando inovações não só a nível do vocabulário e sintaxe, como também dos ritmos e da temática; os laços com o regionalismo e a orientação ufanista são rompidos, mas "a ruptura com a arte convencional, proclamada com alarde em São Paulo, processou-se aqui de mansinho".[2]

O Modernismo sulista sofreu maior influência do intimismo herdado dos simbolistas do que da linguagem coloquial e do gosto pelo poema-piada, nos moldes modernistas. É o que se vê em poetas como Mario Quintana, Paulo Correa Lopes ou Lila Ripoll, que revelam seu respeito a um princípio formal de composição e à manifestação de um sujeito eminentemente lírico.

A poesia sul-rio-grandense posterior não aderiu a nenhuma das alas que contestam o Modernismo, nem à dos conservadores da chamada Geração 45, nem à dos setores de vanguarda, como o Concretismo. O processo de ruptura com o passado só é desencadeado com o Grupo Quixote, que

> expressa o anseio local de renovação e pesquisa, não necessariamente na direção do Concretismo. Heitor Saldanha opta pela poesia social, Sílvio Duncan redimensiona o projeto regionalista, Pedro Geraldo Escosteguy engaja-se com a vanguarda da Nova Objetividade no Rio de Janeiro, José Paulo Bisol escolhe o lirismo amoroso.[3]

## O Grupo Quixote

O Grupo Quixote nasceu em 1946, em Porto Alegre, na Faculdade de Direito da UFRGS, tendo em seu núcleo fundador quatro acadêmicos de Direito, Raymundo Faoro, Wilson Chagas, Sílvio Duncan e Fernando Jorge Schneider, todos preocupados com as discussões e inquietações filosóficas, culturais e literárias existentes na época. Seu desejo era de enfrentar de forma revolucionária os quadros intelectuais dominantes no Rio Grande do Sul. Buscavam, também, criar um espaço para publicações

2. Donaldo Schüler, *A poesia no Rio Grande do Sul*, p. 143.
3. Regina Zilberman, *Roteiro de uma literatura singular*, p. 22.

de seus trabalhos e dos de outros jovens artistas na resistência à política literária-editorial dominante.

Ao redor desse grupo fundador, outros nomes se agregam prontamente: Paulo Hecker Filho, também do núcleo acadêmico, Heitor Saldanha e Vicente Moliterno, amigos fora do círculo universitário, todos ligados às preocupações do grupo de retirar o Rio Grande do Sul da situação de marginalidade cultural em que se encontrava e de finalizar a revolução modernista, ainda não concluída por aqui, na avaliação deles. O crítico literário Guilhermino Cesar também participava do grupo, orientando os jovens artistas em sua busca de polemizar o contexto da cultura do Rio Grande do Sul.

Guilhermino Cesar foi quem sugeriu o nome Quixote para o grupo, assim como o *slogan* "Vamos fazer uma barbaridade", frase do escritor espanhol Miguel de Unamuno. Ambas as sugestões foram aceitas pelo grupo, pois tinham todos os predicados para provocar polêmica e euforia. Paulo Hecker Filho explica o porquê de o nome e o *slogan* terem agradado de imediato ao grupo: "pela ideia de ousar a si mesmo, ainda que para os outros na loucura, como em Cervantes, e, também como nele, sem perder a autoironia".[4]

A escolha também traduzia as dificuldades do grupo formado por integrantes jovens, sem recursos financeiros para a publicação dos seus trabalhos e sem meios de enfrentar o domínio que os intelectuais da revista *Província de São Pedro*, da Editora Globo, exerciam na cena cultural do Rio Grande do Sul e em especial na cidade de Porto Alegre. Eram como quixotes lutando contra os gigantes, nos moldes do personagem de Cervantes.

Há outro aspecto que envolve a escolha deste nome, a posição do grupo frente à questão cultural recorrente da época, de busca da unificação de toda a América pelos elementos hispânicos do Prata, em detrimento do caráter lusitano da formação

4. Angelina Tancredi, *O Grupo Quixote*, p. 30.

sociocultural do Rio Grande do Sul tão defendido pela revista *Província de São Pedro* e pelo Instituto Histórico e Geográfico do Rio Grande do Sul. Por isso é coerente o grupo ter optado por nome e *slogan* provenientes da obra de escritores espanhóis.

O grupo buscava valores próprios, recusando a linguagem anterior e a estratificação do quadro literário aclamado pela crítica e consagrado pelo espaço de publicação dominado pelos valores considerados, pelos Quixotes, ultrapassados. O ambiente não era propício para o ingresso dos jovens artistas aos meios de comunicação. Sílvio Duncan, no artigo "Os doze cavaleiros", no jornal *Correio do Povo,* atribui à rigidez dos quadros literários o nascimento de Quixote:

A pouca permeabilidade desse quadro pode ter sido um fator ponderável, mas a ideologia da literatura oficial, sua visão de mundo, sua atitude frente ao social, o estrabismo histórico e outros defeitos somados a pequenas virtudes levaram os jovens a criar o *Quixote.*[5]

Não existiam padrões rígidos de orientação quanto à forma e ao conteúdo dos trabalhos coletivos ou individuais publicados na revista *Quixote*. Exigia-se, apenas, dentro dessa liberdade total de expressão, uma consciência crítica e um propósito de renovação cultural. Mesmo sem haver uma unidade temática, as produções do grupo expressavam certas inquietudes espirituais e metafísicas que refletem influências da filosofia existencialista do pós-guerra. Abordavam temas como a morte, a religiosidade e a existência ou não de Deus e de outro mundo, a angústia e a solidão, e principalmente, a rejeição ao marasmo que impede o influxo criador autêntico.[6]

Por não contar com qualquer tipo de subvenção oficial ou patrocínio de empresas privadas, os custos da revista *Quixote* eram divididos entre os seus integrantes de forma não igualitária.

---

5. Sílvio Duncan, "Os doze cavaleiros".
6. Soraya Bragança, *Pedro Geraldo Escosteguy*: a poética que ultrapassa fronteiras, p. 49.

Aqueles que detinham melhores condições econômicas arcavam com despesas e cotas maiores. Os anúncios pagos surgem somente a partir do segundo número da revista, mas não se mantêm, escasseando totalmente no quarto número. A falta de anúncios pagos, dificuldades financeiras para a edição das revistas, o não pagamento de anúncios já publicados e a pouca procura pelos 500 exemplares, que levam longo tempo para se esgotarem nos pontos de vendas, levam à descontinuidade da revista *Quixote*, que encerra suas publicações com o número 5. Além disso, havia também alguns conflitos internos a serem superados, como relata Vitor Biasoli, em *Grupo Quixote*:

> O primeiro número tem a sua direção dividida entre Raymundo Faoro e Sílvio Duncan, como secretários, e Paulo Hecker Filho, como redator-chefe. A composição não se mantém no segundo número, devido a desentendimentos com Paulo Hecker Filho na organização dos artigos da revista. O único artigo apresentado integralmente em páginas sucessivas foi o do próprio redator-chefe, e isto desagradou os demais componentes. Por essa razão, Paulo Hecker Filho é substituído por João Francisco Ferreira, então ingressando no grupo. Raymundo Faoro e Sílvio Duncan permanecem como secretários e, junto com João Francisco Ferreira, organizam e dirigem a revista até o quinto número.[7]

Havia uma preocupação nítida do grupo não só com a literatura, mas também com as outras artes, o que explica a presença de vários artistas plásticos em todos os números da *Quixote*. As ilustrações das capas ficaram a cargo de Paulo Flores, dos números 1 ao 4. Ermanno Ducceschi se faz responsável pela capa do número 5. Nas páginas internas, temos ilustrações de Dorotéia Pinto da Silva, Vitório Gheno, Maria Monteiro e Plínio Bernhardt.

7. Vitor Biasoli, *Grupo Quixote*: história e produção poética, p. 27.

A primeira fase oficial do Grupo Quixote, assim, é compreendida entre dezembro de 1947 e fevereiro de 1952, período da publicação dos cinco volumes da revista. O grupo aglutinou diversos elementos de formação e procedências distintas, podendo-se arrolar 56 nomes diferentes no período de sua publicação. Há, no entanto, um núcleo de filiados e participantes ativos: Raymundo Faoro, Sílvio Duncan, Wilson Chagas, Fernando Jorge Schneider, Heitor Saldanha, Vicente Moliterno, Paulo Hecker Filho, João Francisco Ferreira, Milca Helena e Acélio Daudt.

Esse elenco de autores dispersa-se por volta de 1952, e o grupo reorganiza-se com a adesão de novos elementos, nessa segunda fase: Pedro Geraldo Escosteguy, Walmor Marcelino, Manoel Walter, Fernando Castro e Luiz Carlos Maciel, acrescidos de Sílvio Duncan, Vicente Moliterno e Heitor Saldanha, integrantes do Quixote desde o primeiro número da revista. Formam um grupo coeso que permanece unido desde o lançamento da folha *Poesia Quixote 1955* (1955) até 1961, quando se desintegra outra vez.

Naquele mesmo ano de 1952, os integrantes do grupo, na ânsia de não perderem seus objetivos iniciais de dinamizar o campo cultural, mas também tratando de obter respaldos mais prosaicos, tais como angariar recursos financeiros ou pleitear subsídios, registram a Associação Cultural Quixote no Cartório de Registros Especiais em Porto Alegre. Em 29 de março de 1952, o Estatuto da Associação é publicado no *Diário Oficial do Estado*. Sua finalidade e seu programa ficam definidos no capítulo primeiro do estatuto:

> A Associação Cultural Quixote [...] tem por finalidade precípua a elevação do nível cultural de seus associados, o aproveitamento de valores novos no domínio da Arte, a dinamização das tradições do Rio Grande sob o ângulo vivo do presente e dentro do espírito do editorial do

número um da Revista *Quixote*, lançado em dezembro de 1947.

Propor-se-á, para tanto, o seguinte programa:

a) Publicação trimestral da Revista *Quixote*;

b) Edições Quixote de obras literárias em geral;

c) Promoções de debates, conferências e cursos que versem sobre assuntos condizentes com as finalidades da associação;

d) Exposições periódicas de artes-plásticas;

e) Concertos musicais e espetáculos coreográficos;

f) Teatro e cinema;

g) Formação de uma discoteca, de uma biblioteca, de uma filmoteca e de uma pinacoteca.

A Associação Cultural enfrenta dificuldade para concretizar seus projetos, mas isto não desanimou o grupo, que seguiu se reunindo em bares ou cafés para debater questões de literatura e filosofia, analisar criticamente os trabalhos dos integrantes do Quixote, buscar meios de publicar seus trabalhos e, simplesmente, confraternizar. O bar Hubertus, localizado nas proximidades da praça Otávio Rocha, era um dos locais preferidos para estes encontros vespertinos.

Reuniam-se, também, nas residências de seus integrantes, em especial na casa de Pedro Geraldo Escosteguy, que gerencia as questões práticas do grupo, arquivando a documentação, atas, projetos e trabalhos da Associação. A Associação Cultural Quixote, em 1958, instala-se na sua sede, Rua dos Andradas, 1005, sala 427, no centro de Porto Alegre, e lá permanece até o seu fechamento em 1961, quando enfrenta a segunda diáspora do grupo.

A vida literária de Pedro Geraldo Escosteguy inicia-se bem antes de seu ingresso no Grupo Quixote. Em 1932, aos 16 anos, Pedro Geraldo já é o editor de um jornal escolar, e segue produzindo ensaios e poemas pelos anos seguintes. Já como integrante do Grupo Quixote, Escosteguy publica, em 1952, *Canto à beira do tempo*, edição Quixote, capa ilustrada por Trindade Leal.[8]

A maneira desafiadora e crítica com que o grupo havia se lançado, associada à independência intelectual, literária e pessoal dos quixotes, gerou uma silenciosa resistência por parte do *establishment* cultural e literário do estado, obrigando o grupo a enfrentar "o fechamento de portas e a aura de *malditos*".[9] Sem espaço para publicar seus trabalhos, o Quixote recorre, em 1953, aos concursos literários da Prefeitura Municipal de Porto Alegre: Pedro Geraldo Escosteguy e Heitor Saldanha inscrevem seus trabalhos na categoria poesia; Sílvio Duncan, Heitor Saldanha, Joaquim Azevedo e Jorge Cezar Moreira inscrevem *Apenas o verde silêncio*, na categoria ficção. A novela escrita coletivamente, sob o pseudônimo de Antonio Damião, ganha o segundo lugar, sem que haja um primeiro lugar. A novela foi publicada pela Editora Globo, em 1954. No concurso deste ano, idêntica situação se repete, e a comissão julgadora sugeriu que o prêmio de poesia fosse dividido entre os três melhores, sendo Vicente Moliterno, pertencente ao Grupo Quixote, um deles.

Em 1955, o grupo ganhou um espaço para a publicação dos seus trabalhos individuais no segmento literário do jornal A *Hora*, que tinha Vicente Moliterno como seu editor. Naquele mesmo ano, ocorre o lançamento de uma folha de poemas intitulada *Poesia Quixote 1955*. Em 1956, Escosteguy, Duncan, Moliterno, Saldanha, Marcelino, Walter, Castro e Maciel participaram do volume coletivo *Poesia Quixote*, edição Globo, ilustrada por Ênio Lippmann, e do Recital de Poesia Quixote, no Instituto de Belas Artes de Porto Alegre, organizado por Fernando Castro.

8. Bragança, *op. cit.*, p. 51.

9. José Antônio Silva, "Quixote, uma guerrilha que resiste há 40 anos", p. 19.

Raymundo Faoro, em sua nota introdutória à antologia *Poesia Quixote*, destaca a história e a orientação do grupo, assim como o valor que cada um dos poetas traz ao conjunto, apresentando a plena maturidade da expressão e da criação literário individual que, somadas, dão a peculiaridade do corpo coletivo num ideal estético:

> O conjunto de poemas, que este livro reúne, tem uma história e uma orientação. É o grupo *Quixote* em ação, após dez anos de permanente atividade, na constante renovação para aperfeiçoar sua vocação cultural.
>
> A luta foi longa e arduamente travada. Combateu ele os dois flancos: partindo do Movimento Modernista e desenvolvendo suas potencialidades criadoras. Aquele, posto que tivesse penetrado no Rio Grande do Sul, não alcançou derrubar as muralhas acadêmicas, expressando sua concepção estética na plenitude dos movimentos renovadores. Foi necessário repetir a revolução, libertando, novamente, o ritmo das medidas estreitas da rima; outra vez quebrando os moldes e praxes da obra poética, em busca das fontes puras da criação. A poesia catalogada e aprisionada cedeu lugar ao ritmo novo, filho de outra concepção e de outro sentimento artístico. Essa foi a primeira missão do grupo *Quixote*, forçado a contemplar a tardia demolição, há muito abandonada, e sobre cujas ruínas o edifício antigo teimava em manter-se. Não permaneceu, todavia, na simples revolução. Outra tarefa mais alta — e verdadeiramente a sua tarefa — reuniu-o em trabalho de maior envergadura, conclamando-o a manifestar sua própria visão do mundo e da vida.
>
> [...]
>
> É nessa conjuntura que surge o grupo *Quixote*. Será ele, talvez, o único Movimento, depois de 1945, que se não apega, umbilicalmente, aos ases consagrados, Bandeira, Drummond, Jorge de Lima ou Cecília Meireles. Se é possível vislumbrar a origem comum, não se pode desdenhar que se lançou a caminhos não pisados,

> com um vigor de técnica, sem mescla de combinações artificiosas com os pré-Modernistas. Trata-se de alguma coisa nova que está no ar e cuja definição ainda não foi tentada. "Neomodernismo"? De qualquer forma que se o batize o que se deve acentuar é que a nova geração não está repetindo uma lição, senão que abriu seus próprios jardins para ensinar.[10]

No ano seguinte, Pedro Geraldo Escosteguy apresentou a comunicação "A nova poesia brasileira", na Jornada Interamericana de Poesia, em Piriápolis, no Uruguai, e participa da exposição "Poema Ilustrado Argentino-Brasileño", em Buenos Aires, na Argentina. Escosteguy e Heitor Saldanha foram os únicos representantes brasileiros neste evento, que buscava uma integração entre os poetas brasileiros e argentinos. A manutenção de um intercâmbio maior voltado para a América atendia a uma das antigas propostas da revista *Quixote*. Surge, nesse contexto de congregação americana, o próximo projeto do Grupo Quixote: o Primeiro Festival Brasileiro de Poesia.

O evento foi realizado em Porto Alegre em 1958, nas dependências da Universidade do Rio Grande do Sul, e contava com um salão livre de Artes Plásticas; mesa redonda sobre o pós-modernismo; revistas orais de poesia; Primeiro Salão de Poesia Ilustrada Latino-Americana, com participação de poemas do Uruguai e da Argentina; concurso de poesia "Paulo Corrêa Lopes"; concurso estudantil de ilustração de poemas. A *Revista do Globo* passou a promover a organização do festival, tornando-se um valioso meio de comunicação para o grupo e de promoção para o empreendimento.

Para coordenar a realização desse Primeiro Festival, criou-se uma Comissão Executiva Coordenadora: Sílvio Duncan, Presidente; Pedro Geraldo Escosteguy, Secretário-Geral; Vicente Moliterno, 1º Secretário; Manoel Walter, 2º Secretário; Luiz

10. Raymundo Faoro, *Poesia Quixote*, p. 9-10.

Carlos Maciel, Tesoureiro; Wilson Chagas, Raymundo Faoro, Heitor Saldanha, Fernando Castro, Walmor Marcelino, Joaquim Azevedo e Jorge Cezar Moreiro, Supervisores.

Escosteguy, como secretário-geral, viajou para buscar apoio financeiro e promocional para o evento. Reuniu-se com Ciro dos Anjos e Pascoal Carlos Magno, no Rio de Janeiro, e com Israel Dias Novais, da Comissão Estadual de Literatura e Clube de Poesia, em São Paulo. Ao Itamaraty, solicitou apoio para a vinda ao Festival de poetas que estavam no exterior. Apenas um quarto das verbas necessárias para a realização do evento foi contabilizado. No entanto, apesar de todas as contingências e dificuldades, compareceram ao Primeiro Festival Brasileiro de Poesia mais de 4.500 pessoas, entre universitários e estudantes secundaristas, jovens artistas do nosso estado e de Santa Catarina, Paraná, Rio de Janeiro, Goiás, e poetas do Uruguai e da Argentina.

Em depoimento à *Revista do Globo*, Pedro Geraldo Escosteguy considera positivo o saldo do Festival, pois demonstra

> 1) que existe grande receptividade da parte do público para tudo o que se refere à poesia — as cifras revelam muito: cerca de 4500 pessoas, direta ou indiretamente, participam do Festival;
>
> 2) que pela primeira vez entre nós uma Universidade recebeu, participou e apoiou um festival de poesia, vinculando-se assim com o seu caráter universitário;
>
> 3) que a chamada poesia Concreta, após acalorados debates e as importantes exposições do sr. Oliveira Bastos, passou a ser vista pela maioria não mais como uma "loucura", mas como coisa séria e fundamentada;
>
> 4) que a participação infantil e juvenil foi surpreendente;
>
> 5) que os lançamentos de obras pelo festival foi algo ainda inédito: sete livros de poesia é número significativo;

6) que a repercussão do Festival foi boa, principalmente através do Prêmio Paulo Corrêa Lopes (1° lugar, Mário Chamie, "Rodízios"; 2°, J. Santiago Naud, "Noite Elementar"; 3°, Carlos Fernandes Fortes de Almeida, "Tempos e Coisas"), que reuniu 17 concorrentes de diversos Estados;

7) que a participação hispano-americana foi significativa: 17 membros, argentinos e uruguaios.[11]

O Festival serviu não só para fortalecer a nova perspectiva dos trabalhos do grupo, como também para alargar o campo dos leitores e de propor novas formas de divulgação da poesia. Os quixotes, em 1958, publicaram pela Livraria do Globo, de Porto Alegre, A *palavra e o dançarino*, de Pedro Geraldo Escosteguy, obra ilustrada por Ênio Lippmann; *Paisagem xucra*, de Sílvio Duncan; e *Um pai morre no campo*, de Vicente Moliterno. Participaram, ainda, das Jornadas Interamericana de Poesia, em Piriápolis, no Uruguai. Na 2ª Jornada, Escosteguy foi o único do Grupo Quixote a participar; na 3ª Jornada, os poemas de Escosteguy, Sílvio Duncan, Fernando Castro e Manoel Walter foram apresentados em painéis com poemas ilustrados da artista plástica Zorávia Bettiol.

Em 1960, com o apoio da Prefeitura Municipal de Porto Alegre e da Divisão de Cultura do Governo do Estado, ocorreu a Mostra Popular de Poesia Ilustrada e do Volante de Poesia, uma promoção do Grupo Quixote, na Praça da Alfândega, em Porto Alegre, sob o *slogan*, criado por Fernando Castro, "O povo tem direito à poesia". A exposição apresentava o trabalho dos poetas Quixote ilustrados por vários artistas plásticos, alguns dos quais já vinham participando de projetos com o grupo: Francisco Stockinger, Ênio Lippmann, Vasco Prado, Zorávia Bettiol, Henrique

11. Pedro Geraldo Escosteguy, "Notícias de Porto Alegre (o Primeiro Festival de poesia)".

Fuhro, Waldeny Elias, Léo Dexheimer, Noely Ribeiro, Claudio Carriconde e Francisco Ferreira.[12]

O desejo do Grupo Quixote em romper as fronteiras das artes era uma constante. Buscava integrar atores, artistas plásticos, ilustradores, escultores em um universo maior, que desenvolvesse um novo olhar sobre a arte e a cultura, situando-se na vanguarda da expressão no Rio Grande do Sul e combatendo tendências consideradas ultrapassadas, numa postura de crítica, de esclarecimento e de luta, na busca da conscientização entre o sacralizado e o popular; entre a inércia e a ação; entre o autêntico e o falso; e entre o velho e novo.

O volante "O povo tem direito à poesia: Mostra Popular de Poesia Quixote 1960" trazia não só o manifesto da Associação Cultural Quixote, que "representa uma tomada de posição ante a cultura do Rio Grande do Sul e do Brasil"[13], como também elencava todas as realizações do Grupo Quixote, no período de 1947 a 1959:

1. Revista Quixote — 5 números (1947–1959)
2. Concerto de Hugo Balso (1949)
3. Lançamento dos "novos-de Bagé" — pintura (1949)
4. Folha de Poesia Quixote (1955)
5. Recital de Poesia Quixote (1955)
6. Páginas literárias de 'HOJE", "A HORA", "ESTADO DO RIO GRANDE" (1954–1957)
7. Exposição de Poesia Ilustrada em Alegrete — 1957
8. Conferência em projeção de poemas ilustrados: São Paulo, Bahia, Livramento, Porto Alegre (1957–1959)
9. Representação nas Jornadas Pan-americanas de Poesia: Piriápolis, Uruguai (1957–1959)

12. Soraya Patricia Rossi Bragança, *O vanguardismo de Pedro Geraldo Escosteguy*: o literário e o pictórico, p. 62.
13. O POVO tem direito à poesia: Mostra Popular de Poesia Quixote, 1960.

10. Representação no Congresso de Escritores, em Caxias do Sul (1957)

11. Exposição de Poesia Ilustrada, em Caxias do Sul (1957)

12. Lançamentos de livros:

- *Terreiro de João Sem Lei* — Heitor Saldanha (1951)
- *A outra viagem* — Heitor Saldanha (1951)
- *Território ausente* — Vicente Moliterno (1951)
- *Apenas o verde silêncio* — Sílvio Duncan, Heitor Saldanha, Joaquim Azevedo e Jorge Cezar Moreira — prêmio da Prefeitura de Porto Alegre (1953)
- *Poesia Quixote* — Pedro Geraldo Escosteguy, Sílvio Duncan, Heitor Saldanha, Vicente Moliterno, Manoel Walter, Fernando Castro, Walmor Marcelino, Luiz Carlos Maciel (1956)
- *Canto à beira do tempo* — Pedro Geraldo Escosteguy (1955)
- *Paisagem xucra* — Sílvio Duncan (1958)
- *Um pai morre no campo* — Vicente Moliterno (1958)
- *A palavra e o dançarino* — Pedro Geraldo Escosteguy (1958)
- *Os donos do poder* — Raymundo Faoro (1958) — prêmio José Verissimo da Academia Brasileira de Letras
- *Samuel Beckett e a solidão humana* — Luiz Carlos Maciel (1959), Edição da Divisão de Cultura do Rio Grande do Sul

13. Participação em ato público em homenagem prestada pela associação Francisco Lisboa em memória do artista plástico Paulo Flores — (1957)

14. Participação do programa cultural da Rádio Sociedade Gaúcha, sob a direção de Carlos Nobre, compreendendo entrevistas pessoais com leitura de poemas do Grupo Quixote (1957)

15. Exposição de poesias de Heitor Saldanha, ilustradas por Waldeny Elias (1957)

16. Participação, através de delegados, do 1° Congresso de Artes — Porto Alegre (1957)

17. Inauguração da sede social (1958)

18. Participação na exposição de Poesia Ilustrada Argentina--Brasileira, Buenos Aires (1958)

19. 18 Reuniões públicas na sede da Associação (1958)

20. 1° Festival Brasileiro de Poesia (1958) para levantamento do mapa da poesia brasileira, mostrando os rumos poéticos, o comum e o diferente, e coleta, em sua forma original, dos elementos adequados a essa elaboração

- 1° Concurso de Ilustração de Poemas para a Juventude
- Prêmio de Poesia "Paulo Correa Lopes" com a Divisão de Cultura do Rio Grande do Sul
- Revistas Orais de Poesia
- 1° Salão de Poesia Ilustrada Latino-Americana
- Mesas Redondas sobre Post-Modernismo [sic]
- 1° Salão Livre de Artes Plásticas
- Exposição do Livro de Poesia
- 6 lançamentos de livros de poesia.

21. 11 Reuniões públicas na sede da Associação (1959)

22. Sessão na universidade para entrega dos prêmios "Paulo Corrêa Lopes" — Apresentação do 1° microfilme Quixote

23. Excursão cultural a Triunfo (1959)

Participação no Seminário de Dramaturgia da Escola de Artes Dramática da Universidade do Rio Grande do Sul, com a peça "Quarteto de Cordas" de Pedro Geraldo Escosteguy.

24. Participação do "Encontro de Escritores do Rio Grande do Sul" promovido pela Divisão de Cultura (1959)

25. O Departamento de Documentação está ultimando os seguintes microfilmes: (1958/1959/1960):

Poesia de Mário Chamie
Poesia Concreta

Poesia de Manoel Walter
Poesia de Vicente Moliterno
Poesia de Fernando Castro
Poesia de Sílvio Duncan
Poesia de Heitor Saldanha
Poesia de Luiz Carlos Maciel
História do 1º Festival Brasileiro de Poesia
Documentos do Grupo Quixote
Poesia de Oscar Bertholdo
Poesia de Flamarion Silva
Poesia de Walmor Marcelino
Poesia de Pedro Geraldo Escosteguy
Poesia Uruguaia
Poesia Argentina
Poesia de Attilio J. Castelpoggi
Poesia de João C. de Mello Netto
Poesia de Mario Quintana
Poesia de Celso Pedro Lima

e microfilmes coloridos de:

Pintura de Ênio Lippmann
Pintura de Noely Ribeiro
Pintura de Cândido Portinari
Pintura de Glênio Bianchetti
Pintura do Grupo Bode Preto
Gravuras de Francisco Stockinger[14]

Como dito antes, o Grupo Quixote, nascido em 1946, encerrou suas atividades em agosto de 1961. Ao longo de sua história desenvolveu intensa atividade que privilegiou a poesia. Concretizou realizações inovadores e audaciosas, em que se

14. *Ibid.*

oportunizaram a discussão, a crítica e a divulgação de novas propostas literárias e artísticas dos jovens escritores. Uniram as artes num macrocosmo cultural em que o artista se aproxima de seu público e a arte une-se ao povo. O objetivo constante era o de ultrapassar a resistência conservadora que detinha os meios de expressão cultural da época, protestando

> contra o "poder literário" de uma geração mais antiga, que dominava os jornais, revistas, editoras e concursos literários e que, segundo o grupo, estava superada do ponto de vista estético. Protestar, insurgir-se, criar seu próprio caminho — era nestes termos que o grupo se percebia e procurava colocar-se na cena literária do Rio Grande.[15]

Em 1961, Pedro Geraldo Escosteguy muda-se com sua família para o Rio de Janeiro. Sem descuidar de sua carreira médica, ele passa a estar presente nos grandes movimentos de vanguarda dos anos 1960 e 1970, sendo sua contribuição ímpar para o desenvolvimento de uma vanguarda tipicamente brasileira, que lança as bases de uma arte relacionada à realidade, à ideia do novo e à participação do espectador. Ele participou de Opinião 65; Opinião 66; Proposta 65; Proposta 66; G4; e Nova Objetividade Brasileira; expôs obras em bienais, mostras e exposições várias, nacionais e internacionais.

Heitor Saldanha também se mudou para o Rio de Janeiro; Walmor Marcelino encontrava-se em Curitiba, Luiz Carlos Maciel foi para a Bahia e depois seguiu para os Estados Unidos; já Fernando Castro afastou-se da vida literária, e Vicente Moliterno havia falecido em 1959. O grupo enfraqueceu, e a sede da Associação Cultural Quixote foi fechada. Pedro Geraldo, em sua carta a Manoel Walter, datada de 5 de julho de 1961, finalmente concordou com a proposta de fechamento:

15. Biasoli, *op. cit.*, p. 48.

> Em princípio, protestei solenemente. Depois, fui ponderando as coisas, toda a realidade nova que se apresenta, e concluí que tens razão. No momento, urge fechar a sede [...]. E é claro que não se precisa de sede: sempre seria pequena demais quando a necessidade que nos impulsionou se tornar uma necessidade geral. Rifa-a, portanto, Manoel — e continua criando com os companheiros que sobram. É o que se impõe.[16]

Em 1980, aposentando-se da atividade médica, Pedro Geraldo Escosteguy e sua família regressaram a Porto Alegre e ele reorganizou, em meados de 1984, junto com Sílvio Duncan, o Grupo Quixote. As publicações *Profetas do cimento*, de Sílvio Duncan, e *Material de exposição*, de Fernando Castro, na série "Autores Gaúchos", do Instituto Estadual do Livro, iniciativa de Luiz Antonio de Assis Brasil, ao assumir o Instituto, em março de 1983, foram a motivação que faltava para iniciar a terceira fase do grupo, que voltou a reunir-se em lugares públicos, sendo o restaurante Hereford, no centro da cidade, o escolhido daquela vez. Fernando Castro e Heitor Saldanha, que viria a falecer em 1986, pouco participaram dessa terceira fase. Novos nomes aderem-se aos encontros semanais: Vitor Biasoli, Haroldo Ferreira, Nestor Omar del Pino, Francisco Settineri, Paulo Fabris e Jaime Cimenti.

O Grupo Quixote concretizou, então, antigos projetos, como a gravação de poemas em discos. Sílvio Duncan gravou sua leitura dos poemas de *Paisagem xucra* e *Profetas do cimento*. Pedro Geraldo Escosteguy realizou a gravação de alguns poemas de *Madrugadas primitivas* e fragmentos de alguns poemas de *Relatório da noite*. Essas gravações fonográficas fazem parte do projeto *Quixote Postal*, um reforço ao intercâmbio cultural utilizando-se do disco, do pôster, do poema-objeto, da praça pública.

Em 1986, o Quixote publicou poemas, crônicas, contos, resenhas e charges nos cadernos de literatura do jornal *Kronika*,

16. Pedro Geraldo Escosteguy, "Carta a Manoel Walter".

de Porto Alegre. O grupo atuante era então formado por: Pedro Geraldo Escosteguy, Sílvio Duncan, Vitor Biasoli, Francisco Settineri, Haroldo Ferreira, Nestor Omar del Pino, Sérgio Endler e Diana Noronha. Essa formação, com a adesão de Fernando Castro, passou a colaborar no caderno literário do jornal *Já*, nas edições de novembro e dezembro de 1986 e na de março de 1987.

A Associação Cultural Quixote, com sede na residência de Pedro Geraldo Escosteguy[17], em 8 de abril de 1987, elegeu Sílvio Duncan, Haroldo Ferreira, Vitor Biasoli e Fernando Castro. Além desses quatro nomes, tinha-se nessa fase Pedro Geraldo Escosteguy, entusiasta impulsionador e grande articulador da organização do grupo, Maria Alice Bragança, Francisco Settineri, Rosana Candeloro e Nestor Omar del Pino.

Em 1988, um ano antes de sua morte, Pedro Geraldo Escosteguy publicou *Relatório da noite*, edição Quixote, com sessão de autógrafos na Feira do Livro de Porto Alegre. Haroldo Ferreira também lançou seus poemas, mas por conta própria, sem o selo da edição Quixote. Em 1989, o grupo colaborou na elaboração do *Caderno Cultural e Literário Kronika & Quixote*, em 13 edições Os poetas envolvidos nesse projeto foram Haroldo Ferreira, Sílvio Duncan, Vitor Biasoli e Jaime Cimenti.

As atividades culturais do grupo continuaram com as seguintes atividades: Palestra-depoimento na II Mostra de Poesia de Porto Alegre; Exposição-memorial de trabalhos do neoconcretismo na poesia Escosteguy; mesa redonda com o professor Donaldo Schüler durante o XI Seminário Brasileiro de Crítica Literária & VIII Seminário de Crítica do Rio Grande do Sul; o lançamento da folha *Poesia Quixote*. Esse volante espelhou-se no projeto gráfico de 1955; Jaime Cimenti descreve a "Alma Quixote":

17. A documentação da Associação ficou guardada na residência de Pedro Geraldo Escosteguy até depois da sua morte e foi integrada ao Acervo Literário Pedro Geraldo Escosteguy (ALPGE), em 1991. O ALPGE é parte integrante do DELFOS, Espaço de Documentação e Memória Cultural, da Pontifícia Universidade Católica do Rio Grande do Sul (PUCRS), Porto Alegre.

> Quixotes são livres e eternos como o próprio, o Cavaleiro da Triste Figura que campeia os séculos e os inspira.
>
> Quixote é singular e plural. Quixotes são iguais e diferentes. A Alma Quixote é indomável. Não é passível de definições, conceitos, classificações ou de ser decifrada de todo. Rótulos mais ou menos felizes, maiores ou menores, em cores ou em preto e branco não lhe servem. A Alma Quixote é.
>
> Ser Quixote é muito além de ser mero vanguardista, modernista etc. Ser Quixote é recusar o abrigo estreito dos ismos, das escolinhas e das modas fugazes. Vanguardas envelhecem. A Alma Quixote encontrou a fonte da juventude. Ela é intemporal como a busca sobre-humana por conteúdos e formas novas. A busca por tudo. Ou por nada.
>
> Os poemas dos quixotes aí estão demonstrando que a Alma Quixote é maior do que se pode fantasiar. Ela é bem mais do que apenas universal. Intergaláctica, quem sabe.[18]

O Grupo Quixote é um representante, no Sul, da geração pós-guerra que buscava levar a literatura para novos rumos, empenhada na transformação da sociedade. O grupo é uma ideia em busca do concreto, uma estratégia contra o desinteresse editorial, uma teimosia coletiva empenhada na tentativa de criar ou encontrar um espaço livre para exercer crítica, poesia e literatura. Ligou-se a pessoas do teatro, do rádio e das artes plásticas, e deste enriquecimento surge a poesia transmutada em notícia, aparecendo os primeiros volantes de poesia Quixote.

Quixote atuou como uma frente de abertura, uma tentativa de fundar um novo campo de discernimento e uma nova fonte de enriquecimento da percepção da realidade. Criou uma dinâmica expressiva por sobre os velhos modelos repetidos,

18. Jaime Cimenti, "Apresentação".

aprofundando-se no conhecimento da realidade individual e coletiva e abrindo uma passagem participante para a conscientização crítica de novos horizontes culturais:

> O Grupo Quixote seguramente não realizou tudo quanto planejou, mas conseguiu levar a poesia a um público maior, transformou-a em instrumento e matéria-prima indispensável para a compreensão do homem e sua existência.[19]

Ao considerar a arte e a literatura como algo necessário e indispensável à sociedade, o Grupo Quixote colaborou para a produção de trabalhos significativos, sobretudo na poesia e no ensaio, que resultaram na abertura do caminho para o surgimento dos novos e para a promoção da renovação cultural, através do seu inconformismo. A alma Quixote está por aí, nunca foi vencida, e jamais será esquecida. Os Quixotes, assim como a Fênix, sempre renascem.

## Referências

ABDALA JUNIOR, Benjamin; CAMPEDELLI, Samira Youssef. *Tempos da literatura brasileira*. São Paulo: Círculo do Livro, 1990.

BARATA, Manoel Sarmento. I Seminário de Literatura do Rio Grande do Sul. A poesia no Rio Grande do Sul. *Correio do Povo*, Caderno de Sábado, Porto Alegre, 11 nov. 1972.

BIASOLI, Vitor. *Grupo Quixote*: história e produção poética. Porto Alegre: EDIPUCRS, 1994.

BRAGANÇA, Soraya. *O vanguardismo de Pedro Geraldo Escosteguy*: o literário e o pictórico. Tese (Doutorado em Letras) – Pontifícia Universidade Católica do Rio Grande do Sul, Porto Alegre, 2003.

BRAGANÇA, Soraya. *Entre palavras e imagens*: roteiro de um acervo plural. Porto Alegre: S. B.; Evangraf, 2006.

BRAGANÇA, Soraya. *Pedro Geraldo Escosteguy*: a poética que ultrapassa fronteiras. Porto Alegre: EDIPUCRS, 2009.

19. Soraya Patricia Rossi Bragança, *Entre palavras e imagens:* roteiro de um acervo plural, p. 27.

BRAGANÇA, Soraya. *Entre palavras e imagens*: roteiro de um acervo plural. Porto Alegre: S. B.; Evangraf, 2006.

CIMENTI, Jaime. Apresentação. *In*: BIASOLI, Vitor *et al*. *Poesia Quixote 1991*. Porto Alegre, Associação Cultural Quixote, 1991.

DUNCAN, Sílvio. *Profetas do cimento*. Porto Alegre, 18 jun. 1957.

DUNCAN, Sílvio *et al*. *Poesia Quixote 1955*. Porto Alegre: Quixote, 1955.

ENEIDA. Notícias de Porto Alegre. *Diário de Notícias*, Rio de Janeiro, 12 out. 1958.

ESTATUTOS DA ASSOCIAÇÃO CULTURAL QUIXOTE. *Diário Oficial do Estado*. Porto Alegre: Globo, 1956.

ESCOSTEGUY, Pedro Geraldo. *Relatório da noite*. Porto Alegre: Quixote, 1988.

ESCOSTEGUY, Pedro Geraldo. No limiar de uma nova estética. *Proposta 65*, São Paulo, 14 dez. 1965

ESCOSTEGUY, Pedro Geraldo. Carta a Manoel Walter. Rio de Janeiro, 5 jun. 1961. Documento arquivado no ALPGE.

ESCOSTEGUY, Pedro Geraldo. *O povo tem direito à poesia*. Porto Alegre: Associação Cultural Quixote, 1960.

ESCOSTEGUY, Pedro Geraldo. *A palavra e o dançarino*. Porto Alegre: Globo, 1958.

ESCOSTEGUY, Pedro Geraldo. Notícias de Porto Alegre (o Primeiro Festival de poesia). *Revista do Globo*, Porto Alegre, 1958.

ESCOSTEGUY, Pedro Geraldo *et al*. *Poesia Quixote*. Porto Alegre: Globo, 1956.

ESCOSTEGUY, Pedro Geraldo. *Canto à beira do tempo*. Porto Alegre: Quixote, 1955.

FAORO, Raymundo. Apresentação. *In*: SALDANHA, Heitor *et al*. *Poesia Quixote*. Porto Alegre: Globo, 1956.

FESTIVAL DE POESIA. Porto Alegre: Associação Cultural Quixote, 1958.

MOLITERNO, Vicente. *Um pai morre no campo*. Porto Alegre: Globo, 1958.

OITICICA, Hélio *et al*. *Nova objetividade brasileira*. Catálogo. Rio de Janeiro: Museu de Arte Moderna, 1967.

O POVO tem direito à poesia: Mostra Popular de Poesia Quixote, 1960. Documento arquivado no ALPGE.

SALDANHA, Heitor. Jornada Interamericana de Poesia. *Revista do Globo*, Porto Alegre, 20 abr. 1957.

SCHÜLER, Donaldo. *A poesia no Rio Grande do Sul*. Porto Alegre: Mercado Aberto, 1987.

SILVA, José Antônio. Quixote, uma guerrilha que resiste há 40 anos. *Diário do Sul*, Porto Alegre, 4 nov. 1987.

TANCREDI, Angelina. *O Grupo Quixote*. Dissertação (Mestrado em Literatura) – Universidade Federal do Rio Grande do Sul, Porto Alegre, 1985.

TREVISAN, Armindo. I Seminário de Literatura no Rio Grande do Sul. *Correio do Povo*, Caderno de Sábado, Porto Alegre, 11 nov. 1972.

ZILBERMAN, Regina. *Roteiro de uma literatura singular*. Porto Alegre: Ed. da Universidade/UFRGS, 1992.

Elizabeth W. Rochadel Torresini

# 3.11

# Trajetória da Livraria e Editora Globo

No século XIX, antes da abertura da Livraria do Globo, o Rio Grande do Sul vive uma interessante experiência regional de circulação, venda e leitura de livros. Um registro antigo desse comércio é o anúncio de 1829, publicado no jornal O *Amigo do Homem e da Pátria*, de Porto Alegre, em que o vendedor, José Justiniano de Azevedo, oferece um livro de Alexandre Pope. A prática de anunciar a venda de livros na casa do vendedor, na rua (entre um endereço e outro), na tipografia, em casas de comércio, bazares e papelarias mantém-se regular na imprensa de Porto Alegre, durante décadas.[1] São também comuns no interior, nas cidades de Rio Grande, Pelotas, Cachoeira do Sul, Rio Pardo e Alegrete, entre outras.[2]

A circulação de livros, no século XIX, é contemporânea das tentativas de organizar os locais de acervo e de leitura no Rio Grande do Sul. Na cidade de Rio Grande, em 1846, João Barbosa

---

1. Jornais do século XIX pesquisados, todos do acervo do Museu de Comunicação Hipólito José da Costa: O *Amigo do Homem e da Pátria*, Porto Alegre (1829–1930); *Correio da Liberdade*, Porto Alegre (1831); O *Observador*, Rio Grande (1833); O *Recopilador Liberal*, Porto Alegre (1835); O *Mensageiro*, Porto Alegre (1836), O *Brado do Sul*, Pelotas (1859–1860); *Eco do Sul*, Rio Grande (1862–1869); O *Amolador*, Rio Grande (1875); *Gazeta de Porto Alegre* (1879–1883); A *Ordem*, Jaguarão (1884–1896).

2. Os dados aqui e abaixo resumidos sobre os livros e sobre a imprensa no século XIX encontram-se expandidos em: Elizabeth W. Rochadel Torresini, "Breve história da circulação de livros, das livrarias e editoras no Rio Grande do Sul (séculos XIX e XX)", p. 235-252.

Coelho funda um Gabinete de Leitura. Outros gabinetes[3] aparecem em Porto Alegre, Pelotas, Rio Pardo, Canguçu, São Borja e Bagé. Além deles, em diversas vilas e municípios, são fundadas bibliotecas privadas: a Rio-Grandense (1878), decorrente do Gabinete de Leitura de João Barbosa Coelho; a da Sociedade Partenon Literário, de Porto Alegre (1868); a Pelotense (1875); as de Rio Pardo (1873), São Gabriel (1876) e Itaqui (1877); a do Colégio Militar de Porto Alegre (1881); as de São Borja (1882), Bagé (1884), Jaguarão (1884) e Santa Maria (1886). Fundada em 1877, em Porto Alegre, a única biblioteca pública do estado torna-se, em 1906, a Biblioteca Pública do Estado do Rio Grande do Sul.

Até 1879 não havia registro, na imprensa sul-rio-grandense, de locais de venda exclusiva de livros, quando a *Gazeta de Porto Alegre* publica um anúncio da Loja de Livros de Gundlach e Cia. e da loja Ter Bruggen e Cia.[4] Casas de livros e casas de editores são os termos utilizados até então para essas empresas, aparecendo o termo *livraria* somente em 1880, com a Livraria Americana (Pelotas, Rio Grande e Porto Alegre) e com a Livraria Universal (Pelotas e Porto Alegre). Nesse contexto, a Ter Bruggen passa a chamar-se Livraria Teuto-Brasileira.

Tipografias, editoras e livrarias compõem o mercado gaúcho de livros. Destacam-se, até o início do século XX, a Gundlach, a Americana e a Universal. Empresas fabricantes e difusoras da leitura de romances, de história e geografia, de tratados de filosofia e ciência[5] (em português e em outros idiomas), e formadoras

3. Sobre o tema, recomendo dois preciosos livros de Athos Damasceno Ferreira: 1) *Gabinetes de leitura e bibliotecas do Rio Grande do Sul no século XIX*; 2) *Imprensa literária em Porto Alegre no século XIX*.

4. *Gazeta de Porto Alegre*, 1º jan. 1879, p. 4.

5. Além dos livros produzidos no Rio Grande do Sul, são expostas, nas livrarias e casas comerciais, obras impressas pelas grandes editoras brasileiras do século XIX: Laemmert (1838–1909), Garnier (1844–1934) e Francisco Alves (1883–1917). Período em que o centro da produção editorial é o Rio de Janeiro, conforme Laurence Hallewell, em *O livro no Brasil*: sua história, p. 125-177.

de estoques de livros para as escolas e cursos superiores surgidos no final do século XIX e início do século XX.

## Nesse universo, a Livraria do Globo

Em 1883, o imigrante português Laudelino Pinheiro de Barcellos, morador de Viamão, de posse de algumas economias, procura na capital um ramo de negócios para se estabelecer. Ao olhar a Livraria Gundlach e ter contato com as publicações expostas na vitrine, "Laudelino teve uma inspiração", escreve Sônia Maria Amorim: "— Achei!! — gritou mentalmente Laudelino — Meu negócio vai ser uma livraria. *Urbi et orbi*! Da cidade para o mundo. De Porto Alegre para o globo!"[6]

Com o sócio Saturnino Alves Pinto, abre uma papelaria e livraria na Rua da Praia, 268: a Livraria do Globo, com a razão social L. P. Barcellos e Cia. Embora pequena, a livraria instala nos fundos da loja uma tipografia, oferecendo serviços gráficos, de encadernação e pautação e confecção de livros em branco para escrituração dos estabelecimentos comerciais. O sócio Saturnino desiste da livraria, e os negócios prosperam sob o comando de Laudelino.

Em 1890, a Livraria do Globo ganha um importante reforço, com a contratação do menino José Bertaso, de 12 anos de idade. Nascido em Verona (Itália), ingressa na livraria para ajudar na limpeza, no caixa e no balcão. Em pouco tempo, passa de servente a caixeiro, chefe de loja, administrador das oficinas, gerente e sócio. E a Livraria do Globo concorre com as mais importantes livrarias da cidade, nomeadamente com a inspiradora Gundlach e com a Americana.[7]

No início do século XX, o crescimento da Livraria do Globo acompanha o desenvolvimento do Rio Grande do Sul, estado que

6. *Relatório da Diretoria*: 100 anos (1883–1983), s.p.

7. Os dados históricos sobre a Livraria e Editora Globo, aqui sintetizados, estão em: Elizabeth W. Rochadel Torresini, *Editora Globo*: uma aventura editorial nos anos 30 e 40.

aparece nas estatísticas como o terceiro polo industrial do Brasil, depois de São Paulo e do Distrito Federal. Em 1907, existem 314 fábricas, nascidas sob forte influência de uma economia regional agropastoril. A produção industrial promove a substituição de artigos importados por produtos manufaturados localmente, destinados principalmente ao mercado interno brasileiro.[8]

Havendo mecanização e produção industrial, é possível desenvolver-se a indústria cultural[9], impulsionada pelo avanço da tecnologia e pela necessidade crescente de informações e de bens culturais transformados em mercadorias. Apesar da possibilidade de reprodução desses bens, a partir de alguns inventos — desde Gutenberg, a reprodução mecânica do livro é um exemplo — o desenvolvimento da indústria cultural depende do aparecimento de uma economia de mercado que permita "o acesso de vários setores sociais a uma pluralidade de mercadorias, tanto de ordem material quanto de substância imaginária".[10]

## Movimento cultural em Porto Alegre (1920–1930)

Em *No tempo da flor* (1966), Augusto Meyer escreve sobre a Rua da Praia, chamando-a de "sala de visitas da Capital" e "estrada real da nossa formação", da geração que encontra nela os locais de debates e trocas culturais.[11] Mesmo que ainda carregue o provincianismo do século XIX, Porto Alegre é o lugar dos cinemas — Ideal, Smart-Salão, Variedades, Avenida, Odeon, Petit Casino, Guarani e Central — e dos bares frequentados pelos intelectuais — Café Colombo, Chalé da Praça XV, Eduardo,

8. Paul Singer, *Desenvolvimento econômico e evolução urbana*, p. 176-177.

9. Indústria cultural, uma expressão criada por Theodor Adorno e Max Horkheimer, designa um fenômeno típico do capitalismo do século XX, na fase monopolista. Max Horkheimer; Theodor W. Adorno, "A indústria cultural: o iluminismo como mistificação de massas", p. 159-204.

10. Luiz Costa Lima, "Comunicação e cultura de massa", p. 33.

11. Augusto Meyer, *No tempo da flor*, p. 57.

Zitter Franz, Binter, Antonello —, mencionados por Augusto Meyer e Paulo de Gouvêa, além de outros. É ponto obrigatório a passagem pelos importantes jornais regionais — *Correio do Povo* e A *Federação* — e pelas livrarias e editoras — Selbach, fundada em 1908; a de João Mayer Filho; Comercial e Central —, que se somam às conhecidas Americana, Universal e Gundlach. Sobre a Universal, de Carlos Echenique, Paulo de Gouvêa escreve:

> Era um edifício estreito, tanto que dispunha de apenas duas portas, uma das quais aproveitada como vitrina onde, semanalmente, eram expostas as novidades que aqui aportaram vindas da Europa, principalmente, e do Rio. [...]. Guardo da Livraria do Echenique uma recordação bem viva e que remonta aos meus tempos anchietanos. É que meu companheiro de banco escolar era Carlos Echenique, filho do dono da livraria, em cuja companhia ali fui comprando os almanaques atrasados do Graciano Azambuja (a duzentos réis). Foi na pequena vitrina que vi exposto o primeiro número da revista Eu Sei Tudo (título traduzido da parisiense *Je Sais Tout*) e que acabava de sair no Rio de Janeiro, iniciando uma carreira que se prolongou por mais de 40 anos, até que caiu vencida pela concorrência das modernas e belas revistas que hoje lemos.[12]

Olyntho Sanmartin, em depoimento transcrito por Paulo de Gouvêa, denomina a geração de intelectuais atuantes dessas duas décadas de Grupo do Café Colombo[13], composto por Augusto Meyer, Moisés Vellinho, Viana Moog, Darcy Azambuja, Theodomiro

12. Paulo de Gouvêa, *O grupo*: outras figuras, outras passagens, p. 23-24.

13. Walter Spalding menciona o Grupo dos Poetas da Praça da Harmonia, antecedente do Grupo do Café Colombo: "[...] compunha-se, principalmente, de alguns da velha guarda e outros da mais jovem, como Zeferino Brazil, Augusto de Souza Júnior, José Picorelli, Pedro Velho e, entre outros, os ainda mais jovens, da geração de novecentos a novecentos e dois, como Augusto Meyer, Athos Damasceno, Ernani Fornari e muito mais, poetas, jornalistas, teatrólogos, contistas e cronistas [...]. A brilhante plêiade que brilhou, tendo ao longe Álvaro Moreyra, de 1920 a 1922 à extinção da praça em 1924 [...]". Walter Spalding, *Construtores do Rio Grande*, p. 24.

Tostes, Ernani Fornari, Athos Damasceno Ferreira, João Santana, João Manuel de Azevedo Cavalcanti, Mario Quintana, Leônidas Garcez, Ruy Cirne Lima, Dámaso Rocha, Raul Bopp, Major Guerreiro, Vargas Netto, Aluísio Franco, Paulo Corrêa Lopes, Paulo de Gouvêa, Sérgio de Gouvêa e Dante de Laytano.

No início da década de 1920, a produção desse grupo continua inédita, com exceção de Augusto Meyer e de seus livros de poemas *A ilusão querida* (1923) e *Coração verde* (1926). Darcy Azambuja publica *No galpão* (1925), obra que revela a tendência regionalista da literatura rio-grandense, no mesmo ano de duas edições de igual tendência: *Pampa*, de João Maia, e *Tropilha crioula*, de Vargas Netto.

Nos próximos anos, o Grupo do Café Colombo sai do ineditismo. A Livraria do Globo é a casa editora preferida dos autores gaúchos. Aos recursos técnicos de impressão somam-se os cuidados com as capas e ilustrações dos livros. O autor tem a possibilidade de escolher um ilustrador competente como Sotero Cosme, frequentador do Grupo do Café Colombo e ilustrador do livro *Novena à Senhora da Graça*, de Theodemiro Tostes, e do *Mansamente*, de Paulo Gouvêa. Além de Sotero Cosme, Ernst Zeuner, Hélio Seelinger, Libindo Ferraz, João Fahrion, Oscar Boeira, João Faria Viana, Francis Pelicheck e José Rasgado Filho estão preparados para compor e ilustrar capas e cadernos dos livros.

Um precioso impulso às produções gráficas inicia-se depois da contratação do artista gráfico alemão Ernest Zeuner, nascido na Saxônia e formado pela Academia de Artes Gráficas e Produção de Livros, de Leipzig. Dono de uma bela formação, emigra para o Brasil, em 1922, e faz contatos com gráficas e editoras na busca de trabalho. Leonardo Menna Barreto Gomes[14] afirma que Zeuner obtém informação da existência de uma livraria e editora bem-conceituada em Porto Alegre, além de tipografias e litografias, algumas fundadas por alemães. No mês de outubro

14. Leonardo Menna Barreto Gomes, "Ernest Zeuner e a Livraria do Globo", p. 240-244.

de 1922, ele chega a Porto Alegre e procura a Livraria do Globo. Por conhecer vários segmentos das artes aplicadas, entre eles o *design* editorial, desenho de capas de livros, letreiros e ilustrações, planejamento gráfico e arte-finalização, e por ter um currículo impressionante, é logo contratado:

> Os recursos dos prelos tipográficos e litográficos locais, em 1922, ano em que Zeuner chegou a Porto Alegre, eram compatíveis com os das oficinas do centro do país e muito próximos dos padrões europeus. A revista *Máscara*, por exemplo, que começara a circular em 1918, na capital gaúcha, apresentava capas impressas não só em litografia, mas também em linóleo [...]. Nas oficinas da Globo, Zeuner encontrou disponíveis os sistemas de impressão tipográfico e litográfico.[15]

Em publicação da época, Dante de Laytano destaca as ilustrações de Carlos da Cunha para as obras de Dámaso Rocha, Telmo Vergara, Erico Verissimo e Ernani Fornari, e de Belanca nas obras de Ernani Fornari, Athos Damasceno e Raul Bopp, entre outros.[16]

## Livraria do Globo: urbi et orbi

Depois de instalada a primeira linotipo no Rio Grande do Sul, em 1909, a Globo começa a produzir impressos padronizados para contabilidade e administração pública, fornecendo serviços de litografia e, mais tarde, impressão de livros escolares e de literatura. Fruto dessa expansão é a criação do *Almanaque do Globo*, em 1916, anuário de informação e lazer, seu primeiro grande empreendimento editorial e importante veículo de comunicação com os leitores. João Pinto da Silva, nome de prestígio entre os intelectuais de Porto Alegre, e Mansueto

15. *Ibid.*, p. 245.
16. Dante de Laytano, *Colecionadores de emoções*, p. 140.

Bernardi, italiano que viera para o Rio Grande do Sul, são contratados para dirigir essa publicação:

> Em torno desses dois espíritos de escol, começaram a gravitar os jovens poetas e escritores do Rio Grande do Sul. Além disso, o pós-guerra havia empurrado para a América um expressivo contingente de técnicos e artistas europeus, de várias especialidades, e dentre estes tocou para o Rio Grande do Sul receber Karl Ernst Zeuner, desenhista, portador de enorme experiência junto às principais gráficas alemãs. Contratado pelo Globo, ele também terminaria atraindo a atenção de jovens discípulos. Principalmente aos sábados à tarde — quando do encerramento do expediente comercial da semana — a loja da Rua da Praia tornara-se um importante ponto de encontro de intelectuais, artistas plásticos, políticos e profissionais liberais simpáticos à causa da Cultura.[17]

O fundador, Laudelino Pinheiro de Barcellos, aposenta-se e passa a direção da Livraria do Globo para José Bertaso, já sócio da empresa. Em 1917, falecendo Laudelino, no Rio de Janeiro, José Bertaso é mantido na direção. Altera-se a razão social da Livraria do Globo para Barcellos, Bertaso e Cia. Imprime-se uma nova organização, com a divisão da empresa em seções: Tipografia, Editora, Fotografia, Cartonagem, Impressão, Litografia, Encadernação, acrescida da Seção Royal, responsável pela manutenção das máquinas de escrever Royal, vendidas na Livraria.

Inaugura-se uma fase de importante crescimento da Globo. Depois da abertura de uma filial em Santa Maria, em 1918, é a vez de ampliar a loja da Rua da Praia. Com o espaço agregado de dois prédios vizinhos anteriormente adquiridos, tem início, em 1924, a construção de um edifício de vários andares, conservado até os dias atuais:

---

17. *Relatório da Diretoria:* 100 anos (1883–1983), s.p.

> A edificação da sede da Livraria do Globo, concluída em 1928, foi projetada pelo arquiteto e imigrante italiano Armando Boni, autor de outras obras conhecidas na cidade, como a Concha Acústica do Auditório Araújo Vianna na Praça da Matriz (demolido), o Cemitério São Miguel e Almas, o Restaurante do Balneário de Belém Novo, a Casa Guido Corbettta e a Casa Boni (tombada pelo município). A concepção de Boni para a sede da Livraria do Globo previu uma planta flexível capaz de absorver a dinâmica inerente às atividades ali realizadas.[18]

Entre 1918 e 1930, Mansueto Bernardi é o encarregado da administração e divulgação da Seção Editora. Em um período de farta publicação de autores gaúchos e estrangeiros, os anúncios da Livraria do Globo, publicados nos jornais *Correio do Povo* e *Diário de Notícias*, tornam-se regulares depois de 1926. "Sem contarmos com uma empresa nas condições da Livraria do Globo, talvez não fosse possível o surto literário que tornou rapidamente conhecidos alguns escritores de maior merecimento da nova geração", afirma o *Diário de Notícias*, em 1927.[19] Na imprensa, aparecem anúncios relativos ao projeto editorial que pretende tornar conhecidos do leitor brasileiro os intelectuais do Rio Grande, com a edição de uma série de livros de autores gaúchos, os quais serão divulgados nacionalmente, por meio de intensa propaganda.[20]

Ainda em 1930 são lançados cinco livros do padre Carlos Teschauer: *Avifauna e flora*, *Os veneráveis mártires do Rio Grande do Sul*, *História do Rio Grande do Sul nos dois primeiros séculos*, *Novo dicionário nacional* e *Poranduba rio-grandense*. Anunciam-se as obras *Juca Ratão, hidrófobo*, de De Souza Júnior; *Lua*

---

18. Porto Alegre, "Edital de tombamento da antiga sede da Livraria do Globo".

19. *Diário de Notícias*, Porto Alegre, 1º jan. 1929, p. 17. Nesta publicação, encontra-se uma longa lista de obras editadas pela Livraria do Globo. Torresini, *Editora Globo*: uma aventura editorial nos anos 30 e 40, p. 57.

20. *Revista do Globo*, II, 9 ago. 1930, n. 15.

*de vidro*, de Athos Damasceno Ferreira; *Na plateia*, de Telmo Vergara; *A província de São Pedro* e *História literária do Rio Grande do Sul*, de João Pinto da Silva.

Soma-se à publicação de autores regionais e estrangeiros o extraordinário desenvolvimento tecnológico da Livraria do Globo, conforme avalia Leonardo Menna Barreto Gomes:

> O empenho da Globo na conquista do mercado de impressos avulsos — demonstrado pela atualização constante do seu parque gráfico (em 1909 a empresa instalou a primeira linotipo no Estado e em 1937 a primeira rotativa *offset*), — associado ao seu projeto editorial, incrementado a partir dos anos 1930, propiciou que o seu segmento gráfico apresentasse um aparato tecnológico notável para a época, com a importação de maquinaria moderna nos segmentos de fotomecânica, impressão e acabamento.[21]

Essa disponibilidade dos recursos da Livraria do Globo está de acordo com a etapa de industrialização do Brasil e do Rio Grande do Sul, cujo número de fábricas, em 1920, sobe para 1773. Mantendo-se como o terceiro polo industrial do país, obtém, no final da década de 1930, o primeiro lugar na produção de carne e vinho; segundo lugar na produção de tecidos de lã, manteiga e calçados; terceiro lugar na produção de vidros, fumo e produtos químicos.[22] Porto Alegre, Rio Grande e Pelotas são as cidades com maior volume de fábricas e de operários, além de possuírem gráficas e editoras que aparecerão, nos anos seguintes, nas estatísticas dos principais ramos da indústria.

O aumento da população indica condições econômicas favoráveis. E a política educacional de combate ao analfabetismo, promovida pelo governo estadual, permite que o Rio Grande do Sul conquiste o primeiro lugar em número de alfabetizados do

21. Gomes, *op. cit.*, p. 233 e 236.
22. Singer, *op. cit.*, p. 182.

Brasil. Com isso, aumenta o número de leitores e de possibilidades de leituras para as editoras e livrarias locais.[23]

## A Revista do Globo

Além de ampliar o acervo de edições, a Globo investe, em 1929, no projeto de lançar uma revista quinzenal, convidando Mansueto Bernardi para dirigi-la. Tendo recursos técnicos, vontade empresarial e leitores profissionais capacitados para levar adiante o ambicioso projeto editorial. A cerimônia de lançamento da revista, em 5 de junho daquele ano, tem a presença de Getúlio Vargas, Osvaldo Aranha e do arcebispo dom João Becker.

A ideia é manter uma edição quinzenal da *Revista do Globo*. Em seu primeiro número, traz, em uma "Nota de homenagem", as razões que definiram a sua criação:

> A *Revista do Globo* não poderia deixar de significar neste seu primeiro número, em que surgiram tantas dificuldades de qualquer ordem, a sua gratidão verdadeira a dois homens eminentes pelas qualidades de caráter e prestígio — o Presidente do Estado, Dr. Getúlio Vargas, e o esforçado Secretário do Interior, Dr. Osvaldo Aranha. Nasceu a sugestão de se fundar uma revista moderna e digna do nosso ambiente cultural de uma palestra entre ambos em que se comentava mais uma vez o seguinte caso excêntrico: uma capital de ritmo quase cosmopolita, com quatrocentos mil habitantes, centros de cultura, vida social intensa incapaz de alimentar a esperança nos destinos de uma simples revista. *Kodak*, *Máscara*, *Madrugada*, *Cosmos* e outras ainda naufragaram. O caso a resolver seria então uma empresa forte, disposta a capitalizar a tentativa, englobando tudo no mesmo sistema interno. O Sr. José Bertaso, lição viva da combatividade,

23. Nesse contexto de industrialização e de condições de desenvolvimento do setor industrial de livros, destacam-se a editora de Monteiro Lobato e outras grandes empresas: Brasiliense, José Olympio, Livraria Martins Editora, Civilização Brasileira.

> ofereceu a garantia do capital como a única solução segura e transformou, portanto, a simples possibilidade numa realização bem compreendida.[24]

Mansueto Bernardi escreve sobre os objetivos da *Revista do Globo*, sobre a escolha do nome e sobre o posicionamento político adotado pelo novo quinzenário. Nas ruas, eles ouvem essa pergunta:

> — Quando sai a revista do Globo? Foi daí que proveio o nome afinal imposto a este quinzenário. Foi, por assim dizer, o próprio povo que sugeriu. E foi aceito por dois motivos: primeiro, porque caracteriza a filiação econômica, o laço de parentesco íntimo da revista com a livraria e casa editora, de que tem irradiado a maior parte do movimento intelectual rio-grandense destes últimos anos; segundo, porque a revista ambicionava ser um aparelho de recepção e transmissão, no Estado, de todas as ondas notáveis do pensamento contemporâneo. [...] Fora de partidos e acima de partidos, nesta fase auspiciosa de apaziguamento das paixões, de audazes iniciativas públicas e particulares, de ventilação dos espíritos, de transmutação de valores, a *Revista do Globo* quer construir qualitativamente para o Rio Grande do Sul.[25]

O Rio Grande do Sul vive um período de apaziguamento, e a escolha de ficar fora e acima de partidos revela-se acertada. Pensada como recurso de ampliação dos negócios da empresa, a *Revista do Globo* depende da simpatia da imprensa local e da aceitação do público leitor. O *Correio do Povo* publica, periodicamente, comentários elogiosos aos novos números da revista, dando destaque ao luxo da publicação, à nitidez da impressão, às reportagens fotográficas e ao registro dos acontecimentos da semana. Menciona o cuidado com as capas e com as bem-escolhidas seções literárias, além de afirmar que a revista já tinha

24. *Revista do Globo*, I, 5 jan. 1929, v. 1, n. 1, p. 1.
25. *Ibid.*

se tornado um órgão indispensável nos meios sociais rio-grandenses, fato comprovado pelas vendas das diversas edições.[26]

Circulando por 38 anos e um pouco mais de um mês — de 5 de janeiro de 1929 a 17 de fevereiro de 1967 —, a *Revista do Globo* contabiliza 941 fascículos e dois números especiais sobre a Revolução de 1930 e sobre a enchente de 1941:

> Destacado grupo de intelectuais e de artistas fizeram parte do seu corpo de redatores. Aí surgiram e se afirmaram muitas vocações que enriquecem a cultura nacional [...]. O grupo de profissionais que, em conjunto com a administração, trabalhou para colocar, quinzenalmente, aos sábados, a Revista do Globo em circulação, reunia um corpo redacional composto de escritores e jornalistas, além de fotógrafos, artistas plásticos e outros funcionários, dedicados todos a tornar realidade e sustentar, por quase quatro décadas, a publicação de uma revista "de cultura e vida social" no extremo sul do Brasil.[27]

Aos sábados, quinzenalmente, com exceção de um período semanal em 1931, divulga literatura e arte, acontecimentos sociais e políticos, moda, humor, cinema e esportes. Ao longo das décadas, tem sete diretores: Mansueto Bernardi, Octávio Tavares, Erico Verissimo, Luiz Estrela, Justino Martins, Henrique D'Ávilla Bertaso e José Bertaso Filho. Com a saída de Mansueto Bernardi, Octávio Tavares assume temporariamente a direção. Erico Verissimo substitui Octávio Tavares, e a 98ª edição, de n. 21, de 22 de outubro de 1931, traz seu nome como diretor.[28]

---

26. *Correio do Povo*, 6 jan. 1929, p. 4.

27. DELFOS – Espaço de Documentação e Memória Cultural, "Livraria e *Revista do Globo*: história".

28. *Ibid.*

## Traduções e coleções depois de 1930[29]

Iniciado por Mansueto Bernardi, o projeto de traduzir literatura estrangeira ao gosto do grande público ganha fôlego com a tradução da biografia *Napoleão*, de Emil Ludwig. A imprensa anuncia os livros traduzidos de Hugo Wast, pseudônimo do escritor e político argentino Gustavo Adolfo Martínez Zuviría, com três títulos nas livrarias e três no prelo; Eugenia Marlitt, escritora alemã, com oito livros lançados e três por lançar; e Jeanne de Coulomb, com dois livros editados e dois já traduzidos. O *Diário de Notícias* comenta:

> A Livraria do Globo aumenta incessantemente a sua coleção de publicações honestas que podem andar em todas as mãos. Preside a escolha dessas obras um rigoroso critério seletivo quanto ao seu valor moral e literário. A última da série A *floresta que canta* é um romance excelente na sua contextura despretensiosa para matar o tempo, nenhuma intenção torturada de atitudes artísticas. Nada de inquietante, uma simples narrativa de amor conduzida com grande elevação de espírito e marcada com a intenção de incutir respeito pelos sentimentos nobres que soldam as relações humanas.[30]

Mansueto Bernardi afasta-se da Globo em princípios de 1931 para dirigir, a convite de Getúlio Vargas, a Casa da Moeda no Rio de Janeiro, onde permanece até 1938. Com a saída de Mansueto Bernardi, o setor de edições fica sob a responsabilidade de Henrique D'Ávilla Bertaso, filho de José Bertaso. Ele dá continuidade ao trabalho de Mansueto, mas desenvolve um projeto de modernização na escolha dos autores, criação de coleções e

29. Um estudo sobre as coleções da Livraria do Globo foi apresentado no Primeiro Seminário Brasileiro sobre o Livro e História Editorial, realizado no Rio de Janeiro, na Fundação Casa Rui Barbosa, da Universidade Federal Fluminense, em 2004, e depois publicado em: Elizabeth W. Rochadel Torresini, *História e literatura*: ensaios, p. 115-129.

30. *Diário de Notícias*, 31 ago. 1930, p. 12.

sistema de distribuição. "Logo o editor inato se manifesta no jovem idealista", afirma Sônia Maria Amorim, acrescentando:

> Aproveitando a sua experiência como balconista da livraria, onde percebera o interesse dos leitores pela literatura estrangeira, sobretudo os autores da moderna literatura policial, e com base em suas leituras de publicações americanas especializadas, Henrique inicia a edição de coleções.[31]

No final de 1930, Erico Verissimo está em Porto Alegre e, em frente à Livraria do Globo, encontra-se com Mansueto, quando recebe a notícia da publicação de seu conto "Chico", no próximo número da *Revista do Globo*. Além da boa notícia, Mansueto diz: "Você escreve, traduz, desenha... Seria portanto ideal para trabalhar em nosso quinzenário, no futuro". Erico candidata-se ao cargo. Em janeiro de 1931, sem conhecer tipografia, linotipia ou clichê, ele é contratado pela Livraria do Globo, empresa onde sempre se manteve, na condição de funcionário, conselheiro e escritor.[32]

Na direção da *Revista do Globo,* Erico Verissimo trabalha praticamente sozinho nos primeiros anos. Dirigir a revista, traduzir contos e artigos de publicações estrangeiras e, algumas vezes, ilustrá-los eram as suas tarefas. Henrique Bertaso aproxima-se de Erico e o transforma em conselheiro editorial informal, acreditando que

> [...] a editora precisava ser reformada, modernizada, dinamizada, livrar-se de seu ranço provinciano. Primeiro queria provar ao pai e aos outros sócios da firma que era possível uma casa editora existir e prosperar neste extremo do Brasil. Criou a Coleção Amarela, composta de livros policiais. O "astro" principal dessa série era Edgar Wallace, mestre em histórias de crimes.[33]

---

31. Sônia Maria Amorim, *Em busca de um tempo perdido*, p. 40.
32. Erico Verissimo, *Solo de clarineta*: memórias, p. 236.
33. Id., *Um certo Henrique Bertaso*, p. 27.

Antes de transferir-se para o Rio de Janeiro, Mansueto Bernardi concede uma entrevista ao *Correio do Povo*. Ao fazer um balanço do movimento editorial de 1930, refere-se à literatura e aos livros científicos, de Educação Sexual, Psicanálise, Medicina, Direito, Filosofia e História. Perguntado sobre o movimento de edições da Livraria do Globo, responde:

> Apesar das enormes dificuldades a vencer, tem sido satisfatório. Nossos volumes se vendem hoje em todo o Brasil. Desapareceu, pode-se dizer, completamente, a prevenção que havia contra o livro da província.
>
> — Que gênero editaram em 1930?
>
> — Mormente literário, os indefectíveis livros para moças formaram o lastro das nossas edições. Hugo Wast alcançou enorme sucesso. Marlitt continua a deter a preferência pública. A par das obras literárias, editamos: A *criação estética e a psicanálise*, do professor Martins Gomes; *Pelos sertões do Brasil*, do coronel Amílcar Botelho de Magalhães; O *Partido Democrata Nacional*, de Assis Brasil; O *Comunismo e a civilização cristã*, de D. João Becker, para não falar dos principais...
>
> — Qual o último livro saído dos prelos da Globo?
>
> — *Episódio da revolução*, de Roque Callage, que está logrando um belo sucesso da livraria.[34]

Os novos empreendimentos da Livraria do Globo coincidem, na década de 1930, com uma queda importante na importação de livros no Brasil. Lawrence Hallewell afirma que a importação de livros se reduz a dois terços entre 1928 e 1932. As importações de Portugal e da França diminuem. Com isso, o livro brasileiro torna-se competitivo no mercado interno, criando uma grande oportunidade para uma editora nacional. "A Livraria do Globo aproveitou-a. Outras logo a acompanharam — a Athena Editora,

34. *Correio do Povo*, 1º jan. 1931, p. 9.

do Rio, por exemplo, fundada em 1935. Mas a Livraria do Globo, tendo saído à frente, manteve-se proeminente nesse campo até a década de 50".[35]

Nesse cenário, a Livraria do Globo tem diante de si a possibilidade de criar linhas editoriais inovadoras. José Otávio Bertaso afirma que no Brasil, no campo da literatura, se traduzia pouco fora da língua francesa:

> A opção era introduzir autores contemporâneos de língua inglesa e até alemães e italianos — sem abandonar o gosto nacional pela cultura francesa. [...] A fim de conquistar o grande público, a saída eram os romances policiais e de aventuras. Para as mulheres, ainda concentradas na vida do lar, poderiam ser lançados romances de amor, a chamada literatura rósea. A crescente escolarização justificava a abertura de uma bem cuidada linha de livros didáticos, abrangendo o que hoje designaríamos de 1º, 2º e 3º graus, bem como de obras de divulgação científica e histórica.[36]

Henrique Bertaso encontrou no *Publisher's Weekly* americano uma fonte adequada onde procurar *best-sellers*. Como consequência, os primeiros sucessos da Globo originaram-se da "mania anglo-americana de histórias policiais", trazida para o Brasil pela Coleção Amarela, com traduções de E. C. Bentley, Raymond Chandler, Agatha Christie, Sidney Horler, E. Phillips Oppenheimer, Ellery Queen, Sax Rohmer, Rex Stout, S. S. Van Dine e, mais que qualquer outro, Edgar Wallace.[37] A Livraria do Globo diversifica o mercado lançando coleções de baixo custo e grandes tiragens, destacando-se entre as editoras pela variedade das publicações.

---

35. Hallewell, *op. cit.*, p. 317.

36. José Otávio Bertaso, *A Globo da Rua da Praia*, p. 21.

37. Hallewell, *op. cit.*, p. 317.

Para Erico Verissimo, as traduções tornam-se uma excelente oportunidade de empregar as lições de inglês aprendidas no Colégio Cruzeiro do Sul, escola episcopal recém-fundada em Porto Alegre, e de desenvolver-se profissionalmente. Mas, além da *Revista do Globo* e das traduções (*Contraponto*, de Aldous Huxley, é traduzido por ele em 1933), Erico inicia, na Livraria do Globo, a sua carreira de escritor: *Fantoches* (1932); *Clarissa* (1933); *Música ao longe* e *Caminhos cruzados* (1935); *Um lugar ao sol* (1936); *Olhai os lírios do campo* (1938) e *Saga* (1940). Além desses, obras de literatura infantil e juvenil: *A vida de Joana d'Arc* (1935); *As aventuras do avião vermelho*, *Os três porquinhos pobres*, *Rosa Maria no castelo encantado* e *Meu ABC* (1936); *As aventuras de Tibicuera* (1937); *O urso com música na barriga* (1938); *A vida do elefante Basílio* (1939); *Outra vez os três porquinhos*, *Aventuras no mundo da higiene* e *Viagem à aurora do mundo* (1939).

*Olhai os lírios do campo* é o primeiro grande sucesso de Erico Verissimo. Lançado em junho de 1938, torna-se, em poucos dias, o livro mais vendido da Globo. A primeira edição esgota-se rapidamente, levando os editores a providenciar, ainda em julho do mesmo ano, uma segunda edição. Até o final do ano são três edições. Vinte e oito mil exemplares é a soma dos livros vendidos até 1939, com a sexta e a sétima edições, levando a imprensa a considerá-lo o maior sucesso editorial do Brasil de todos os tempos. Com o romance *Olhai os lírios do campo*, Erico Verissimo torna-se um escritor conhecido nacionalmente. As primeiras edições são acompanhadas pela imprensa, havendo uma atenção especial da crítica sobre as razões do sucesso dessa obra e sobre o próprio autor: seu talento, capacidade de trabalho e sensibilidade para as questões que desafiam os homens naquele final de década e às vésperas da Segunda Guerra Mundial.[38]

---

38. A trajetória de Erico Verissimo e a publicação e o sucesso desse romance estão em: Elizabeth W. Rochadel Torresini, *História de um sucesso literário: Olhai os lírios do*

Henrique Bertaso reedita alguns sucessos da época de Mansueto Bernardi e adquire novos direitos autorais. Com a direção do novo editor, colocam-se no mercado desde novelas policiais até romances ingênuos, afirma o *Correio do Povo*.[39] Erico Verissimo acompanha o trabalho inovador de Henrique Bertaso, nas edições e criação de coleções, e do professor Álvaro de Magalhães, nas obras didáticas e técnicas, nos dicionários e enciclopédia, e afirma:

> Ao cabo de alguns anos a "nossa editora" era conhecida em todo o país. Henrique organizava uma boa rede de distribuição. Os livros com a chancela da Globo eram vistos em quase todos os recantos do Brasil. Foi graças a eles que autores europeus de línguas anglo-saxônicas e germânicas foram postos ao alcance do leitor médio brasileiro. Até então o Brasil em matéria de traduções estivera quase exclusivamente voltado para autores franceses.[40]

Sobre a comercialização, Henrique conclui que deveria adotar uma política de vendas bastante agressiva como forma de desenvolver a editora e não ficar com os "depósitos atulhados de livros não vendidos", afirma José Otávio Bertaso. Os subsídios e as ideias colhidos no *Publisher's Weekly* permitem ampliar o número de pontos de venda, colocando os livros nas livrarias existentes:

> O sistema consistia na entrega ao comerciante, em consignação, de uma ou duas estantes com prateleiras especiais para livros, trazendo no topo os dizeres "Edições da Livraria do Globo". Cada estante continha uma amostragem de todas as edições da Globo. Dependendo da distância da base, o pracista visitava a estante com frequência mensal, trimestral, às vezes até semestral, anotando as faltas, que eram em consignação. Quando o lojista era expedito, tomava a iniciativa de solicitar por

*campo*, de Erico Verissimo.

39. *Correio do Povo*, 1º jan. 1932, p. 11.

40. Verissimo, *op. cit.*, p. 46.

> carta os livros que então eram remetidos pelo correio, em conta firma. A implantação desse sistema no Rio Grande do Sul foi, aos poucos, se tornando um verdadeiro sucesso. As estantes eram fabricadas na carpintaria da empresa e remetidas, junto com os livros, por via fluvial ou ferrovia. Todas as cidades ao alcance dessas duas vias de transporte passaram a ter um ou mais pontos-de-venda das Edições Globo.[41]

Com a intenção de ampliar a rede de comercialização, Henrique Bertaso viaja, em 1934, a São Paulo, Rio de Janeiro, Salvador, Recife e Natal, estendendo a rede de distribuição até o Norte do Brasil. A consignação torna-se um ponto forte da Livraria do Globo. Nomeia diversos representantes e visita jornais locais, e as edições da Globo recebem grande acolhida no Nordeste. Nessa fase, os livros de Erico Verissimo são lidos em São Paulo, no Rio de Janeiro, no Norte e no Nordeste do país.[42] Em 1936, Henrique viaja à Europa com a intenção de fazer contatos com editoras e agentes literários e participar da Feira de Leipzig.

Ao constatar que a divulgação por meios publicitários e anúncios onera o preço do livro, tornando proibitiva a sua aquisição, Henrique Bertaso cria o Departamento de Divulgação Literária (DIL), para funcionar, entre outras coisas, como uma agência de notícias. Sobre essa estratégia, José Otávio Bertaso afirma que a Globo permutava artigos, crônicas, contos traduzidos de jornais estrangeiros e de livros cujos direitos autorais haviam sido adquiridos pela casa por espaços publicitários na imprensa:

> O que se exigia, em troca, dos órgãos de imprensa assinantes dos serviços prestados era que se publicassem, gratuitamente, resenhas dos livros recém-publicados pela Globo e que estampassem o *fac-símile* das capas. Junto com o material do DIL, as resenhas e os clichês

41. Bertaso. *op. cit.*, p. 24.
42. *Ibid.*, p. 25-26.

montados ou demonstrados das capas eram expedidos pelo correio.[43]

Com as coleções, agrupam-se as tendências literárias, oferecendo ao público leitor diversas sugestões de títulos e de autores do mesmo gênero. Com isso, forma-se uma rede de leitores de determinados gêneros que alimentam os novos projetos e as vendas em todo o Brasil.

## Coleção Amarela

Nasce em 1931, com livros de Edgar Wallace, o campeão de vendas da coleção, e de outros autores populares norte-americanos, praticamente desconhecidos dos leitores brasileiros, com livros de leitura acessível, lançados em edições baratas e de larga tiragem. Atrai leitores variados e forma a *argamassa popularesca da editora*, expressão usada por Erico Verissimo.

São romances policiais que se tornam um fenômeno de leitura em muitos países. O custo mais baixo das brochuras permite a fabricação de grandes quantidades de livros, gerando uma explosão de consumo. Isso estimula uma expansão na outra ponta do sistema de produção, com o crescimento do número de autores e com a divisão em subgêneros: romance de espionagem, *thriller*, romance de suspense, entre outros.[44]

A Livraria do Globo diversifica o mercado com coleções de baixo custo, e as grandes tiragens trazem-lhe bons resultados. Conforme Jason Epstein, o modelo para a publicação em massa se estabelece nos Estados Unidos, nas décadas de 1930 e 1940, por meio de editoras de livros em brochura (a Pocket Book e seus imitadores), "que distribuíam seus títulos mensalmente pelos atacadistas de revistas, em especial para bancas de jornais,

43. *Ibid.*, p. 15.

44. Amorim, *op. cit.*, p. 76.

e com o passar do tempo para supermercados e outros pontos de venda em massa".[45]

Os jornais logo anunciam a Coleção Amarela, com seus melhores livros de autores especializados em crime e mistério, romances de pavor, aventuras e policiais. Em 1931, já estão no mercado 23 volumes, quando são acrescentados mais nove títulos, somando 32 volumes em pouco tempo. Em outubro de 1936, a coleção alcança um total de 50 livros[46], o que representa dez lançamentos anuais. Em 1949, são 85 títulos publicados. Edgar Wallace é o autor do primeiro título — com o *Círculo vermelho* — e o campeão da coleção, com 31 títulos entre 1931 e 1949. Segue-o Agatha Christie (doze títulos), Sax Rohmer (onze títulos), Ellery Queen, Wills Crofts e Louis Wilton, todos com cinco títulos:

> Importantes nomes ligados às letras e à tradução verteram obras da Coleção Amarela, entre eles Leonel Vallandro (dez títulos), Hamilcar de Garcia (cinco), Erico Verissimo (quatro), Mario Quintana (quatro), Lino Valladro (três), Marques Rebelo (dois), Homero de Castro Jobim (dois), James Amado (um), Herbert Caro/Isaac Soares (um). Alguns desses tradutores, como os irmãos Vallandro, tiveram na Amarela oportunidade de se iniciar no ofício da tradução.[47]

Com a Coleção Amarela, os brasileiros conhecem dezenas de novos autores, em tiragens de milhares de exemplares que, em geral, têm venda garantida. É considerada a mais importante coleção do gênero publicada no Brasil, além de ter uma vida longa, sendo publicada de 1931 a 1956.

45. Jason Epstein, *O negócio do livro*: passado, presente e futuro do mercado editorial, p. 103.

46. *Revista do Sul*, Pelotas, ano I, n. VIII, 1936.

47. Amorim, *op. cit.*, p. 81.

## Coleção Universo

Esse rico filão da Livraria do Globo nasce em 1932, ao lançar um livro do alemão Karl May, seu principal autor. Em 1934, já é conhecida pelos livros de viagens, aventuras, leitura amena e instrutiva de Karl May (*Winnetou*, *Através do deserto*, *Pelo Kurdistão bravio*, *Na região dos bandoleiros*), destinada principalmente à juventude. Para enriquecê-la, são comprados os direitos autorais de tradução dos livros de Zane Grey, escritor norte-americano, autor de histórias do faroeste, proezas de pioneiros, *cowboys*, peles-vermelhas, bandoleiros (*O caçador de búfalos*, *A luta das caravanas* e a *Herança do deserto*). A Coleção Universo desaparece em 1942, depois de intensos anos de duração.

## Coleção Globo

Concebida em 1933 por Henrique Bertaso, pretende publicar romances de aventuras, crime e mistério, novelas sentimentais, com características especiais, em formato de bolso, capa cartonada e sobrecapa colorida, assim descrita por Erico Verissimo:

> Essa nova série equivaleria a uma espécie de coquetel literário em que se misturavam livros de aventuras, de caráter popular e boa literatura. Para que cada exemplar pudesse ser vendido a um preço fixo, era necessário fazer de cada romance uma tiragem de 7000, o que não deixava de ser uma loucura para a época (estávamos em 1933).[48]

Os anúncios da Coleção Globo mencionavam os belos romances de amor, policiais e de aventura da literatura universal, enfatizando que se tratava da mais bonita e mais barata das coleções brasileiras. As edições da Globo são citadas na imprensa diária. O *Jornal da Manhã* comenta: "O Rio Grande intelectual está de parabéns,

48. Verissimo, *op. cit.*, p. 34.

possuímos uma das maiores casas editoras do Brasil, e os seus dirigentes não têm poupado esforços no sentido de difundir entre nós o gosto pela leitura, gosto que define o homem, tornando-o verdadeiramente feliz na tristeza e na inquietação da terra".[49]

Em 1936, Erico Verissimo deixa a *Revista do Globo* para dedicar-se à Seção Editoria, na condição de conselheiro editorial, e aos seus livros. Erico colabora para o êxito das coleções e dos novos empreendimentos ao lado de Henrique Bertaso. Participa do planejamento de programas editoriais, contribui para a seleção de novas obras, fiscaliza as traduções, estuda o formato, as capas e a composição dos livros e os seus lançamentos. Os dois editores empenham-se na publicação de clássicos da literatura ocidental.[50]

## Coleção Nobel

Lançada em 1938, torna-se a mais importante coleção da Livraria do Globo. Os editores selecionam obras estrangeiras, escolhem tradutores, discutem títulos em português, formato de livros e prazos de lançamento.[51] W. Somerset Maugham, Thomas Mann, James Hilton, G. K. Chesterton, Joseph Conrad, Virginia Woolf, Charles Morgan, William Faulkner, André Gide, Katherine Mansfield, Bernard Shaw e Aldous Huxley compõem a lista que pretende ampliar o prestígio da editora. No mesmo ano, a Enciclopédia Brasileira Globo é outro projeto importante. A respeito dessa intensa atividade de tradução, Erico Verissimo afirma:

> Só lá por princípios da década de quarenta é que nos foi possível pôr em prática o plano de "saneamento" das

49. *Jornal da Manhã*, 9 jan. 1933, p. 9.

50. Sobre o editor Erico Verissimo, sugere-se: Marília de Araújo Barcellos, "O editor Erico Verissimo e a produção editorial da Globo".

51. Além da literatura ficcional, depois de 1940 a Globo edita obras de ciências humanas, dicionários, gramáticas e livros de culinária e lazer, situando-se entre as maiores editoras do Brasil. A fundação da Universidade de Porto Alegre, núcleo original da Universidade Federal do Rio Grande do Sul, em 1934, estimula a produção de obras acadêmicas.

> nossas traduções. Contratamos vários tradutores com um salário fixo. Nas salas da Editora tivemos excelentes profissionais: Leonel Vallandro, Juvenal Jacinto, o Dr. Herbert Caro (advogado natural de Berlim, mas que havia aprendido a escrever corretamente em português), Homero de Castro Jobim e vários outros.[52]

As traduções tornaram-se mais elaboradas. Quando escolhido o livro e o tradutor, uma biblioteca com vários dicionários e enciclopédias fica à sua disposição. Erico Verissimo menciona a "gigantesca Espasa-Calpe, a famosa Britânica, a Italiana e várias alemãs, francesas, inglesas e americanas", acrescentando:

> [...] depois que o tradutor dava por terminado o seu trabalho, os respectivos originais eram entregues a um especialista da língua de que o livro fora traduzido, para que ele os confrontasse, linha por linha, com o original, procurando verificar a fidelidade da versão. [...] Havia uma terceira etapa, a que um especialista examinava o estilo do livro, discutindo-o com o tradutor, cujo nome ia aparecer sozinho no pórtico do volume. [...] Os livros estrangeiros, publicados durante 4 ou 5 anos em que esse esquema durou, são de excelente qualidade no que diz respeito à tradução. O nosso chefe maior, porém, ficava apavorado — e com razão! — quando examinava o custo da tradução de cada obra. Foi em 1947, ano financeiramente mau para a Seção Editora, que essa admirável equipe foi dissolvida, embora permanecesse intacto o nosso propósito de dar a nossos livros as melhores versões possíveis.[53]

## Coleção Biblioteca dos Séculos

Concebida por Erico Verissimo para divulgar os clássicos da literatura universal. Durante dez anos, entre 1942 e 1952, são

52. Verissimo, *op. cit.*, p. 50.
53. *Ibid.*, p. 50-51.

publicados vinte e cinco títulos. A *comédia humana*, de Balzac, *Guerra e paz*, de Tolstói, e a obra completa de Edgar Allan Poe são pontos altos dessa coleção. Sobre o número de títulos da Biblioteca dos Séculos, Sônia Maria Amorim afirma:

> É bem provável que o pequeno número de títulos se deva à extensão das obras editadas: alentados volumes de seiscentas/setecentas páginas que exigiam mais que o dobro do tempo e dos cuidados necessários na produção editorial de títulos comuns.[54]

Outras coleções da Globo surgiram nos anos 1930 e 1940: Verde, Clube do Crime, Espionagem, Nanquinote, Burrinho Azul, Aventura, Tucano e Catavento. Entre 1949 e 1971, publica a Coleção Província, com estudos sobre o Rio Grande do Sul, ensaios e literatura, formando um importante conjunto de vinte e quatro exemplares.

Na década de 1940, a Livraria do Globo possui filiais em Santa Maria, Pelotas e Rio Grande, algumas lojas em Porto Alegre, escritórios em São Paulo e no Rio de Janeiro, além de representantes em diversos estados.

Com o falecimento de José Bertaso, em 1948, os herdeiros optam pela transformação da empresa em sociedade anônima — Livraria do Globo S.A. —, da qual a Editora Globo torna-se uma filial. Depois de 1950, a literatura traduzida, tão cara a Henrique Bertaso, Erico Verissimo e a toda a equipe da Globo, perde o seu ritmo. Com isso, vem uma fase de valorização dos livros técnicos (livros-ferramenta), de acordo com as novas exigências da especialização profissional, de manutenção da obra de Erico Verissimo, da *Enciclopédia Globo* e do *Linguaphone*, curso de inglês em discos e fitas sonoras. Sônia Maria Amorim apresenta dados sobre os rumos da empresa depois de 1950:

54. Amorim, *op. cit.*, p. 98.

> Uma ligeira observação de alguns números mostrará nitidamente o desvio de rumo da empresa. Se em dezenove anos — entre 1931 e 1950 — a editora publicou cerca de 1063 títulos, com 31% (338 títulos) de literatura traduzida, em 35 anos — de 1951 a 1986 — as edições despencaram em 50%! Nesse período foram editados cerca de 521 títulos (numa média de 14,8 títulos por ano, quando só em 1940 foram editados 187), dos quais 86 de traduções de literatura estrangeira (17% do total).[55]

Em 1956, uma divisão. De um lado, a Livraria do Globo, com as lojas Globo, a livraria do centro de Porto Alegre e as oficinas gráficas, e, de outro, a Editora Globo S.A. Henrique Bertaso afasta-se das atividades editoriais em 1970. E Erico Verissimo dedica-se cada vez mais aos seus romances e às viagens. Em 1986, a Editora Globo e seu respeitável acervo de mais de dois mil títulos são adquiridos pela Rio Gráfica Editora, pertencente às Organizações Globo.

A Livraria do Globo entra para a história editorial na condição de formadora de leitores, de incentivadora da literatura regional e divulgadora da literatura universal e da literatura traduzida, e por seu pioneirismo na tradução para o português da literatura de língua inglesa, agrupando os títulos por coleções. O espírito empreendedor e inovador de seus editores, escritores, tradutores, ilustradores, capistas, diagramadores e administradores, que nos deixaram um imenso legado de leitura e de conhecimento, ainda contribui para o aperfeiçoamento da sociedade brasileira.

## Referências

AMORIM, Sônia Maria. *Em busca de um tempo perdido*: edição de literatura traduzida pela Editora Globo (1930–1940). São Paulo: Edusp/Com-Arte; Porto Alegre: Ed. da Universidade/UFRGS, 1999.

55. *Ibid.*, p. 54.

BARCELLOS, Marília de Araújo. O editor Erico Verissimo e a produção editorial da Globo. *In:* CONGRESSO BRASILEIRO DE CIÊNCIAS DA COMUNICAÇÃO, XXV, 2002, Salvador. *Anais* [...]. Salvador: INTERCOM, 2002.

BERTASO, José Otávio. *A Globo da Rua da Praia*. São Paulo: Globo, 1993.

HORKHEIMER, Max; ADORNO, Theodor W. A indústria cultural: o iluminismo como mistificação de massas. *In*: COSTA LIMA, Luiz (Org.). *Teoria da cultura de massa*. Rio de Janeiro: Paz e Terra, 1978.

COSTA LIMA, Luiz. Comunicação e cultura de massa. *In*: COSTA LIMA, Luiz (Org.) *Teoria da cultura de massa*. Rio de Janeiro: Paz e Terra, 1978.

DELFOS – Espaço de Documentação e Memória Cultural. Livraria do Globo e *Revista do Globo*: história. Disponível em: https://www.facebook.com/permalink.php?id=502724159917810&story_fbid=1690620151128199. Acesso em: 30 set. 2024.

EPSTEIN, Jason. *O negócio do livro*: passado, presente e futuro do mercado editorial. Rio de Janeiro: Record, 2002.

FERREIRA, Athos Damasceno. *Gabinetes de leitura e bibliotecas do Rio Grande do Sul no século XIX*. Porto Alegre: Centro Regional de Pesquisas Educacionais do Sul; Instituto Nacional de Pesquisas Educacionais do Ministério da Educação e Cultura, 1973.

FERREIRA, Athos Damasceno. *Imprensa literária em Porto Alegre no século XIX*. Porto Alegre: Editora da UFRGS, 1975.

GOMES, Leonardo Menna Barreto. Ernest Zeuner e a Livraria do Globo. *In*: CARDOSO, Rafael (Org.). *O design brasileiro antes do design*: aspectos da história gráfica (1870–1960). São Paulo: Cosac Naify, 2005.

GOUVÊA, Paulo de. *O grupo*: outras figuras, outras passagens. Porto Alegre: Movimento; IEL, 1976.

HALLEWELL, Laurence. *O livro no Brasil*: sua história. São Paulo: T. A. Queiroz; EDUSP, 1985.

LAYTANO, Dante de. *Colecionadores de emoções*. Porto Alegre: Livraria do Globo, 1934.

MEYER, Augusto. *No tempo da flor*. Rio de Janeiro: Edições O Cruzeiro, 1966.

PORTO ALEGRE. Edital de tombamento da antiga sede da Livraria do Globo, de 21 de setembro de 2011. *Diário Oficial de Porto Alegre*, Porto Alegre, 22 set. 2011. Disponível em: https://dopaonlineupload.procempa.com.br/dopaonlineupload/329_ce_20110922_executivo.pdf. Acesso em: 30 set. 2024.

RELATÓRIO da Diretoria: 100 anos (1883–1983). Porto Alegre: Livraria do Globo, 1983.

SINGER, Paul. *Desenvolvimento econômico e evolução urbana*. São Paulo: Nacional; USP, 1968.

SPALDING, Walter. *Construtores do Rio Grande*. Porto Alegre: Sulina, 1969.

TORRESINI, Elizabeth W. Rochadel. Breve história da circulação de livros, das livrarias e editoras no Rio Grande do Sul (séculos XIX e XX). *In*: ABREU, Márcia; BRAGANÇA, Aníbal. *Dois séculos de livros brasileiros*. São Paulo: Ed. da UNESP, 2010. p. 235-252.

TORRESINI, Elizabeth W. Rochadel. *Editora Globo*: uma aventura editorial nos anos 30 e 40. São Paulo: EDUSP; Ed. da UFRGS, 1999.

TORRESINI, Elizabeth W. Rochadel. *História de um sucesso literário*: *Olhai os lírios do campo*, de Erico Verissimo. Porto Alegre: Literalis, 2003.

TORRESINI, Elizabeth W. Rochadel. *História e literatura*: ensaios. Porto Alegre: Literalis, 2005.

VERISSIMO, Erico. *Um certo Henrique Bertaso*. Porto Alegre: Globo, 1972.

VERISSIMO, Erico. *Solo de clarineta*: memórias. 16. ed. Porto Alegre: Globo, 1982. v. 2.

## Jornais do século XIX

*Amigo do Homem e da Pátria*, Porto Alegre (1829–1930)
*A Ordem*, Jaguarão (1884–1896)
*Correio da Liberdade*, Porto Alegre (1831)
*Eco do Sul*, Rio Grande (1862–1869)
*Gazeta de Porto Alegre* (1879–1883)
*O Amolador*, Rio Grande (1875)

O *Brado do Sul*, Pelotas (1859–1860)
O *Mensageiro*, Porto Alegre (1836)
O *Observador*, Rio Grande (1833)
O *Recopilador Liberal*, Porto Alegre (1835)

Jornais e periódicos do século XX

*Correio do Povo*, 6 jan. 1929, p. 4.
*Correio do Povo*, 1º jan. 1931, p. 9.
*Correio do Povo*, 1º jan. 1932, p. 11.
*Diário de Notícias*, 1º jan. 1929, p. 17.
*Diário de Notícias*, 31 ago. 1930, p. 12.
*Gazeta de Porto Alegre*, 1º jan. 1879, p. 4.
*Jornal da Manhã*, 9 jan. 1933, p. 9.
*Revista do Globo*, I, 5 jan. 1929, v. 1, n. 1, p. 1.
*Revista do Globo*, II, 9 ago. 1930, n. 15.
*Revista do Sul*, Pelotas, ano I, n. VIII, 1936.

Cássia Daiane Macedo da Silveira

# 3.12

# Os intelectuais e Getúlio

## I

O ano era 1922, notório por uma série de acontecimentos que se tornaram marcantes na vida política e cultural do país: a Semana de Arte Moderna, a fundação do Partido Comunista Brasileiro, a comemoração do centenário da Independência, a eclosão do movimento tenentista. Nesse mesmo ano, Erico Verissimo nos conta como retornou dos estudos em Porto Alegre para sua cidade natal, Cruz Alta, no exato dia em que seus pais se divorciavam. Foi quando decidiu começar a trabalhar.[1] Empregou-se num armazém, foi bancário e boticário e, nos anos que se seguiram, quando juntava dinheiro, visitava Porto Alegre e a famosa Livraria do Globo:

> Subia até o ilustre território de Mansueto Bernardi, onde ficava folheando e namorando livros franceses que, muito caros, não eram para o meu bico. Com o rabo dos olhos observava o ambiente, na esperança de que se encontrassem ali alguns dos escritores gaúchos de renome que eu costumava ler em livros ou nas páginas do *Correio do Povo* e do *Diário de Notícias*. O sujeito magro, sardento, anguloso, levemente encurvado, a pele transparente, como de porcelana, cabelos de ruibarbo, ar de intelectual europeu, olhos azuis, nariz e lábios

1. Erico Verissimo, *Um certo Henrique Bertaso*, p. 18.

> afilados — ah! esse só podia ser Augusto Meyer, poeta e ensaísta, por quem eu tinha uma iluminada admiração. O outro que estava com ele — o grandalhão moreno, de rosto carnudo e redondo, grandes olhos escuros — devia ser o admirável Theodemiro Tostes, o T. T. das crônicas irônicas do *Diário*. O de cabeleira abundante, bela voz e maneiras agradáveis? Pedro Vergara, autor de *Terra impetuosa*. O barbadinho? De Souza Junior, que parecia uma personagem de Pirandello. O tipo esguio como um punhal, rosto fino e longo, que fazia epigramas e contava histórias que provocavam o riso dos outros? Athos Damasceno Ferreira. Agora quem entrava, muito bem vestido, bengala pendendo de um dos braços, bigode aparado, era um moço com ar de galã de opereta italiana — Ernani Fornari, o autor de *Trem da Serra*.[2]

A Livraria do Globo e muitos de seus personagens se tornarão centrais na história que contarei aqui. Nas relações entre o poder central, consubstanciado na figura do presidente Getúlio Vargas (que governou por um total de 18 anos), e os intelectuais gaúchos, fossem eles escritores, críticos ou historiadores, têm papel determinante o ambiente e o clima intelectual propiciados pelo grande empreendimento comercial que se tornou a Livraria do Globo a partir da década de 1920. Sergio Miceli explica que, a partir da década de 1920, ocorreu uma diversificação nos postos de trabalho para os intelectuais, que então passaram a envolver organizações partidárias, instituições culturais, o serviço público e o mercado do livro.[3] Na realidade, há uma complexa imbricação desses espaços, um fomentando a possibilidade de surgimento do outro. Se Vargas chega ao Palácio do Catete apenas após o movimento revolucionário de 1930, as relações que estabeleceu anteriormente, em especial no espaço da Livraria do Globo, foram imprescindíveis para alçá-lo ao poder.

2. *Ibid.*, p. 23.
3. Sergio Miceli, *Intelectuais à brasileira*, p. 77.

Do mesmo modo, Vargas soube retribuir àqueles que lhe foram leais por meio de cargos e concessões ao longo do período em que esteve no comando do país. Além disso, o crescimento do mercado do livro a partir da década de 1930, que possibilita ao empreendimento comercial da Globo, envolvendo livraria e editora, tornar-se um projeto de alcance nacional, é favorecido pelo surgimento de um novo público, distribuído profissionalmente por uma série de setores, mas com grande importância do funcionalismo público ampliado por Vargas.[4]

É ainda Erico Verissimo que nos conta que Vargas, quando era deputado federal pelo Partido Republicano Rio-Grandense (PRR), entre 1923 e 1926, costumava frequentar o gabinete de Mansueto Bernardi na Livraria do Globo.[5] Bernardi, italiano de nascimento, cresceu na atual cidade de Veranópolis, na região serrana do Rio Grande do Sul, e teve, como editor da Globo, atuação decisiva na publicação de escritores gaúchos no decorrer da década de 1920. Entre os anos de 1925 e 1930, no que tange à literatura, a Globo não publicou nenhuma obra de escritor brasileiro que não fosse gaúcho.[6] Manoelito de Ornellas, já na década de 1960, destacava que, desde meados da década de 1920, Mansueto Bernardi passava a ser elemento central na organização da nova geração de escritores gaúchos. Além disso, seja como peça fundamental de uma das grandes editoras brasileiras do período[7], seja como membro do Instituto Histórico e Geográfico do Rio Grande do Sul, ao qual esteve vinculado a partir de 1926, Mansueto Bernardi vem sendo apontado como

4. *Ibid.* p. 155.

5. Verissimo, *op. cit.*, p. 15.

6. Elizabeth Rochadel Torresini, *Editora Globo*: uma aventura editorial nos anos 30 e 40; Marisângela Martins, *À esquerda de seu tempo*: escritores e o Partido Comunista do Brasil (Porto Alegre, 1927–1957); Jefferson Teles, "A trajetória de Mansueto Bernardi e Othelo Rosa no contexto da Aliança Liberal: alinhamentos e tensões".

7. Torresini, *op. cit.*; Laurence Hallewell, *O livro no Brasil*: sua história; Miceli, *op. cit.*

um "mediador", uma "ponte" entre a intelectualidade sul-rio-grandense e os políticos locais.[8]

Talvez essa "ponte" tenha encontrado sua conexão definitiva com a importante atuação de Bernardi junto à presidência do Rio Grande do Sul, tendo sido servidor do Tesouro do Estado e, posteriormente, "responsável pelo gabinete civil da Presidência do Estado" de Borges de Medeiros.[9] Ali Bernardi estrutura de uma vez por todas suas relações de proximidade com os mais importantes políticos sul-rio-grandenses do período. Do mesmo modo, vêm sendo apontadas as estreitas conexões entre o IHGRGS e a Livraria do Globo: "Mansueto Bernardi era peça importante nessa rede, pois era diretor da seção de publicações da Livraria, ao passo que a *Revista* do Instituto era publicada naquela gráfica".[10] Em cada uma dessas instâncias, Bernardi atuava estabelecendo vínculos entre diferentes indivíduos, que se encontravam vez por outra no seu gabinete da Livraria.

Não foi somente como mediador que Mansueto Bernardi definiu sua centralidade nessa história. Ele também foi fundamental para a veiculação de discursos pró-Vargas tanto no contexto da Aliança Liberal (coligação de forças políticas em torno da candidatura de Getúlio Vargas, que reunia políticos de Minas Gerais, Paraíba, Rio Grande do Sul, entre outras forças dissidentes)[11] quanto nos meses que antecederam a deposição do presidente Washington Luís pelo movimento revolucionário de 1930.

No decorrer da década de 1920, o Brasil vivenciou intensas transformações em diferentes esferas da vida social, de modo que esse período é caracterizado por alguns historiadores como uma "fase de transição".[12] No plano econômico, o país atravessou

8. Teles, *op. cit.*, p. 1.214.

9. Pedro Vergara, *Mansueto Bernardi*: esboço de uma grande vida, p. 10.

10. Teles, *op. cit.*, p. 1.213.

11. Marieta de Moraes Ferreira; Surama Conde Pinto, "A crise dos anos 1920 e a Revolução de 30", p. 403.

12. *Ibid.*, p. 389.

momentos de dificuldade, especialmente no começo da década, suplantados por períodos de crescimento até a eclosão da crise de 1929. Por outro lado, observa-se uma fase de grande aumento das populações urbanas (classes médias, classe trabalhadora e maior diversificação no interior das elites).[13] Politicamente, essas modificações significaram contestações diretas ao sistema político oligárquico vigente, o qual aproximava as oligarquias mineiras e paulistas num revezamento do poder central.[14] As críticas advinham tanto de parte de setores dissidentes das elites, quanto por meio de protestos de trabalhadores. O Rio Grande do Sul, nesse contexto, ocupou papel de destaque na política da Primeira República, particularmente organizando as articulações de contestação ao pacto entre Minas Gerais e São Paulo, levando ao esgotamento do modelo vigente.

Um momento de participação cabal do Rio Grande do Sul na contestação ao sistema oligárquico em curso (o que não significa contestação às oligarquias em si) ocorreu também no ano de 1922, que tão profundamente havia afetado a vida pessoal de Erico Verissimo. Foi naquele ano que ocorreu a campanha presidencial de Nilo Peçanha, candidato de oposição à aliança entre mineiros e paulistas. A campanha arregimentou todos os que manifestavam descontentamento com o candidato lançado pela situação, Artur Bernardes, ficando conhecida como "Reação Republicana". Apesar da derrota de Nilo Peçanha nas urnas, a Reação Republicana vem sendo interpretada como um momento-chave para compreendermos a insatisfação dos estados ditos de "segunda grandeza" (aqueles que não integravam o pacto oligárquico central) com o federalismo brasileiro, que os destituía da possibilidade de chegar à presidência da República. O objetivo

13. *Ibid.*, p. 391.

14. A historiografia recente vem mostrando que a aliança entre paulistas e mineiros era, contudo, sempre instável. Assim mesmo, permaneceu quase inabalável até a década de 1920, de acordo com Claudia Viscardi, *O teatro das oligarquias*: uma revisão da "política do café com leite".

desses estados era constituir um "eixo alternativo" de poder, que mobilizasse também as massas urbanas, cujo crescimento, como se disse, havia sido considerável nos anos anteriores.[15] Somente no fim da década de 1920, contudo, é que uma nova cisão no interior das oligarquias brasileiras veio a possibilitar o contexto para a eclosão da chamada Revolução de 1930.

O clima político favorável foi acompanhado por um ambiente intelectual que se enraizava na sociedade sul-rio-grandense desde, pelo menos, meados da década de 1920. É nesse período que, na literatura, encontramos uma diversificação nas narrativas de caráter regionalista que, de uma fase de intenso pessimismo com a condição do gaúcho, manifestado na prosa de Alcides Maya[16], passa a assistir a uma retomada do mito positivado do gaúcho-herói. O "centauro dos pampas" e o "monarca das coxilhas" são reapropriados em um novo contexto no qual, segundo Ligia Chiappini Moraes Leite, efetiva-se um "compromisso ideológico" entre discurso literário e os anseios políticos das oligarquias gaúchas.[17] Nesse período de grande efervescência cultural, os intelectuais da nova geração, representados especialmente pelo grupo da Livraria do Globo, e da velha geração, como é o caso do próprio Alcides Maya, passam a atuar em prol de uma ideia comum. Essa ideia era a da "rio-grandização do Brasil".

Num contexto político conturbado, que opunha os estados frontalmente, e no qual as disputas intraoligárquicas não se resolviam, consolidou-se na literatura local a ideia de que o gaúcho, ser saudável, honrado, heroico, valente, viril, entre outros adjetivos de positivação, e apenas ele, seria capaz de moralizar a política nacional. Em um sistema político "viciado", somente as qualidades naturais do gaúcho poderiam regenerar o país. O

15. Ferreira; Pinto, *op. cit.*, p. 394.

16. Luciana Murari. "'Água parada': o olhar da modernidade na ficção de Alcides Maya", p. 153.

17. Ligia Chiappini Moraes Leite, *Regionalismo e Modernismo*, p. 159.

mito do gaúcho-herói, que habitou os textos literários de boa parte da intelectualidade sul-rio-grandense da década de 1920, nos meses que antecedem o pleito de 1929 e a Revolução de 1930, expandem-se também para os discursos políticos.[18]

Tanto literatura quanto história, nesse período, passam a declarar a "incontestável" vocação do Rio Grande do Sul para dirigir a nação. Entre os intelectuais que aderem a essa visão, podemos citar Manoelito de Ornellas, Rubens de Barcellos, Moysés Vellinho, Augusto Meyer, João Pinto da Silva, André Carrazzoni, Athos Damasceno Ferreira e, é claro, o nosso já conhecido Mansueto Bernardi. Inegavelmente, o grupo da Livraria do Globo destaca-se na difusão desses discursos, mas isso talvez seja de se esperar. Elisabeth Torresini salienta que, em 1929, o mercado editorial do Rio Grande do Sul dependia quase exclusivamente das publicações da Globo. Já na época ressaltava-se a centralidade da editora na emergência de uma nova geração literária. Dentre os autores citados como parte da geração editada pela Globo encontram-se Othelo Rosa, Vargas Netto, Ruy Cirne Lima, Darcy Azambuja, Theodemiro Tostes, Augusto Meyer, Mansueto Bernardi, Ernani Fornari e Roque Callage.[19] Além disso, o projeto de publicação da *Revista do Globo* é anunciado em 1929, também em clima de grande otimismo em torno da posição ocupada pelo Rio Grande do Sul, como tendo advindo de uma sugestão de Getúlio Vargas, então presidente do estado, e de seu secretário do Interior, Oswaldo Aranha:

> Nasceu a sugestão de se fundar uma revista moderna e digna do nosso ambiente cultural de uma palestra entre ambos em que se comentava mais uma vez o seguinte caso excêntrico: uma capital de ritmo quase cosmopolita, com quatrocentos mil habitantes, centros de cultura, vida social intensa, incapaz de alimentar a

18. *Ibid.*, p. 164.

19. Torresini, *op. cit.*, p. 57.

> esperança nos destinos de uma simples revista. *Kodak*, *Máscara*, *Madrugada*, *Cosmos* e outras ainda naufragaram. O caso a resolver seria então uma empresa forte, disposta a capitalizar a tentativa, englobando tudo no mesmo sistema interno. O Sr. José Bertaso, lição viva da combatividade, ofereceu a garantia do capital como a única solução segura e transformou portanto a simples possibilidade numa realização bem compreendida. Sem aquela sugestão, porém, a que nos referimos, teria saído hoje o primeiro número?[20]

Pedro Vergara chega a afirmar que a participação de Vargas e de Oswaldo Aranha na criação da *Revista do Globo* ultrapassou a simples sugestão, atribuindo aos dois políticos também parte do patrocínio.[21] Em todo caso, se o sucesso do movimento de 1930 deve-se a uma circunstância nacional propícia, envolvendo a aliança entre as oligarquias dissidentes de diversos estados, inegavelmente, no Rio Grande do Sul, o clima de forte otimismo que circulava pela imprensa, compartilhado por historiadores, literatos e críticos, foi um fator de coesão para as elites locais. Nesse contexto, a Livraria do Globo e seus projetos editoriais, seus funcionários e os literatos publicados pela casa tiveram uma participação indiscutível. Adiane Marinello e João Arendt lembram, com muita propriedade, do manifesto "Ao Rio Grande unido", publicado em 1929 na *Revista do Globo*, redigido por Mansueto Bernardi, que também liderava a publicação da revista, como um momento-chave na adesão da Globo ao projeto político varguista. Esse manifesto conclamava o povo rio-grandense a apoiar a candidatura de Getúlio Vargas e de seu vice, João Pessoa.[22]

---

20. *Revista do Globo apud* Torresini, *op. cit.*, p. 58.
21. Vergara, *op. cit.*, p. 18.
22. Adiane Fogali Marinello; João Claudio Arendt, "Cultura regional, política e literatura em Mansueto Bernardi", p. 290.

## II

Embora não fosse, dentre os novos ministros, um dos mais próximos a Vargas[23], Lindolfo Collor e o presidente conheciam-se de longa data. De fato, Collor fora um dos componentes da chamada "geração de 1907", grupo de políticos ligados a Vargas, todos formados em 1907 na Faculdade de Direito de Porto Alegre, que incluía, além de Collor, Maurício Cardoso, Oswaldo Aranha, Paim Filho, João Neves da Fontoura, Jacinto Gomes e o próprio Vargas.[24] Nascido em São Leopoldo, no ano de 1890, Lindolfo Collor frequentou, na juventude, os meios literários sul-rio-grandenses. Publicou *Caminho das flores* no ano de 1908 e *Poemas dos matizes* no ano de 1909 e integrou a redação dos jornais *Correio da Tarde* e *Petit Jornal*, ambos de Porto Alegre, onde provavelmente veio a conhecer o jornalista e militante socialista Carlos Cavaco.[25]

Lindolfo Collor, assim como Cavaco, apoiou Getúlio Vargas desde a formação da Aliança Liberal, em 1929. Cavaco, líder operário durante a Primeira República, quem sabe apostou nos discursos aliancistas que prometiam "a moralização dos costumes e a defesa dos operários".[26] A coalizão de forças dissidentes em torno da Aliança Liberal não teve êxito no pleito, e Vargas acabou perdendo as eleições para Júlio Prestes, o candidato paulista. Lindolfo Collor e Carlos Cavaco também nesse momento se mantiveram fiéis à ideia da posse de Getúlio. Foi o assassinato do candidato a vice de Vargas, o paraibano João Pessoa, além do já mencionado clima de otimismo reinante no Rio Grande do Sul, que ofereceu ocasião para que se mantivesse a mobilização

23. Orlando de Barros, "Os intelectuais de esquerda e o ministério Lindolfo Collor", p. 318.

24. Joseph Love, *O regionalismo gaúcho e as origens da Revolução de 30*; Luiz Alberto Grijó, *Origens sociais, estratégias de ascensão e recursos dos componentes da chamada "geração de 1907"*.

25. Benito Schmidt, *Em busca da terra da promissão:* a história de dois líderes socialistas, p. 117.

26. *Ibid.*, p. 390.

política. O assassinato nada teve de político, mas, de qualquer forma, tornou possível a criação do mártir que o movimento que levou à Revolução de 1930 necessitava:

> Na época, Collor questionou: "Presidente da República, que fizeste ao Presidente da Paraíba?". E sentenciou: "O martírio de João Pessoa será uma bênção de civismo para o Brasil que advir". Cavaco, seu amigo, liderou os protestos no Rio Grande do Sul em desafronta à morte do político paraibano.[27]

O movimento revolucionário, então, se organizava. Lindolfo Collor, com outros apoiadores de Vargas, distribuiu armas e munição à população que desejava se voluntariar pelo Rio Grande.[28] Com a vitória da Revolução, Collor e Cavaco são apenas alguns dos intelectuais e políticos gaúchos que viajaram para a capital federal e que passaram, então, a fazer parte da nova estrutura administrativa centralizada que conformou o Governo Provisório. Lindolfo Collor foi nomeado o primeiro ministro do Trabalho, Indústria e Comércio (MTIC), um dos mais importantes ministérios de Vargas (fundado em novembro de 1930), já que por ele passava toda a relação do governo com as massas de trabalhadores. Com importância decisiva na nova estrutura administrativa do governo central, o ministério de Lindolfo Collor, nos seus primeiros tempos, carecia de um corpo técnico que o auxiliasse na elaboração das novas políticas que visariam à conciliação de interesses opostos: o dos trabalhadores e o das classes patronais.[29] Assim, com o tempo, Collor foi estabelecendo um grupo de indivíduos de sua confiança, em geral bacharéis em Direito, com reconhecida história de militância

27. *Ibid.*, p. 389.
28. *Ibid.*, p. 391.
29. Orlando de Barros, "Os intelectuais de esquerda e o ministério Lindolfo Collor", p. 305.

e com ampla participação prévia na imprensa, que com ele passaram a compor o ministério.[30]

Getúlio Vargas, por seu turno, nomeava aqueles que lhe foram leais para uma série de cargos no Rio de Janeiro. Desta forma, as histórias que até agora contamos de forma entrecortada começam a se cruzar:

> Estabelecido o Governo Provisório, Cavaco foi nomeado por Getúlio para o cargo de Primeiro Oficial da Diretoria Geral de Expediente e Contabilidade do MTIC. Pouco depois, o Ministro do Trabalho [Lindolfo Collor], procurando cercar-se de pessoas de sua confiança, convidou-o a ocupar o posto de Oficial de Gabinete.[31]

Com a Revolução, a vida de Erico Verissimo parece ter sido mais uma vez posta de pernas para o ar. A farmácia onde trabalhava, em Cruz Alta, foi à falência, o que o levou a buscar emprego em Porto Alegre. O primeiro a quem recorreu foi Moysés Vellinho[32], que a essa época havia se destacado como crítico literário, em particular por sua participação, no ano de 1925, quando ainda escrevia sob o pseudônimo de Paulo Arinos, na polêmica com Rubens de Barcellos em torno da obra de Alcides Maya. Esse episódio vem sendo pensado como parte do clima de intenso otimismo que predominava na literatura e na crítica literária sul-rio-grandenses da década de 1920.[33] Para Vellinho, um dos grandes problemas da obra de Maya seria sua narrativa da decadência da sociedade gaúcha. O jovem crítico acreditava que o papel da crítica não era o de contar a queda de uma dada sociedade, mas sim a sua continuidade.[34] Quando Erico Verissimo o

30. *Ibid.*, p. 310.

31. Schmidt, *op. cit.*, p. 409.

32. Verissimo, *op. cit.*, p. 26.

33. Mara Cristina de Matos Rodrigues, *Da crítica à história*: Moysés Vellinho e a trama entre a província e a nação (1925 a 1964), p. 47; Leite, *op. cit.*, p. 166.

34. Rodrigues, *op. cit.*, p. 52.

procurou, em 1930, Vellinho trabalhava na Secretaria do Interior do Rio Grande do Sul, comandada por Oswaldo Aranha. Ali, Verissimo nada conseguiu. A bem da verdade, Moysés Vellinho, unido aos aliancistas, também devia rumar para o Rio de Janeiro em breve, deixando seu cargo no governo do estado. A convite do novo ministro da Justiça, o próprio Oswaldo Aranha, Vellinho se tornaria seu Secretário Geral.

A busca de Verissimo por um emprego em Porto Alegre prosseguia:

> Uma tarde, porém, à porta da Livraria do Globo, encontrei Mansueto Bernardi, então diretor da *Revista do Globo* e que, como os jornais já haviam noticiado, preparava-se para dirigir a Casa da Moeda, no Rio de Janeiro, a convite de seu amigo Getúlio Vargas, chefe supremo do governo provisório instituído pela Revolução de Outubro. Bernardi me reconheceu...[35]

De fato, Mansueto Bernardi deixou o cargo que ocupava na Globo para Verissimo, que se tornou diretor da casa. O projeto político e literário de Bernardi vem sendo analisado como parte da amplificação, desde meados da década de 1920, da intelectualidade católica no Brasil.[36] Se já vimos seu papel, como intelectual ligado à Globo, no apoio à candidatura de Vargas e João Pessoa, é importante ressaltar que, assim como Collor e Cavaco, Bernardi igualmente esteve ao lado do presidente na campanha que se seguiu ao assassinato de João Pessoa. Mais uma vez pelas páginas da recém fundada *Revista do Globo*, ele se manifestava em prol da "rio-grandização do Brasil", valendo-se, para isso, de ícones históricos que conformavam a idealização da figura do gaúcho naquele período:

35. Verissimo, *op. cit.*, p. 26.
36. Marinello; Arendt, *op. cit.*, p. 282.

> Rio-grandenses!
>
> Mostremos com o nosso denodo aos que tanto nos ofenderam com as suas provocações e os seus insultos, mostremos aos assassinos de João Pessoa, aos violadores da lei e aos expoliadores da Nação que o espírito da nossa raça é imortal e que a mesma capacidade de sacrifícios que fez a grandeza sem par da geração dos Farrapos é ainda a dos nossos dias, neste glorioso crepúsculo da República Brasileira![37]

Recompensado pela lealdade demonstrada em tantos momentos, tornou-se Diretor do Serviço Oficial de Informações e Controle de Notícias da Revolução, em 1930. Somente em 1931 Bernardi foi efetivamente nomeado ao cargo citado por Erico Verissimo, o de Diretor da Casa da Moeda do Brasil, onde permaneceu até 1938. Nesse cargo, foi responsável por políticas tais como o novo Sistema Monetário Brasileiro, que instituiu o Cruzeiro.[38] As razões pelas quais deixou o cargo se relacionam com seus novos interesses políticos e também com as transformações na estrutura de poder ocorrida a partir de 1937, como veremos a seguir.

## III

Em 1937, Getúlio Vargas, por meio de um "golpe militar sob roupagem civil"[39], permanece no poder instituindo o regime que ficou conhecido como Estado Novo. A alcunha visava criar uma distância em relação ao período de vigência do pacto oligárquico, que ficou, já na época, marcado pela designação "República Velha". Ao mesmo tempo, os intelectuais do período trataram de estabelecer uma linha de continuidade entre o regime de 1937 e a Revolução de 1930, desconsiderando as incertezas vivenciadas

37. Mansueto Bernardi *apud* Marinello; Arendt, *op. cit.*, p. 291.

38. Adiane Fogali Marinello, *Quando a literatura toma partido*: literatura e política em Mansueto Bernardi, p. 5.

39. Aspásia Camargo *et al.*, *O golpe silencioso*: as origens da República corporativa, p. 13.

na época pelos indivíduos que então interferiam no desenrolar do processo histórico.[40]

Com o Estado Novo, instituiu-se um governo autoritário forjado a partir de uma política de massas que já vinha sendo desenvolvida desde a Revolução de 1930. Sem dúvida, não se tratou de um fenômeno restrito à realidade brasileira, inserindo-se num conjunto de críticas ao sistema liberal que tomou conta de diversos países ocidentais no período entreguerras e, sobretudo, a partir da crise de 1929. Nesse contexto, novas formas de governo capazes de controlar as massas e de evitar a eclosão de movimentos sociais de cunho socialista são articuladas. De acordo com Maria Helena Capelato, "uma das soluções propostas era a do controle social através da presença de um Estado forte comandado por um líder carismático, capaz de conduzir as massas no caminho da ordem".[41] É nesse ambiente de crise das democracias liberais e de emergência de novas formas autoritárias de governo que se organiza o Estado Novo. As transformações na estrutura social e de governo não se limitam, contudo, aos aspectos mencionados. Também a atuação dos intelectuais passa a ser dirigida para o Estado, instância na qual engajam-se em um "projeto político-pedagógico" que visava difundir a ideologia estadonovista.[42] Segundo Monica Pimenta Velloso, os intelectuais desse período se dispuseram a exercer um papel de "vanguarda social". O intelectual estaria incumbido da missão de representar a consciência nacional e, nesse sentido, a autora observa uma íntima relação entre a propaganda política (na qual os intelectuais passaram a ter um papel de relevo) e a educação.

O Estado Novo, provavelmente em razão de seu caráter autoritário, institui um regime que amplifica as ambiguidades e as divisões no mundo intelectual. Ao mesmo tempo em que

40. Dulce Pandolfi, "Os anos 1930: as incertezas do regime", p. 15.
41. Maria Helena Capelato, "O Estado Novo: o que trouxe de novo?", p. 109.
42. Monica Pimenta Velloso, "Os intelectuais e a política cultural do Estado Novo", p. 71.

uma série de escritores, críticos e jornalistas apoiam as políticas assumidas a partir de 1937, outros tantos são perseguidos, presos e torturados. Em um caminho intermediário, outros ainda assumiram posição política de esquerda, mesmo que moderadamente, conseguindo conciliar suas críticas sociais ao exercício de cargos ou funções públicas. Novas instituições e cargos são criados a fim de aumentar a centralização e o controle por parte do governo, ampliando, igualmente, as funções disponíveis a serem ocupadas pelos intelectuais.

O Estado Novo, enquanto regime repressivo que foi, perseguiu diversos intelectuais, gaúchos ou não, devido às suas posições políticas, particularmente quando ligados ao Partido Comunista, então na ilegalidade, ou à sua atuação contra o regime. As práticas repressivas estadonovistas foram denunciadas por escritores como Graciliano Ramos, que registrou suas memórias sobre o período na obra póstuma *Memórias do cárcere*, de 1953. Dentre os rio-grandenses que assumiram posição crítica, podemos citar Cyro Martins, a poeta Lila Ripoll (que, apesar de sua vinculação ao PCB, mantinha posição ambígua em relação ao regime, uma vez que exercia cargo de confiança junto à Secretaria de Educação do Rio Grande do Sul) e Dyonelio Machado.[43] Desde, pelo menos, a década de 1930 diversos escritores passaram a se aproximar do comunismo na cidade de Porto Alegre, e Dyonelio Machado vem sendo apontado como um dos mais importantes representantes dessa linhagem política em função de seu grau de engajamento.[44] Seu contato com as ideias comunistas se inicia com a instalação do diretório da Aliança Nacional Libertadora (ANL)[45] no Rio Grande do Sul,

43. René Gertz, "Intelectuais gaúchos e o Estado Novo brasileiro (1937–1945)", p. 23.

44. Marisângela Martins, *À esquerda de seu tempo:* escritores e o Partido Comunista do Brasil (Porto Alegre — 1927–1957).

45. A Aliança Nacional Libertadora foi uma associação constituída em 1935 que unificava forças políticas de naturezas diversas contra o avanço do fascismo, mas também

no ano de 1935. Dyonelio chegou a ser, na época, presidente da entidade, que foi fechada pelo governo logo em seguida.

Para Marly de Almeida Vianna, a ANL foi a "maior organização de massas que o país já teve".[46] É a partir desse momento que a historiografia tem demarcado um progressivo fechamento do regime, que acaba resultando no Estado Novo. Com o sucesso da ANL, o governo acabou por aprovar a Lei de Segurança Nacional, ainda no ano de 1935, procurando estabelecer uma vinculação entre a ANL e o PCB e assim aprimorar as condições para combatê-la. A imprensa igualmente teve papel decisivo na criação de um clima político de medo e insegurança: o jornal *O Globo*, no mesmo ano de 1935, publicou notícia que divulgava a "descoberta" de um plano subversivo que partia da União Soviética a fim de estabelecer o regime comunista no Brasil. Sabe-se hoje que tal plano, o chamado Plano Cohen, de fato nunca existiu, tratando-se de uma armação cujo objetivo era a perseguição aos comunistas, o que de fato ocorreu. Assim, os caminhos estavam preparados para o fechamento definitivo do regime, ocorrido em 1937. É preciso, contudo, que se preserve as indefinições presentes em qualquer processo histórico, sendo prudente não considerar como "necessária" a passagem para um regime autoritário a partir do recrudescimento instaurado em 1935. Tal recrudescimento, entretanto, levou à prisão de inúmeros indivíduos envolvidos ou suspeitos de envolvimento em "movimentos subversivos" e, no Rio Grande do Sul, Dyonelio Machado se tornou um alvo. Ele foi preso ainda em 1935 e libertado somente em 1937.[47]

Lila Ripoll, que, como se disse, trabalhava na Secretaria de Educação, apesar de sua notória discrição, tinha sua militância

contra o liberalismo. Visava dar coesão e garantir a articulação de setores democráticos frente ao momento político do país.

46. Marly de Almeida Vianna, "O PCB, a ANL e as insurreições de novembro de 1935", p. 82.

47. Martins, *op. cit.*, posição 1929.

comunista reconhecida. Entretanto, envolvido que estava em seu projeto de nacionalização do ensino, uma das bandeiras do novo regime, o secretário Coelho de Souza não se importava com a ideologia de seus funcionários, contanto que demonstrassem dedicação e empenho no trabalho.[48] De fato, alguns estudos vêm demonstrando que a colaboração intelectual, quando ocorrida em nome da construção e defesa da identidade nacional (dentro de limites bem definidos pelo regime, portanto), era considerada aceitável, mesmo quando partia de intelectuais mais próximos de ideologias contrárias ao Estado Novo. Quando se evidenciassem discordâncias explícitas, contudo, "a resposta vinha na forma da censura, da repressão, ou da crítica arrasadora".[49]

O outro lado da moeda era composto pelos intelectuais que aderiam à ideologia estadonovista. Obviamente, isso também não ocorria de forma simplista. É verdade que havia aqueles casos de intelectuais mais afeitos às ideias autoritárias, como são os casos de Fábio de Barros e Ruy Cirne Lima, por exemplo, que, como explica René Gertz, faziam parte do grupo de intelectuais católicos do Rio Grande do Sul que "deu apoio sólido ao *status quo* político instaurado em 1937" e "em várias oportunidades, propôs antes 'ultrapassar' o regime pela direita, do que fazer-lhe oposição, isto é, em algumas situações criticou as autoridades por suposta conivência com excessos de liberdade".[50] Também é verdade, contudo, que havia casos em que as adesões e afastamentos em relação às políticas oficiais eram mais dinâmicos.

Em abril de 1938, o *Jornal do Estado*, órgão oficial do governo do Rio Grande do Sul, publicou nota sobre a formação do Comitê de Propaganda do Estado Novo. Segundo Gertz, na reunião de criação do comitê estiveram presentes intelectuais como Moysés Vellinho, Dante de Laytano, Telmo Vergara e Erico

48. *Ibid.*, posição 2383.
49. *Ibid.*, posição. 2514.
50. Gertz, *op. cit.*, p. 24.

Verissimo.[51] Gertz admite a dificuldade para interpretar a participação de alguns desses indivíduos em um projeto como esse. Em alguns casos, como no de Verissimo, que chegou a proferir ao menos uma palestra em favor do regime, talvez pudéssemos compreender melhor a complexidade das suas adesões e dos seus afastamentos, sugere Gertz, se contássemos com outros materiais e fontes de autoria do escritor a respeito do assunto.[52] O caso de Vellinho também é emblemático desses movimentos intelectuais: como vimos, ele participou ativamente da onda de otimismo que atravessou o Rio Grande do Sul, influenciando a crítica literária e a historiografia do estado. Seguiu com o novo ministro da Justiça, Oswaldo Aranha, para o Rio de Janeiro, assim que foi instalado o Governo Provisório. Retornou, entretanto, ao Rio Grande do Sul, em 1932, descontente com os rumos da Revolução. Chegou a ter atuação restrita ao Rio Grande do Sul, mas, com o tempo, foi se desiludindo com a política e se afastando dela de uma vez por todas. Mara Rodrigues assim nos explica como se deu essa transição que se operou na figura de muitos intelectuais gaúchos:

> Do final da década de 1920 até meados da década de 1940, a Revolução de 30 e o Estado Novo operaram consecutivamente como um fator de mobilização, engajamento e desilusão dos intelectuais com a ação política na esfera estadual e nacional. No período de redemocratização, a partir de 1945, muitos intelectuais historiadores encontravam-se envolvidos na "missão" de projetar nacionalmente o estado, não mais na esfera política — político-partidária e governamental –, mas no campo da produção *cultural* — artística e intelectual.[53]

51. *Ibid.*, p. 27.
52. *Ibid.*, p. 28.
53. Mara Cristina de Matos Rodrigues, *Da crítica à história*: Moysés Vellinho e a trama entre a província e a nação (1925 a 1964), p. 17-18, grifo da autora..

Outro exemplo de intelectual comprometido desde o período de empolgação com a ideia de "rio-grandização do Brasil", mas cuja trajetória é capaz de ilustrar os movimentos intelectuais na arena política, é o de Mansueto Bernardi. Já vimos que, após deixar seu lugar na Globo para Erico Verissimo, seguiu para o Rio de Janeiro a fim de assumir cargos no governo de Vargas. Bernardi pode ser compreendido, de certa forma, como o outro lado da história de Dyonelio Machado: ainda na década de 1930, aderiu ao Integralismo, de Plínio Salgado. A Ação Integralista Brasileira (AIB), assim como a ANL, foi um movimento surgido no contexto de indefinições que se deu entre a Revolução de 1930 e a instauração do Estado Novo, mas desta vez organizado em torno de grupos de extrema-direita. Segundo Marcos Chor Maio e Roney Cytrynowicz, a Ação Integralista Brasileira, fundada em 1932, foi o primeiro partido político nacional implantado no Brasil[54] e seu sucesso pode ser explicado pelo crescimento, em diversos países, das ideologias fascistas. Socialmente, sua inserção se dava entre as classes médias urbanas e teve grande difusão entre os imigrantes italianos e alemães, como era o caso de Mansueto Bernardi.[55] No ano de 1938, Bernardi foi preso, justamente por suas adesões ideológicas, pela ditadura do Estado Novo. Quando foi solto, foi destituído do cargo na Casa da Moeda e retornou ao Rio Grande do Sul, onde se aposentou em 1942.

Com a estruturação do novo regime, como se disse, outras posições intelectuais são criadas, a fim de aumentar a centralização do estado. Nesse sentido, é em dezembro de 1937 que se dá a nomeação de Augusto Meyer para dar início ao Instituto Nacional do Livro (INL). No cargo de diretor do órgão, o escritor ficaria, num primeiro momento, até o ano de 1954, não por

54. Marcos Chor Maio; Roney Cytrynowicz, "Ação Integralista Brasileira: um movimento fascista no Brasil", p. 42.

55. *Ibid.*, p. 53. A historiografia tem apontado para o fato de que a amplitude da inserção do Integralismo entre os imigrantes não se deu por razões étnicas, mas sim por fatores ligados à estratificação social e à inserção econômica desses grupos.

acaso ano do suicídio de Getúlio Vargas, ao final do seu segundo governo (1951–1954). Num segundo momento, entre 1961 e 1967, Meyer retornaria à direção do INL.[56]

Segundo Laurence Hallewell, o Instituto Nacional do Livro foi uma consequência da mudança de regime para o Estado Novo. Para ele,

> Vargas, fazendo-se ditador, decidiu evidenciar a necessária e paternal preocupação com a cultura de seu país. Inspirado na magnífica enciclopédia italiana *Treccani*, então recentemente completada no governo de Mussolini, e que já levara a empreendimento semelhante no Portugal de Salazar, Vargas sonhou com uma enciclopédia e um dicionário nacional semelhantes para o Brasil.[57]

A ideia da enciclopédia permaneceu inacabada, mas o INL teve, igualmente, uma série de outros objetivos. O único efetivamente realizado durante a gestão de Augusto Meyer, entre o primeiro e o segundo governo de Vargas, foi a edição de obras raras de reconhecida importância para a cultura luso-brasileira. Dentre as obras publicadas com esse propósito, encontramos "a *Bíblia medieval portuguesa*, o *Dicionário de filosofia* de Orris Soares (1952), as edições de Augusto Magne do *Boosco deleitoso* de 1515 (em 1950) e — em 1944 — a versão portuguesa ainda mais antiga (do século XIV) da lenda do Rei Artur, *Demanda do Santo Graal*".[58] O INL também era responsável por desenvolver bibliotecas públicas e há que se lembrar, nesse sentido, o papel desempenhado por Meyer como diretor da Biblioteca Pública do Rio Grande do Sul, em Porto Alegre, entre os anos de 1930 e 1936, o que explica a recomendação de seu nome para liderar o mais novo empreendimento estadonovista.

56. Hallewell, *op. cit.*, p. 312-313.

57. *Ibid.*, p. 313.

58. *Ibid.*, p. 313.

Por fim, o Instituto Nacional do Livro também nascia com um propósito bastante caro ao novo regime repressivo que se instaurava: era uma de suas funções regular os livros que podiam ou não ser publicados ou importados. De acordo com Hallewell, dois anos após sua fundação, o INL ainda não havia desempenhado essa função, nem mesmo tendo constituído as estruturas necessárias para tanto. De qualquer forma, a ingrata função de proibir livros foi transferida para outro órgão, o Departamento de Imprensa e Propaganda (DIP).[59] O DIP, assim como seus órgãos estaduais, os DEIPs, tinha por função organizar a propaganda do Estado Novo, popularizando sua ideologia e reprimindo o que não estivesse de acordo com seus propósitos.[60] Segundo Monica Pimento Velloso,

> A entidade abarcava os seguintes setores: divulgação, radiodifusão, teatro, cinema, turismo e imprensa. Estava incumbida de coordenar, orientar e centralizar a propaganda interna e externa; fazer censura a teatro, cinema, funções esportivas e recreativas; organizar manifestações cívicas, festas patrióticas, exposições, concertos e conferências; e dirigir e organizar o programa de radiodifusão oficial do governo.[61]

Do mesmo modo que o INL, o DIP e os DEIPs proporcionaram novos postos de atuação aos intelectuais. No Rio Grande do Sul, Manoelito de Ornellas chegou a integrar o quadro de funcionários do órgão estadual, tendo ingressado no DEIP no ano de 1943, período em que o Estado Novo já se encontrava em seus estertores. Com a entrada do Brasil na Segunda Guerra Mundial, em 1942, do lado dos Aliados e, portanto, combatendo o Eixo, já não se tornava mais possível a manutenção de um regime autoritário no país. Assim, foi a partir desse momento que Getúlio

59. *Ibid.*, p. 315.

60. Velloso, *op. cit.*, p. 157.

61. *Ibid.*, p. 158.

Vargas começou a pensar como se daria a transição democrática em seu governo. Para René Gertz, a entrada de Ornellas no DEIP, no ano de 1943, expressa justamente esse contexto: o intelectual teria a função de efetivar a referida transição.[62]

Como vimos, os diferentes governos de Getúlio Vargas tiveram ampla repercussão na vida cultural do país, em função, sobretudo, da ampliação dos postos disponíveis aos setores intelectuais com a modernização da burocracia e o aumento do controle sobre a produção cultural e as diversões públicas. Não é de se estranhar que boa parte dos intelectuais atingidos por tais mudanças tenham sido oriundos do Rio Grande do Sul: estado natal do presidente Getúlio Vargas, este formou boa parte de suas lealdades políticas anteriores à Revolução de 1930 entre os escritores ligados à Livraria do Globo. Se o contexto geral era de modernização da estrutura burocrática nacional e ampliação dos setores urbanos, os modos de recrutamento para diversas funções ainda se mantiveram, como se viu, bastante ligados às vinculações pessoais e aos contatos preexistentes entre políticos e intelectuais, que configuravam as lealdades necessárias para a implementação e sustentação de novos regimes.

Os anos em que Getúlio Vargas esteve no poder perpassaram momentos de grandes transformações. É provável que as escolhas políticas de Vargas e dos homens de sua confiança tenham sido responsáveis por algumas delas. Crentes na sua capacidade de intervenção na sociedade, muito mais do que apenas na sua capacidade de análise, os intelectuais gaúchos de variadas matizes — escritores, poetas, historiadores e críticos, comunistas ou integralistas — aproveitaram as oportunidades oriundas do contexto entre as décadas de 1920 e 1950 para se aproximar das instâncias do poder. No movimento nem sempre fácil que marca a distância entre seus ideais e a realidade da prática política, muitos deles se desiludiram, alguns dramaticamente. As

---

62. Gertz, *op. cit.*, p. 22.

marcas do investimento que fizeram, contudo, ainda podem ser verificadas, seja no país que ajudaram a criar, seja nas análises que nos legaram.

## Referências

BARROS, Orlando de. Os intelectuais de esquerda e o ministério Lindolfo Collor. *In*: FERREIRA, Jorge; REIS, Daniel Aarão (Org.). A formação das tradições: 1889–1945. Rio de Janeiro: Civilização Brasileira, 2007.

CAMARGO, Aspásia *et al*. *O golpe silencioso*: as origens da República corporativa. Rio de Janeiro: Rio Fundo, 1989.

CAPELATO, Maria Helena. O Estado Novo: o que trouxe de novo?. *In*: FERREIRA, Jorge; DELGADO, Lucília de Almeida Neves (Org.). *O Brasil republicano*: o tempo do nacional-estatismo: do início da década de 1930 ao apogeu do Estado Novo. Rio de Janeiro: Civilização Brasileira, 2011.

FERREIRA, Marieta de Moraes; PINTO, Surama Conde. A crise dos anos 1920 e a Revolução de 30. *In*: FERREIRA, Jorge; DELGADO, Lucília de Almeida Neves (Org.). *O Brasil republicano*: o tempo do liberalismo excludente: da Proclamação da República à Revolução de 1930. Rio de Janeiro: Civilização Brasileira, 2003.

GERTZ, René, Intelectuais gaúchos e o Estado Novo brasileiro (1937–1945). *História – Debates e Tendências*, v. 13, n. 1, jan./jun. 2013.

GRIJÓ, Luiz Alberto. *Origens sociais, estratégias de ascensão e recursos dos componentes da chamada "geração de 1907"*. 1998. Dissertação (Mestrado em Ciência Política) – Universidade Federal do Rio Grande do Sul, Porto Alegre, 1998.

HALLEWELL, Laurence. *O livro no Brasil*: sua história. São Paulo: EDUSP, 1985.

LEITE, Ligia Chiappini Moraes. *Regionalismo e Modernismo*. São Paulo: Ática, 1978.

LOVE, Joseph. *O regionalismo gaúcho e as origens da Revolução de 30*. São Paulo: Perspectiva, 1975.

MAIO, Marcos Chor; CYTRYNOWICZ, Roney. Ação Integralista Brasileira: um movimento fascista no Brasil. *In:* FERREIRA, Jorge; DELGADO, Lucília de Almeida Neves (Org.). *O Brasil republicano*: o tempo do nacional-estatismo: do início da década de 1930 ao apogeu do Estado Novo. Rio de Janeiro: Civilização Brasileira, 2011.

MARINELLO, Adiane Fogali; ARENDT, João Claudio. Cultura regional, política e literatura em Mansueto Bernardi. *MÉTIS – História & Cultura*, v. 4, n. 8, jul./dez. 2005.

MARTINS, Marisângela. *À esquerda de seu tempo*: escritores e o Partido Comunista do Brasil (Porto Alegre – 1927–1957). São Paulo: Verona, 2014. (Kindle).

MICELI, Sérgio. *Intelectuais à brasileira*. São Paulo: Companhia das Letras, 2001.

MURARI, Luciana. "Água parada": o olhar da modernidade na ficção de Alcides Maya. *Estudos Ibero-Americanos*, v. XXXIV, n. 2, dez. 2008.

PANDOLFI, Dulce. Os anos 1930: as incertezas do regime. *In*: FERREIRA, Jorge; DELGADO, Lucília de Almeida Neves (Org.). *O Brasil republicano*: o tempo do nacional-estatismo: do início da década de 1930 ao apogeu do Estado Novo. Rio de Janeiro: Civilização Brasileira, 2011.

RODRIGUES, Mara Cristina de Matos. *Da crítica à história*: Moysés Vellinho e a trama entre a província e a nação (1925 a 1964). 2006. Tese (Doutorado em História) – Universidade Federal do Rio Grande do Sul, Porto Alegre, 2006.

SCHMIDT, Benito. *Em busca da terra da promissão*: a história de dois líderes socialistas. Porto Alegre: Palmarinca, 2004.

TELES, Jefferson. A trajetória de Mansueto Bernardi e Othelo Rosa no contexto da Aliança Liberal: alinhamentos e tensões. *In:* ENCONTRO DE PESQUISAS HISTÓRICAS, I, 2014, Porto Alegre. *Anais* [...]. Porto Alegre: PUCRS (EPHIS), 2014.

TORRESINI, Elizabeth Rochadel. *Editora Globo*: uma aventura editorial nos anos 30 e 40. Porto Alegre: Ed. da UFRGS, 1999.

VELLOSO, Monica Pimenta. Os intelectuais e a política cultural do Estado Novo. *Revista Sociologia e Política*, n. 9, 1997.

VELLOSO, Monica Pimenta. Os intelectuais e a política cultural do Estado Novo. *In*: FERREIRA, Jorge; DELGADO, Lucília de Almeida Neves (Org.). *O Brasil republicano*: o tempo do nacional-estatismo: do início da década de 1930 ao apogeu do Estado Novo. Rio de Janeiro: Civilização Brasileira, 2011.

VERGARA, Pedro. *Mansueto Bernardi*: esboço de uma grande vida. Rio de Janeiro: IBGE, 1960.

VERISSIMO, Erico. *Um certo Henrique Bertaso.* São Paulo: Companhia das Letras, 2011.

VIANNA, Marly. O PCB, a ANL e as insurreições de novembro de 1935. *In*: FERREIRA, Jorge; DELGADO, Lucília de Almeida Neves (Org.). *O Brasil republicano*: o tempo do nacional-estatismo: do início da década de 1930 ao apogeu do Estado Novo. Rio de Janeiro: Civilização Brasileira, 2011.

VISCARDI, Claudia. *O teatro das oligarquias*: uma revisão da "política do café com leite". Belo Horizonte: Fino Traço, 2012.

Luciana Murari

# 3.13

# Mestres da linguagem: uma breve história do ensino de Letras no Rio Grande do Sul

*Só não morreu a tua prosa, eterna*
*Como a quiseste, flor que sempre dura*
*Nesse vaso de ouro em que a deitaste*
Guilhermino Cesar,
"Mestres da linguagem: Machado de Assis".

No Brasil, o conhecimento de línguas e de literatura fez parte, ao longo do período colonial e da formação do país independente, da categoria dos saberes eruditos que definiam as habilidades bacharelescas de sua estreita população culta e participavam da afirmação de seu prestígio e de suas prerrogativas dentro de uma sociedade majoritariamente analfabeta e avessa ao trabalho manual. A organização de tais saberes em uma área de ensino foi, entretanto, dependente da posterior formação do sistema universitário no país, ocorrida apenas a partir de 1934.

Neste texto, acompanharemos a formação do ensino de Letras no Rio Grande do Sul, a partir de um estudo focado nas duas primeiras instituições atuantes na área, localizadas ambas na capital: a Faculdade Livre de Educação, Ciências e Letras de Porto Alegre, convertida em Faculdade Católica e mais tarde em Pontifícia Universidade Católica (PUCRS) e a Universidade de Porto Alegre (UPA), integrante da atual Universidade Federal do Rio Grande do Sul (UFRGS). Observaremos aspectos diversos desse processo, tais como a organização das instituições, a normatização de seus princípios pedagógicos, seus conteúdos programáticos, seus fundamentos curriculares e, particularmente, sua lenta consolidação como um campo autônomo de ensino e pesquisa, dotado de um estatuto teórico-metodológico próprio. No final do texto, buscaremos contemplar, ainda que brevemente, a interiorização do ensino de Letras no estado.

O Rio Grande do Sul foi um dos estados pioneiros na formação do sistema universitário no Brasil, no contexto de um processo em que a centralização política característica do período pós-1930 submetia os estados às diretrizes estabelecidas pela legislação federal.

Esse processo estava relacionado à demanda de reforma do ensino secundário, voltado até então para a preparação dos alunos para os exames admissionais nas principais faculdades do país.

Os primeiros deles surgiram como meros anexos às faculdades de Direito, como "aulas menores" ou "preparatórias". Eram os chamados liceus, ateneus, ginásios e colégios, públicos e particulares. De acordo com a área de estudos pretendida pelo aluno, era exigida proficiência em um determinado número de disciplinas, adotando-se o sistema dos cursos "preparatórios" e dos exames parcelados, ou seja, por disciplina. O ensino secundário não existia, portanto, por si próprio, e sim como uma categoria de transição para o ensino superior, o que explica o predomínio da memorização de conteúdos e de cadeiras de formação geral, conforme diagnóstico da *Revista Brasileira de Estudos Pedagógicos*, publicada em 1946.[1]

Nesse contexto, o exame de Português assumiria importância fundamental, já que possuía, desde 1886, caráter eliminatório. O ensino de língua e literatura no Brasil vinha já há tempos passando por uma trajetória revisionista: a inclusão da disciplina de Língua Portuguesa nos exames preparatórios para ingresso nas faculdades de Direito data de 1870, havendo até

1. Publicada pelo Instituto Nacional de Estudos Pedagógicos.

então predomínio do estudo de Latim sobre o do vernáculo. O ensino de Português concentrava-se na veiculação das regras gramaticais, preso a uma visão normativa da língua, e deixava pouco espaço para a leitura e a produção textual. Enquanto isso, o estudo da produção literária brasileira foi incorporado pelas disciplinas de Retórica e Poética, depois pela cadeira de História da Literatura Nacional e, em seguida, a partir de 1911, agregado ao programa de Língua Portuguesa.[2]

É possível afirmar que o currículo escolar brasileiro reproduzia os fundamentos conservadores do ensino acadêmico europeu, em particular o modelo francófilo, humanista e clássico. De acordo com Arno Meyer, o ensino secundário era concebido na Europa, até a I Guerra Mundial, como um aprendizado necessário ao ingresso na universidade, aprendizado no qual o estudo das línguas clássicas e de sua literatura ocupava no mínimo metade do currículo. Os estudos clássicos mantiveram-se por muito tempo ainda como critério básico para a incorporação dos filhos das classes burguesas e dos profissionais liberais às posições de maior prestígio na elite, enquanto os descendentes das camadas senhoriais prendiam-se à tradição e assim garantiam sua presença nas instituições superiores mais prestigiosas, mantendo sua pretensa superioridade cultural. [3]

As necessidades da sociedade industrial e o desejo de ascensão das classes médias e baixas conduziram à formação paralela, ao longo do século XIX, de um outro tipo de instituição escolar, dedicada à preparação do jovem para a atuação profissional. Em geral, essa duplicidade manteve o caráter tradicional e elitista das universidades, ao dividir o sistema de ensino pós-secundário entre o meio acadêmico tradicional, que mantinha as convenções clássicas e latinizantes que transmitiam o patrimônio da

---

2. Márcia de Paula Gregório Razzini, O *espelho da nação*: a antologia nacional e o ensino de Português e de Literatura (1838–1971).

3. Arno Meyer, A *força da tradição*: a persistência do Antigo Regime (1848–1914), p. 248-249.

civilização ocidental para os descendentes das classes altas, por um lado, e, por outro, o pragmatismo das escolas voltadas para o treinamento profissional, que não forneciam acesso à universidade, voltado para as camadas médias.[4]

No Brasil, a fundação dos cursos superiores de Letras clássicas atendeu a essa demanda pela formação acadêmica tradicional, que ainda fazia parte, no momento da implantação do sistema universitário, do horizonte de expectativas dos formuladores da política educacional e da elite do país. A regulamentação do regime universitário deu-se através do decreto n. 19.851, de 11 de abril de 1931, que criou a possibilidade de abertura de Faculdades de Educação, Ciências e Letras, com o objetivo de formar professores para o ensino secundário, já que a ausência de instituições de formação de docentes para o nível médio consagrava um ensino inespecífico, convencional e desprovido de identidade própria. A chamada "Reforma Francisco Campos" estabeleceu uma política educacional única em âmbito nacional, sob a inspeção centralizada do Ministério da Educação e Saúde Pública.[5]

Particularmente no que toca à formação dos cursos de Letras, a Reforma estabeleceu novas diretrizes para o ensino de línguas. O francês, até então a língua viva de maior prestígio na formação superior, foi limitado ao ensino fundamental, enquanto o inglês foi incluído como disciplina obrigatória no curso complementar, que formava alunos para as faculdades. Em função da demanda dos cursos de medicina, a língua alemã foi também incluída no currículo secundário, como matéria facultativa, enquanto o latim era exigido pelos cursos jurídicos. Observe-se que o currículo dos cursos secundários subordinava-se às demandas da formação

4. *Ibid.*, p. 248-250.

5. Luiz Antônio Cunha, *A universidade temporã*: o ensino superior da Colônia à Era de Vargas, p. 257-260.

superior — e, de fato, a Reforma atingiu primeiro essa última, e depois os primeiros.[6]

Assim, desde 1931, planejava-se a formação de professores em nível superior.[7] Naquele mesmo ano, o decreto 20.179, de 6 de junho, determinava que os cursos superiores existentes nos estados seriam regulados, em seu conteúdo e regime didático, pela instituição federal de referência em sua área, que definiria as disciplinas obrigatórias a serem cumpridas, assim como as condições de ingresso no curso.[8] O governo federal assumia o poder de fixar os princípios didáticos do ensino superior do país, em detrimento das entidades já instaladas em nível estadual, através da Universidade do Brasil, destinada a ser a instituição-modelo a partir da qual o regime universitário seria organizado.[9]

A instalação das faculdades incumbidas de formar o professorado secundário teve início apenas a partir de 1934. O primeiro curso universitário de Letras do Brasil foi anterior à organização da Universidade do Brasil. O curso surgiu vinculado à Faculdade de Filosofia, Ciências e Letras da USP.[10] A chamada "Seção de

6. *Ibid.*, p. 258-259.

7. O Ministério da Educação e Saúde Pública havia sido criado em 1930 e manteve-se sob essa denominação até 1953, quando, com a criação do Ministério da Saúde, passou a Ministério da Educação e Cultura. Daí surge a sigla MEC, mantida até os dias atuais. Em 1985, a entidade passou a ser denominada Ministério da Educação, com a criação do Ministério da Cultura. Em 1992, foi convertida em Ministério da Educação e do Desporto, e em 1995 voltou a ser Ministério da Educação.

8. Essa centralização obscureceu as iniciativas dos estados, como por exemplo a criação da Universidade Técnica do Rio Grande do Sul, modelo de vanguarda em sua época. Fundada em 1896 como Escola de Engenharia de Porto Alegre, abrigava cursos técnicos de nível médio e superior, pesquisa e extensão comunitária, inspirada nos modelos acadêmicos inglês e norte-americano, ou seja, de caráter pragmático, clara orientação social e inclinação para a pesquisa científica. Mozart Pereira Soares; Pery Pinto Diniz da Silva, *Memória da Universidade Federal do Rio Grande do Sul*: 1934–1964, p. 29-32.

9. *Ibid.*, p. 38-46.

10. Duas outras iniciativas precedem, no entanto, a fundação do curso de Letras da USP: em 1908, houve uma experiência nesse sentido promovida pela Faculdade de Filosofia São Bento, em São Paulo; na mesma cidade, registra-se a fundação da Faculdade Paulista de Letras e Filosofia, entidade livre que funcionou de 1931 a 1934. José Luiz Fiorin, "A criação dos cursos de Letras no Brasil e as primeiras orientações da pesquisa linguística universitária", p. 13.

Letras" dividia-se entre os cursos de: Letras Clássicas e Português, que englobava as disciplinas de Filologia Grega e Latina, Filologia Portuguesa, Literatura Luso-Brasileira, Literatura Grega e Literatura Latina; Letras Estrangeiras, compreendendo cadeiras de Língua e Literatura Francesa e de Língua e Literatura Italiana. No ano seguinte, a Faculdade passou a oferecer a formação em outras línguas e literaturas modernas: Espanhol, Inglês, Alemão. Em 1939, o curso viu-se obrigado a adequar-se ao programa da instituição-modelo, sendo então iniciado o ensino nas áreas estabelecidas pela legislação federal.

Dez anos depois, em 1944, existiam 16 faculdades de Filosofia no total de 148 estabelecimentos de ensino superior no país.[11] Embora a Universidade de Porto Alegre date do mesmo ano da fundação da USP, no Rio Grande do Sul a criação de um curso superior em Letras teve que aguardar mais alguns anos. Em 1934, algumas instituições de educação superior isoladas do estado foram integradas e referendadas como escolas oficiais equiparadas às instituições federais congêneres. Foi então prevista a criação de uma Faculdade de Educação, Ciências e Letras. No entanto, como não havia sido criada ainda a Faculdade Nacional de Filosofia (FNF), modelo estabelecido em nível federal para a organização das instituições de ensino superior no país, sua criação de fato foi adiada até 1936, e seus cursos implantados em 1943.[12]

Vemos, portanto, que a fundação de cursos superiores nos estados estava a reboque da legislação federal, no contexto do estado autoritário varguista. Ademais, a criação de cursos voltados majoritariamente à formação de professores secundários implicava em consideráveis disputas de poder, o que embaraçava o processo. Em um período de crise do liberalismo e continuidade do processo de laicização da sociedade, temia-se

11. "Desenvolvimento do ensino secundário", *Revista Brasileira de Estudos Pedagógicos*.
12. Soares; Silva, *op. cit.*

que alternativas ideológicas em ascensão nos anos 1930 — o comunismo e o fascismo, notadamente — viessem a ganhar espaço na formação dos jovens, em particular porque a Igreja perdia espaço.

Nos debates em torno da formação de uma universidade no Rio Grande do Sul, opunham-se aqueles que defendiam uma educação voltada para a espiritualidade e empenhada na defesa dos valores cristãos, reunidos em torno da Liga Eleitoral Católica, e os partidários da tradição positivista do estado, que se batiam pelo ensino leigo, convergindo com as ideias dos representantes da chamada Escola Nova, de inclinação liberal. Ao que parece, no Rio Grande do Sul, a polêmica acabou por ser vencida, ao menos em um primeiro momento, pela corrente católica, uma vez que a aula inaugural da Faculdade de Filosofia, em 12 de abril de 1943, consistiu em um apelo do professor Oscar Machado à espiritualidade, contrariamente à ascensão do materialismo.[13]

Compreende-se, portanto, que, paralelamente às polêmicas que, desde o último ano da década de 1920, conturbavam a organização inicial da UPA, um grupo de intelectuais católicos viesse trabalhando para a fundação de um curso superior de formação de professores para o ensino secundário, desde a reformulação jurídica dos cursos superiores no país de 1931. A iniciativa foi assumida por irmãos da Ordem Marista atuantes no ensino secundário da capital. O marco inicial desta história foi a conversão do Instituto Superior de Comércio na Faculdade de Ciências Políticas e Econômicas (FCPE), reconhecida em 1934.

Em fevereiro de 1939, a União Sul-Brasileira de Educação e Ensino (USBEE), entidade civil dos irmãos maristas do Rio Grande do Sul, requereu ao Ministério da Educação autorização para o funcionamento de cursos superiores de Filosofia, Ciências Sociais, Geografia e História, Letras Clássicas, Neolatinas e

13. *Ibid.*, p. 33-37.

Anglo-Germânicas. Os cursos tinham a duração de três anos e, na área dos estudos de língua e literatura, formavam bacharéis em três diferentes habilitações: Letras Clássicas, Neolatinas e Anglo-Germânicas. O diploma de licenciatura era obtido no quarto ano de curso, quando eram realizadas as disciplinas didáticas.[14] Em 26 de março de 1940, deu-se a inauguração solene da Faculdade de Filosofia, com a apresentação da aula sapiencial do professor Armando Pereira da Câmara intitulada "A Filosofia e a Cultura Nacional". Iniciavam-se, assim, as atividades do primeiro curso de formação em Letras do Rio Grande do Sul, sediadas em um prédio construído pela USBEE junto à Praça Dom Sebastião, compartilhado com os alunos do Colégio Rosário e da FCPE. [15]

Os três cursos da área de Letras continham, além de suas disciplinas específicas — línguas e literaturas latina, grega, francesa, espanhola, italiana, alemã e inglesa — disciplinas de português, literatura portuguesa e brasileira. Os dois primeiros ofereciam também a cadeira de Filologia Românica.[16] Os cursos da Faculdade Livre de Porto Alegre contavam com professores recrutados entre profissionais de formação diversificada, embora o mais comum fosse a formação jurídica. As principais exceções eram os que possuíam formação médica, os professores formados no exterior e os clérigos.[17]

---

14. Didática geral, Didática especial, Psicologia educacional, Administração escolar, Educação comparada e Filosofia da educação. Lothar Francisco Hessel; Earle Diniz Macarthy Moreira, *Faculdade de Filosofia*: 25 anos de atividade (1942–1967), p. 101-107.

15. Elvo Clemente, *Pilares da PUCRS*.

16. Posteriormente, na década de 1950, foi acrescentada a disciplina Filologia Anglo-Germânica na 3ª série do curso de Letras Anglo-Germânicas.

17. Especificamente no campo de Letras, eram doutores em Direito: Elpídio Ferreira Paes, responsável pelas cadeiras de Latim e Língua Portuguesa; Salomão Pires Abraão, professor de Literatura Portuguesa, Francisco Juruena, professor de Literatura Brasileira, catedrático da disciplina, e Darcy Azambuja, professor de Português. Possuía formação médica o professor de Grego — e também de Química Geral —, Mário Bernd. O belga René Ledoux, professor de francês, era doutor em Filosofia e Letras pela Universidade de Gand; Gino Batocchio, doutor em Letras pela Universidade de Pádua, era professor de

O responsável pelo ensino de literatura brasileira era Francisco Juruena, que atuou no ensino superior junto aos irmãos maristas por mais de 40 anos. Ao longo de sua vida profissional, dividiu-se entre o magistério superior, a política, a burocracia e a atuação jurídica. Iniciou sua carreira de professor universitário em fins de 1933, quando, ainda recém-formado, lecionou Direito Internacional Público, Diplomacia e História dos Tratados na Faculdade de Ciências Políticas e Econômicas. Autor de sonetos de gosto parnasiano influenciados por Olavo Bilac, publicou pela Editora Globo, em 1956, sob o pseudônimo R. Estrela, o livro *Cantigas de um trovador*, coletânea de quadros e quintilhas de sabor romântico, ingênuo e humorístico.[18]

O primeiro programa de Literatura Brasileira preparado por Juruena era exaustivo e detalhado, esboçando, em seus 35 pontos, uma cronologia histórica que tomava como referência inicial a periodização da *Pequena história da literatura brasileira*, de Ronald de Carvalho, originalmente publicada em 1919. No programa, marcam presença os grandes nomes do cânone, com destaque para os poetas Gregório de Matos, Gonçalves Dias, Álvares de Azevedo, Castro Alves e Cruz e Souza, além de Machado de Assis. No entanto, observa-se também o estudo de alguns autores menos convencionais, como Antônio José da Silva, Gonzaga Duque e Lima Barreto. Ao longo dos anos 1940, esse programa foi sendo alterado aos poucos, incorporando figuras como Tobias Barreto, Afonso Guimarães, Odorico Mendes e João Francisco Lisboa, mantendo um conceito amplo de literatura que contemplava teatro, jornalismo e crítica. O

italiano e Leonardo Tochtrop, bacharel em ciências econômicas, lecionava língua alemã e sua literatura. No primeiro momento, o único religioso atuante no curso era o professor de espanhol e literatura espanhola e hispano-americana Miguel Galán Ovejas, conhecido como Padre Amador, ODC. Contava-se ainda com Kurt Dudzig, de nacionalidade alemã, professor de língua e literatura inglesas. Faculdade Livre de Educação, Ciências e Letras de Porto Alegre, *Corpo docente de 1940, com as alterações havidas*.

18. Clemente, *op. cit.*

curso finalizava — ou assim estava previsto — com "o atual movimento literário brasileiro", a literatura rio-grandense e "suas principais figuras".[19]

Enquanto isso, ao menos dois projetos de estruturação da Faculdade de Filosofia da UPA foram apresentados e descartados, dada a exigência legal de observância do modelo da Universidade do Brasil, uma vez que a FNF foi fundada apenas em 1939. Aguardou-se também a elaboração do Plano Nacional de Educação, entre 1936 e 1937, mas esse foi abandonado quando da promulgação do Estado Novo. No projeto elaborado pela UPA, apresentado em 1937 e logo descartado, os fundamentos organizacionais e o regulamento da Faculdade de Educação, Ciências e Letras haviam sido claramente inspirados na organização da Faculdade de Filosofia da USP.[20]

Os cursos da área de Letras da UPA, de âmbito estadual, foram instalados em 1943 e abrigados no prédio da Faculdade de Direito. Enfrentava-se a dificuldade de preenchimento do quadro docente, uma vez que funcionários públicos eram então proibidos de acumular cargos. A solução foi realizar o pagamento através de honorários por carga horária de aulas, o que permitiu a contratação dos primeiros professores. Vale ressaltar que alguns daqueles que atuaram junto à instituição gerida pelos irmãos maristas fizeram carreira também na universidade pública, convertida em 1947 em Universidade do Rio Grande do Sul — face à agregação de instituições do interior do estado — e federalizada em 1950. Alguns atuaram em ambas as instituições simultaneamente, o que é compreensível se levarmos em conta a novidade que se estava criando, em um meio intelectual ainda bastante incipiente.[21]

---

19. Faculdade Livre de Educação, Ciências e Letras de Porto Alegre, *Programa de Literatura Brasileira*.

20. Soares; Silva, *op. cit.*

21. O primeiro professor a assumir a disciplina de Literatura Brasileira na Universidade foi Moysés Vellinho, enquanto o catedrático da disciplina na Faculdade Livre, Francisco

O número de alunos que concluíam o curso nos primeiros anos dessas faculdades era bastante baixo. Na Faculdade Católica, que havia iniciado seus cursos em 1939, o ano de 1942 registrou a conclusão do curso de Letras Clássicas por apenas cinco alunos (entre eles, Celso Pedro Luft), sendo o número de bacharéis em Letras Neolatinas e em Letras Anglo-Germânicas, 12 e três, respectivamente. Em 1946, licenciavam-se apenas quatro alunos em Letras clássicas, 12 em neolatinas e oito em anglo-germânicas. Comparativamente, no mesmo ano, na Faculdade de Filosofia da Universidade de Porto Alegre, inaugurada em 1942, o número de licenciados em cada um dos cursos de Letras era um, oito e dez, respectivamente. O sistema brasileiro de ensino superior foi criado, como vimos, em um período de crescente autoritarismo e concentração de poder, em que a universidade que caminhava à frente, a USP, não era aquela estabelecida como modelo nacional. Essa situação criava evidentes tensões. Em 1947, no artigo da RBPE anteriormente citado, o professor Dreyfus trouxe à tona o problema da autonomia didática das universidades. Ele argumentava que havia duas outras funções do ensino superior tão importantes quanto a formação de professores: a pesquisa e a preparação de "trabalhadores intelectuais para o exercício das altas atividades culturais de ordem desinteressada ou técnica". Com o fim do Estado Novo, o autor sentia-se à vontade para defender o direito de preservar a "exceção" representada pela USP desde sua primeira

Juruena, lecionava História Moderna e Contemporânea na UPA; Darcy Azambuja foi professor de Português, Estética e Filosofia na primeira e chegou a catedrático em Política na segunda; Guilhermino Cesar, que se tornou titular de literatura brasileira na UPA, atuou, na Universidade Católica, como professor de Estética no curso de Filosofia. Conforme Lothar Francisco Hessel e Earle Diniz Macarthy Moreira, *op. cit.* Exclusivamente na área de Letras, podemos citar, nos primeiros anos de seu funcionamento, a atuação de alguns outros professores em ambas as instituições: René Ledoux (francês), Elpídio Ferreira Paes (latim), Gino Battocchio (italiano), Leonardo Tochtrop (alemão) e o Padre Amador (literatura hispano-americana). Faculdade Livre de Educação, Ciências e Letras de Porto Alegre, *Corpo docente de 1940, com as alterações havidas*; Universidade de Porto Alegre, *Processo de verificação...*

estruturação, defendendo a simplificação da formação pedagógica e maior flexibilidade do aluno na escolha de disciplinas de especialização, ao contrário do modelo que a Universidade do Brasil havia estabelecido em 1939.[22]

Fazendo um balanço dos dez primeiros anos da USP, o professor Dreyfus queixava-se da rigidez que o currículo estabelecido pelo governo federal havia imposto à Universidade, apontando os males causados pela centralização do ensino: "Não chegamos ao grotesco de vermos as Faculdades que compõem a Universidade do Brasil receber o nome de Faculdade-Padrão, quando é evidente que uma Faculdade-Padrão só poderá ser aquela que se tenha imposto como tal por seu valor?"[23]. Usando tais argumentos, os paulistas já comemoravam o sucesso do movimento que haviam capitaneado e que flexibilizou o regime didático das faculdades de Filosofia. Essas puderam, a partir daí, optar pelo sistema estabelecido pelo governo federal em 1931 — definido como o "sistema carioca" — ou pelo regime proposto pela USP e regulamentado pelo decreto-lei n. 9.092, de 26 de março de 1946, o "sistema paulista", resultado da atuação "liberal e democrática" do ministro da Educação e Saúde, Sousa Campos.[24]

No novo modelo, o bacharelado passava a ter quatro anos de duração. No quarto ano, o aluno poderia optar entre os cursos de especialização oferecidos pela Faculdade, no sentido de seu aprimoramento cultural e do aprofundamento nas questões que atendessem a seus interesses, ou preparar-se para a licenciatura. Com isto, as faculdades de filosofia poderiam formar

22. A. Dreyfus, "A Faculdade de Filosofia, Ciências e Letras da Universidade de São Paulo e sua reforma".

23. *Ibid.*, p. 22.

24. Mais tarde, historiando a formação das universidades brasileiras, Luís Pilla, diretor da Faculdade de Filosofia da UFRGS, manifestava a mesma posição, criticando o fato de que as faculdades de Filosofia não haviam fugido "à tendência incoercível de nossas escolas superiores de se concentrarem em alguma forma limitada de preparação profissional, qual seja, no caso, a formação de professores para o ensino secundário e normal". Luís Pilla, *Esboço de um plano orientador para a Faculdade de Filosofia da URGS* [*sic*].

profissionais mais qualificados para o desempenho de atividades intelectuais diversificadas, e não apenas para o magistério. Os alunos que tivessem interesse em dedicar-se ao ensino secundário receberiam preparação didática, teórica e prática, ainda que com um menor número de disciplinas.

As Faculdades passavam, doravante, a dispor de maior liberdade na organização de seus currículos. O decreto-lei n. 9.092 estabelece, no parágrafo 1°. do seu artigo 4° que: "Para obter o diploma de licenciado, os alunos do quarto ano receberão formação didática, teórica e prática no ginásio de aplicação e serão obrigados a um curso de psicologia aplicada à educação". Não há, entretanto, maiores detalhes quanto ao conteúdo dessa formação didática. Ao final, a oposição entre os modelos acabou por não se concretizar inteiramente, uma vez que a própria Faculdade Nacional de Filosofia optou por modificar seu currículo. O regimento que fez publicar em maio de 1947 apresentava alterações importantes em relação ao decreto de organização datado de 1939. [25]

Em Porto Alegre, os currículos dos cursos de Letras não haviam se alterado desde sua criação[26]; ambos mantiveram uma oferta considerável de disciplinas didáticas, tendo ainda incorporado algumas novidades presentes no Regulamento da FNF de 1947. A Faculdade Católica — convertida, em 1948, em Universidade Católica e agraciada, em 1950, com o título

25. O Regimento estabelecia que os alunos que optavam pelo Magistério cumpririam disciplinas didáticas obrigatórias a todos os cursos — Psicologia Educacional, Fundamentos Biológicos, Sociológicos e Filosóficos da Educação, Didática Geral e Especial — e duas outras disciplinas, podendo ser ambas em sua própria área de estudos ou uma de especialização e outra didática. As disciplinas da própria especialidade eram: para o curso de Letras Clássicas, Língua e Literatura Latina e Língua Portuguesa; para o curso de Letras Neolatinas, Língua e Literatura Francesa e Língua Portuguesa; para o curso de Letras Anglo-Germânicas, Língua e Literatura Inglesa e Literatura Norte-Americana. As disciplinas didáticas de livre escolha eram: Administração Escolar, Higiene Escolar, Educação Comparada e História da Educação. Ver BRASIL, 1947.

26. Exceto por pequenas mudanças na organização da Faculdade Nacional de Filosofia realizadas em 1940 e 1942.

de Pontifícia —, oferecia na quarta série dos cursos de Letras quatro das seis disciplinas didáticas originais e ainda Estágio de Prática de Ensino. A Universidade Federal, por sua vez, manteve a oferta de seis disciplinas didáticas, muito similar à original, não havendo alterações na grade curricular das três primeiras séries.

Por outro lado, é importante observar que alguns ex-alunos da Universidade Federal tornaram-se seus professores ao concluírem o curso, o que ajudava a resolver o que havia sido um dos maiores problemas desde sua fundação.[27] O decreto-lei de organização da Faculdade, publicado em 1947,[28] previa que seu corpo docente seria formado por professores catedráticos, assessorados por um ou mais assistentes, adjuntos, livre-docentes e, eventualmente, contratados para atender a demandas emergenciais. Adjuntos, assistentes e colaboradores seriam admitidos como extranumerários. Apesar da previsão de remuneração adicional de 70% para professores em regime de tempo integral, este demoraria ainda alguns anos para ser implantado.

Portanto, no contexto de redemocratização e da consolidação das primeiras universidades do país, discutia-se a valorização de sua autonomia e de sua função de pesquisa. Na segunda metade da década de 1940, a Universidade de São Paulo contava já com uma parcela considerável de professores em regime de tempo integral, financiados pela Fundação Rockefeller, política que teve continuidade nos anos seguintes.[29]

27. Nas primeiras décadas do ensino superior de língua e literatura podemos citar: Francisco de Paula Casado Gomes, professor de Literatura Portuguesa; João Francisco Ferreira, professor de Literaturas Hispano-Americanas, Cultura Brasileira e História da Cultura Artística e Literária; Maria Ivone Catharina Paleikat, professora de Língua e Literatura Gregas; Alfredo Pradelino da Rosa e Ely Fumagalli Horta, professores de Português; Lothar Francisco Hessel, professor de Espanhol; Nora Thier Thielen, professora de Língua e Literatura Inglesa; Walter Koch, professor de Língua e Literatura Alemã.

28. Decreto-lei estadual n. 1.500, de 7 jul. 1947.

29. Em 1956, essa porcentagem era de 70%, a mesma da Universidade de Minas Gerais. Nas universidades da Bahia e de Pernambuco o regime atingia 66% do corpo docente. Havia apenas três professores com esse regime na Universidade do Brasil, dois na Faculdade Nacional de Medicina e um na Faculdade Nacional de Filosofia.

No caso do Rio Grande do Sul, o *Boletim Universitário* de 1956, publicado pelo Departamento de Educação e Ensino, fornece alguns dados sobre a situação da pesquisa na Universidade Federal naquele momento.[30] As normas da universidade estabeleciam que os candidatos ao regime de tempo integral deveriam apresentar plano de trabalho, estudo ou pesquisa relevante e justificado, sendo este considerado de interesse para o ensino ou o desenvolvimento cultural do país, o que estava ainda vinculado à existência de dotação orçamentária para tanto. A remuneração do pesquisador equivalia, então, a uma gratificação equivalente ao dobro do salário do professor. O *Boletim* lista os professores nessa situação, mas nenhum das áreas de Ciências Humanas, Letras e Artes.[31]

A realização das atividades de pesquisa não estava, entretanto, inteiramente condicionada pelo regime de docência universitária, já que alguns intelectuais que trabalhavam nas universidades do estado conduziam trabalhos relevantes que podem ser considerados esforços de pesquisa. No *Boletim Bibliográfico da Biblioteca Central* da UPA de 1945, por exemplo, Dante de Laytano, professor do curso de História, publicou sua "Bibliografia do Rio Grande do Sul", listagem de escritores rio-grandenses e suas obras, com indicação de ano de publicação. Nas "Notas" ao trabalho, são ainda especificadas algumas classificações particulares, como a identificação de obras regionalistas, tradutores, sátira e humorismo, poetisas, pseudônimos, poetas rio-grandenses que viveram ou vivem fora do estado, poetas nascidos fora do Rio Grande do Sul que ali fizeram sua vida literária e, finalmente, uma relação dos autores por município. Embora simples listagem, trata-se, no contexto de sua publicação, de

30. A UFRGS foi incluída no Sistema Federal de Ensino Superior a partir da lei n. 1.354, de 4 de dezembro de 1950, processo completado em 1952. Soares; Silva, *op. cit.*, p. 105-110. Todavia, em meados da década de 1950, encontram-se ainda alguns documentos oficiais com a sigla URGS.

31. Universidade do Rio Grande do Sul, *Boletim Universitário*, p. 2-3.

um levantamento precioso para os interessados em pesquisar a historiografia literária do estado.[32]

A Faculdade de Filosofia da UPA oferecia, também, atividades de extensão destinadas à comunidade. Em 1949, por exemplo, seu Departamento Cultural[33] ofereceu cursos de férias destinados ao aprimoramento dos professores de nível secundário do estado, entre 5 e 25 de julho[34]. A programação dos cursos de férias oferece uma boa amostra do material bibliográfico utilizado pelos docentes da Universidade. No programa de Português do professor João Henrique, a tônica é a história da língua a partir do Latim, tomando como textos de referência volumes como a *Gramática Histórica*, de José Joaquim Nunes, as *Lições de Filologia Portuguesa*, de Leite de Vasconcellos, estudos sobre a origem da língua, coletâneas de textos em Português arcaico e de fontes medievais para a história de Portugal, cancioneiros, antologias e crônicas históricas, além de manuais de Latim e textos literários de Garrett, Gil Vicente e Camões, entre outros.

O programa de Guilhermino Cesar adota uma ênfase completamente distinta, concentrando-se em temas de teoria, historiografia e crítica literária. Dividido entre uma parte teórica e uma subsequente parte prática, que visava à aplicação de conceitos e à reflexão sobre a inserção dos temas no cotidiano escolar, o programa merece ser reproduzido na íntegra, dado o protagonismo de Guilhermino Cesar no ensino de língua e literatura na universidade e na historiografia literária do estado. Observe-se, além disso, a diretriz impressa a este curso específico para o

32. Dante de Laytano, "Bibliografia do Rio Grande do Sul: obras de literatura", p. 59-84.

33. Vinculado diretamente à Reitoria da Universidade, o Departamento Cultural tinha como objetivo realizar cursos de extensão, conferências e publicações, contribuindo para a difusão da cultura e valorização da inserção social da Universidade.

34. Na área de Letras, foram oferecidos estudos em: Língua Portuguesa, ao cargo dos professores João Henrique e Guilhermino Cesar, com a colaboração de Francisco Fernandes; Inglês, com Fernando Grosser e Helmo Guedes Pereira; Francês, com Jean Roche e René Ledoux; e Latim, com Henrique Bunse.

professorado, evidentemente voltada para o aprimoramento da prática pedagógica a partir das diretrizes curriculares do MEC:

> Português.
>
> Professor Guilhermino Cesar.
>
> Teoria — Objetivo e método do ensino da Literatura. Conceito de Literatura. A literatura e a didática. Objetivos do ensino da leitura. Ambientação do aluno, antes da leitura didática.
>
> Prática — O trabalho individual do aluno; a literatura em classe. A arte literária e a língua.
>
> Teoria — Historiografia literária e crítica literária; correntes e tendências, no Brasil.
>
> Prática — A leitura como trabalho escolar. Bibliotecas de classe e sua organização.
>
> Teoria — Poesia e prosa. Os gêneros literários segundo a estética e a didática. O tipo de poesia que mais convém à classe; como interpretar os poetas; leituras complementares. Idem, idem, quanto à prosa.
>
> Prática — Dicionários da língua. Gramáticas. Manuais de literatura. Antologias.
>
> Teoria — Literatura e espírito nacional; literatura e espírito universal; valores didáticos e valores estéticos; aproveitamento de uns e outros, na formação do educando.
>
> Prática — Exame sumário (a título de exemplo) da obra de J. Simões Lopes Neto, Machado de Assis, Olavo Bilac, Eduardo Guimaraens.
>
> Teoria — O ensino da língua, da história da literatura e da história geral; como se conjugam tais disciplinas no curso secundário.
>
> Prática — Exame das instruções metodológicas expedidas pelo Ministério da Educação para execução do Programa de Português.
>
> A literatura brasileira, expressão da Cultura.

Bibliografia sumária:

Jacques Maritain "Arte e poesia"

"Frontières de la poésie"

Zum Felde "El problema de la cultura americana"

Ernest Hello "L'homme, la vie, la science, l'art"

Eduardo Frieiro "A ilusão literária"

Hernâni Cidade "Lições de cultura e literatura portuguesas", "Conceito de poesia como expressão de cultura"

Rodrigues Lapa "Das origens da poesia lírica em Portugal"

Sílvio Romero "História da literatura brasileira"

José Veríssimo "História da literatura brasileira"

João Ribeiro "História do Brasil" (curso superior)

Pe. Augusto Magne "Princípios elementares de literatura"

Roger Bastide "Arte e sociedade"

B. Croce "Estética"

Fidelino Figueiredo "Últimas aventuras", "História da crítica literária em Portugal", "Estudos de literatura"

Arthur Motta "História da literatura brasileira"

José Osório de Oliveira "História breve da literatura brasileira"

Tristão de Ataíde "Estudos", "O crítico literário", "Estética literária"

Nelson Werneck Sodré "História da literatura brasileira"

Manuel Bandeira "Noções de história das literaturas"

Machado de Assis "Crítica"

João Pinto da Silva "História literária do Rio Grande do Sul"

"A Província de São Pedro"

Moysés Vellinho "Letras da província"

Augusto Meyer "Prosa dos pagos"

Albert Thibaudet "Réflexions sur le roman"

Andrade Muricy "A nova literatura brasileira"

Mário de Andrade "Aspectos da literatura brasileira"

Jorge Salis Goulart "A formação do Rio Grande do Sul."[35]

Alguns aspectos da abordagem e da bibliografia do programa de Guilhermino Cesar chamam a atenção: o cosmopolitismo das referências, no que concerne aos aspectos filosóficos e teóricos da reflexão literária; a combinação entre os grandes ensaístas, críticos e historiadores da literatura da chamada "geração de 1870" (João Ribeiro, Silvio Romero e José Veríssimo) com nomes contemporâneos da crítica literária (Tristão de Ataíde e Andrade Muricy) e expoentes do Modernismo (Mário de Andrade, Manuel Bandeira); e, particularmente, a atenção dedicada à história e à crítica da literatura regional, desde a já clássica *História literária do Rio Grande do Sul* (1924), de João Pinto da Silva, até os ensaios hoje clássicos de *Prosa dos pagos*, de Augusto Meyer, lançado dois anos antes, e de Moysés Vellinho, que Guilhermino Cesar havia substituído na disciplina de Literatura Brasileira na Universidade.

Outras iniciativas da Faculdade de Filosofia da URGS exerceram considerável impacto no meio intelectual de Porto Alegre: conferências, cursos, seminários oferecidos à comunidade e aos alunos como atividade extracurricular. A divulgação da pesquisa sobre temas regionais, aí incluída a literatura, ganhou estímulo com a publicação dos cinco tomos da série *Fundamentos da cultura rio-grandense*, entre 1955 e 1962.[36] A série continha

35. Universidade do Rio Grande do Sul, *Curso de férias*: programas.

36. As cinco séries foram lançadas em 1955, 1956, 1958, 1960 e 1962. A revista da faculdade, a *Organon*, foi criada em 1956. Hessel; Moreira, *op. cit.*

estudos que se tornaram clássicos e traçaram novos caminhos para a produção de conhecimento sobre o estado, em temas como a historiografia cultural e social, a arqueologia, a geografia física e humana, e a ordem político-institucional. No campo da literatura, merecem destaque os artigos "O criador do romance no Rio Grande do Sul" e "A primeira geração romântica da literatura rio-grandense", de Guilhermino Cesar; "A origem da poesia crioula na sátira política", de Manoelito de Ornellas; "Simões Lopes Neto", de Mozart Victor Russomano; e "As sociedades literárias no Rio Grande do Sul", de Athos Damasceno Ferreira.

Na PUCRS, durante as décadas de 1940 e 1950, destacava-se a publicação do *Anuário* (ou *Anais*) da instituição, espaço de divulgação das atividades acadêmicas e de textos escritos por professores que se destacavam nas instituições de ensino superior da capital. Como exemplo, citamos Moysés Vellinho, que divulgou "Alcides Maya — a expressão literária e o sentido sociológico em sua obra" em 1942; Angelo Ricci, que publicou sua "*Analisi del Futurismo*" na edição de 1946; Guilhermino Cesar, que analisou a poesia de José Bonifácio no estudo "Romântico, José Bonifácio", em 1950.

Ao longo do tempo, na PUCRS, foram também sendo criados núcleos específicos, vinculados à Faculdade de Filosofia. Um deles foi o Centro de Estudos da Língua Portuguesa, dirigido pelo Prof. Ir. Elvo Clemente desde 1963, que promoveu, com suporte da Ford Foundation, vários cursos de revisão didática da Língua Portuguesa, na capital e no interior do estado[37]. Esse

37. O *Anuário da PUCRS* de 1967, por exemplo, registra o programa do V Curso de Revisão Didática da Língua Portuguesa, iniciado em fevereiro daquele ano. Com duração de 120 horas distribuídas em três semanas, o curso tinha como "tema central" "[o] vernáculo como instrumento de formação do pensamento reflexivo; didática do trabalho em equipe e sua aplicação na aprendizagem da leitura, da interpretação de textos, do estudo da gramática e da redação". Como temas complementares eram arrolados: "Didática da análise literária, da redação, do Modernismo na literatura portuguesa e brasileira; análise sintática e sua aplicação no aperfeiçoamento da redação". Pontifícia Universidade Católica do Rio Grande do Sul, *Anuário da PUCRS*, p. 167.

Centro foi o embrião dos cursos que abriram caminho à formação do Programa de Mestrado em Linguística Aplicada. Paralelamente funcionavam junto à Instituição o Centro de Estudos Portugueses, desde 1969, o Centro de Cultura Hispânica, desde 1956, e o Seminário de Estudos Germânicos, desde 1964. Esses centros promoveram a edição de publicações, cursos de extensão, festas temáticas, semanas comemorativas, excursões culturais, conferências e projeção de filmes.[38]

Quanto às atividades de ensino, o currículo dos cursos de Letras não sofreu alterações substantivas até 1962, quando foram iniciadas as grandes mudanças na orientação programática dos cursos, na esteira do parecer 283/62, do Conselho Federal de Educação, redigido por Valnir Chagas. O parecer, aprovado a 19 de outubro de 1962, em diálogo com a Lei de Diretrizes e Bases da Educação de 1961, fazia uma avaliação extremamente crítica dos três cursos da área, que não escapavam ao diagnóstico de excesso irrealista de conteúdo, que conduzia a resultados de eficácia pedagógica questionável.[39] A criação de um currículo mínimo para os cursos superiores em Letras implantou uma nova lógica de organização dos conteúdos curriculares, impressa na resolução s/n de 19/10/1962. Eles conduziriam a uma licenciatura dupla, composta do estudo de Português e literatura em língua portuguesa e de uma língua estrangeira. A licenciatura única era aceita apenas no caso da formação exclusiva em Português. A obrigatoriedade do ensino de Português tinha cunho didático, qual seja, a necessidade de conhecimento dos esquemas linguísticos em uso pelos alunos, de modo a incorporar à prática de ensino uma consciência da relação entre os idiomas. Além disso, de acordo com o Parecer 283/62, observava-se a "total inconveniência de que seja alguém autorizado a lecionar uma língua

38. Pontifícia Universidade Católica do Rio Grande do Sul, 25 *anos de universidade*: 1948–1973.

39. Vera Lúcia Menezes de Oliveira e Paiva, "O novo perfil dos cursos de licenciatura em Letras", p. 345-363.

estrangeira sem o devido conhecimento do idioma vernáculo". Outra motivação, essa de fundo prático, era a obrigatoriedade do ensino da língua portuguesa para todas as séries do ensino médio ou, segundo o citado parecer, devia ser levada em conta "a necessidade crescente de professores de Português, que funciona como irresistível motivação de ordem profissional".[40]

Das oito matérias do curso, divididas ao longo de quatro anos, cinco eram obrigatórias — Língua Portuguesa, Literatura Portuguesa, Literatura Brasileira, Linguística e Latim, consideradas estas últimas importantes para o aprendizado de línguas. As demais deveriam ser escolhidas entre Cultura Brasileira, Filologia Românica, Teoria da Literatura, uma língua estrangeira moderna e sua respectiva literatura, Literatura Latina, Língua e Literatura Grega. Ao contrário da antiga organização, em que a três anos de estudo de "conteúdos" seguia-se um ano de estudos didáticos, são estabelecidos os estágios supervisionados obrigatórios, sendo que as matérias de formação pedagógica, distribuídas ao longo de quatro anos de curso, teriam que corresponder a, no mínimo, um oitavo da carga horária total, consistindo em cadeiras de Didática, Psicologia da Educação, Estrutura e Funcionamento do Ensino Secundário.[41] Os cursos formadores de bacharéis e licenciados passam a compreender, portanto, duas línguas e suas literaturas correspondentes, de maneira que os cursos se organizariam por línguas afins, clássicas ou modernas, o que em parte atendia à demanda crescente por professores de língua portuguesa.

Cumprido esse currículo mínimo, considerado um conteúdo adequado à capacidade de oferta de disciplinas em nível nacional, seria possível ampliar estudos de ordem teórica afeitos às áreas da linguística ou da teoria da literatura, que tenderam a ganhar mais espaço e romper tradições até então dominantes, como a dos estudos filológicos. Ao mesmo tempo, a possibilidade

40. Conselho Federal de Educação, "Indicação n. 23".

41. Paiva, *op. cit.*

de criar disciplinas diferentes a partir das matérias estabelecidas pelo currículo mínimo e o enxugamento dos conteúdos deram margem a uma significativa diversificação dos cursos. A regulamentação da formação pedagógica foi feita alguns anos depois, com a Resolução n. 9, de 10 de outubro de 1969 .[42]

Na PUCRS, as alterações previstas na resolução de 19 de outubro de 1962 começaram a ser implementadas já a partir do ano seguinte, quando o curso passa a ser nomeado simplesmente "Letras". Da 1ª até a 4ª séries seguiam-se cadeiras de Língua Portuguesa e Literatura Brasileira; na primeira e na segunda séries ministrava-se a disciplina de Língua Latina; em todas as séries estavam alocados conteúdos de Língua estrangeira e sua literatura — Francês, Inglês ou Alemão, sendo que na 4ª série em caráter opcional. As disciplinas de Linguística e Teoria Literária faziam parte do programa da 1ª série. Na 3ª série estudava-se Filologia Românica e Anglo-Germânica. Na 4ª série, a formação didática completava-se com os cursos de Psicologia da Educação, Administração Escolar e Didática Geral. No primeiro semestre, cursava-se Prática de Ensino e Didática Especial era ministrada no semestre seguinte.[43]

O primeiro programa da disciplina de Linguística iniciava-se com a apresentação dos conceitos de língua, linguagem e linguística, tida como uma *ciência* que mantinha relações com outras ciências. Nos pontos seguintes, seguia-se uma sucessão histórica que buscava acompanhar os conteúdos de diferentes "tradições linguísticas" ao longo do tempo: indiana, greco-romana, medieval, moderna e iluminista. O programa apresentava nos pontos

42. Além da Prática de Ensino, a formação pedagógica deveria compreender as disciplinas Psicologia da Educação, Didática e Estrutura e Funcionamento de Ensino de 2º Grau.

43. Na primeira e segunda séries, a universidade previa, para todos os cursos, a disciplina de Cultura Religiosa, mais tarde substituída por uma cadeira de Teologia na 2ª série do curso. Naquele momento, um número significativo de professores da Universidade Católica era formado por membros da Ordem Marista. Francisco Juruena era ainda responsável pela disciplina de Literatura Brasileira. Posteriormente, seriam incluídas no currículo da 1ª série do curso de Letras as disciplinas de Filosofia e Sociologia Geral.

subsequentes o estudo de uma série de autores e grupos, dentre os quais William Jones, Schlegel, Wilhelm von Humboldt, Curtius, Bartel, Saussure, a Escola de Praga e os estruturalistas norte-americanos, enfatizando os conceitos fundamentais da disciplina. O curso era finalizado com um estudo dos fonemas da língua portuguesa e de uma língua estrangeira.

No mesmo contexto, a Teoria Literária também é apresentada como uma ciência. Seu programa é menos pretensioso em termos conceituais que o programa de Linguística, apresentando uma série de noções mais genéricas e difusas, como as de "homens de letras", "vocação literária", "domínio do idioma", "linguagem popular", "folclore", "figuras literárias", "essência da poesia", além de códigos relativos à versificação, à combinação métrica e à definição de gêneros. Uma visão normativa e tradicional de literatura estende-se por todo o programa, e é em especial eloquente em tópicos como "o bom gosto e a maneira de cultivá-lo" e "modismo e idiotismos" na linguagem popular.

Verificamos que, a partir do estabelecimento do currículo mínimo, há um interesse mais evidente dos professores da PUC pela área da Linguística. Isto fica claro quando observamos alguns fatos como a visita do professor Friedrich Irmen, da Universidade de Heidelberg, que proferiu a palestra "A filosofia da linguagem e a Linguística" para os alunos do primeiro ano de curso e apresentou conferência sobre a gramática portuguesa para os alunos das demais séries. Ele também se reuniu com os professores da instituição, apresentando a organização didática do instituto de intérpretes do qual fazia parte. Ainda em 1968, a Faculdade de Filosofia recebeu o francês Paul Rivenc, professor de Linguística na Universidade de Toulouse, para ministrar para seus professores cursos de Linguística e Linguística Aplicada, de

20 a 30 de maio. Ele conduziu ainda debates sobre a organização de um Centro de Linguística Aplicada na Universidade.[44]

Além da disciplina prevista no currículo mínimo, a Faculdade de Letras da PUC acabou por adicionar a sua oferta de disciplinas uma cadeira de Metodologia de pesquisa linguística, visando, entre outros objetivos, "levar o estudante a compreender a importância da pesquisa linguística para o desenvolvimento e aprimoramento do ensino de línguas". Por último, observamos que, entre as viagens ao exterior reportadas à universidade pelo corpo docente do curso de Letras em 1968 estão estágios em Linguística na Inglaterra e no Instituto de Linguística da Universidade Nacional, em Buenos Aires, além da participação de um grupo de professores em um seminário da área na Cidade do México.

No Brasil, a ascensão da Linguística, definida como "ciência da linguagem", vinha se manifestando há mais tempo, mas essa apenas firmou-se definitivamente como disciplina obrigatória dos cursos de Letras depois das reformas iniciadas em 1962, às quais se seguiu a abertura de cursos de pós-graduação na área a partir de 1963.

Assistimos aqui a uma manifestação da tendência observada, ao longo da história dos estudos literários, de oscilação entre a abordagem histórica do texto e a abordagem poética, que o toma como fato da língua e da linguagem. Ou seja, a literatura é trabalhada majoritariamente, do ponto de vista teórico, ora como documento, ora como objeto textual, ora a partir do exterior, ora a partir de dentro. Enquanto os estudos da Filologia — que pode ser definida como a compreensão de uma obra a partir de seu contexto — dominaram as faculdades de Letras no período de sua formação no Brasil, na década de 1960 esse processo passou por uma reversão. Valorizada por sua pretensa cientificidade e

44. A PUCRS promoveu também cursos sobre o tema lecionados por professores de outras instituições brasileiras, como Aryon Rodrigues, da Universidade de Brasília, e Mattoso Câmara Jr. Ver Pontifícia Universidade Católica do Rio Grande do Sul, *Anuário da PUCRS*, 1966 e 1967.

apoiada pela Teoria Literária, a Linguística passou a ocupar, a partir daquele momento, espaço cada vez maior no meio acadêmico europeu.[45] Alguns anos depois, a novidade chega ao Brasil, o que se reflete nas mudanças curriculares implantadas nas décadas de 1960 e 1970.

Como observou Flávio Loureiro Chaves, a moda estruturalista encontrou, no Brasil, um ambiente político repressivo em que a ameaçadora análise histórica foi convenientemente posta à sombra das novas teorias da linguagem, precariamente assimiladas por um meio intelectual já habituado à influência francesa. A Linguística e a Teoria Literária assumiram a autoridade da fala científica e abriram mão da mirada sociológica e histórica em prol da análise formal, que dispensava os condicionamentos externos à obra. Segundo o autor, um dos polos de resistência a essa tendência foi, além da Universidade de São Paulo, com Antonio Candido e José Aderaldo Castello, a UFRGS, onde Guilhermino Cesar manteve-se fiel à leitura histórica da obra literária, à "problematização da vida real pela vigência do imaginário", o que exigia o estudo simultâneo da construção estética do texto e de sua inscrição na História.[46]

Essas transformações específicas no curso de Letras convergiram com a Reforma Universitária de 1968, fruto do acordo MEC-USAID (United States Agency for Development), que atualizou o sistema universitário brasileiro, orientando-o no sentido do modelo norte-americano.[47] As disciplinas, doravante

45. Antoine Compagnon, *Literatura para quê?*.

46. Flávio Loureiro Chaves, "Guilhermino", p. 79-85.

47. Estas mudanças atingiram o Estatuto e o Regimento da UFRGS em 1970. Para Antônio Cláudio Nuñes, os objetivos políticos destas medidas de "modernização conservadora" eram: a "pulverização do espírito universitário e dos elos de solidariedade moral e intelectual de seus membros, mantendo uma burocracia onipotente e centralizadora (a Reitoria) como anel de ligação". Antônio Cláudio Nuñes, "A face oculta da luta (a universidade e a ditadura)", p. 246. Segundo ele, o resultado foi a aniquilação do movimento estudantil e de qualquer chance de consolidação de iniciativas integradoras ou questionadoras por parte dos departamentos e institutos em que se fragmentava a

semestrais, substituíam as antigas cátedras vitalícias e, com a adoção do sistema de créditos, estabeleceu-se a matrícula por disciplinas, que acabou por conduzir à fragmentação dos cursos. No âmbito desta Reforma, a estrutura das universidades passou a ser formada a partir de institutos e de departamentos, política que gerou questionamentos como o do professor da Faculdade de Letras da UFRGS e diretor da antiga Faculdade de Filosofia, Angelo Ricci, em junho de 1967: "Com efeito, estamos às vésperas da reforma universitária que impiedosamente desmembrará esta pequena universidade que é a Faculdade de Filosofia, sem deixar-lhe sequer o nome. Até o nome desaparecerá!".[48]

O Instituto de Letras, instalado em março de 1970, foi convertido em unidade autônoma sem vinculação com a Faculdade de Filosofia e Ciências Humanas. Os departamentos foram criados no ano seguinte: Letras Clássicas e Vernáculas, Línguas Modernas e Linguística e Filologia. Do mesmo modo, na PUCRS, instalou-se em 30 de dezembro de 1968 o Instituto de Letras e Artes, organizado nos departamentos de Estudos Literários e Arte, Letras Anglo-Germânicas, Letras Clássicas, Letras Românicas, Letras Vernáculas e Linguística. Naquele momento, o curso de Letras abrigava não apenas as tradicionais licenciaturas em Letras — Português e Português-Língua estrangeira — como dois cursos de Bacharelado, oferecidos a partir de 1972: tradutor-intérprete e assessor-secretário executivo, o que era também um reflexo da valorização dos estudos linguísticos. Na UFRGS, o bacharelado dividia-se entre as habilitações para Tradutor e para Intérprete.[49]

---

Universidade. O mesmo objetivo conduziu, segundo ele, ao enfraquecimento das funções do Conselho Universitário e do Conselho de Coordenação do Ensino e da Pesquisa.

48. Hessel; Moreira, *op. cit.*

49. Na UFRGS, o bacharelado em Letras, nas habilitações para tradutor e intérprete, foi criado em 1973; a habilitação para intérprete deixou de ser oferecida em 1991. A partir de então, o curso passou a formar licenciados em Letras e bacharéis em tradução.

Por outro lado, as reformas do ensino superior coincidiram com uma conjuntura crítica da vida do país, atingindo em cheio as universidades brasileiras. Na UFRGS, em abril de 1964 foi instalada a Comissão Especial de Investigação Sumária, que conduziu à demissão ou aposentadoria compulsória de doze professores, enquanto outros cinco tiveram seus direitos políticos suspensos por dez anos. Posteriormente, à sombra do Ato Institucional n. 5, outros quatorze professores foram expurgados. Esse evento enfrentou, entretanto, a resistência de alunos e professores da Faculdade, que assinaram um ofício-manifesto declarando sua repulsa às punições. Como resultado, foram cassados mais seis professores dos cursos de Filosofia e Letras, o que gerou o pedido de demissão de outros três. O agravamento da situação levou os estudantes a convocarem uma greve geral na Universidade, que se prolongou por mais de um mês.[50]

O curso de Letras foi um dos que mais sentiram o peso dos expurgos de 1969, uma vez que um dos atingidos foi o então diretor da Faculdade de Filosofia, o professor Angelo Ricci[51], que atuava nas áreas de teoria literária, língua e literatura italiana, e também no ensino de Artes Dramáticas da Universidade. Do curso de Letras, além dele, foram afastados Dionísio de Oliveira Toledo, Maria da Glória Bordini e Reasylvia Kroeff de Souza, que faziam parte da equipe liderada por Ricci, conhecida como "Grupo de Teoria Literária". A única remanescente do Grupo, Maria Luiza de Carvalho Armando, acabou sendo afastada algum

50. Nuñes, *op. cit.*

51. O professor Ricci possuía um perfil liberal e não se envolvia em atividades políticas. Seu afastamento foi possivelmente resultante de sua postura em face da invasão do prédio da faculdade, quando, ao invés de expulsar sumariamente os manifestantes, adotou uma política negociadora. Ver Jaime Valim Mansan, *Os expurgos da UFRGS*: afastamentos sumários de professores no contexto da ditadura civil-militar (1964–1969). Após seu afastamento da UFRGS, transferiu-se para São Paulo, onde trabalhou na Editora Abril, atuando na publicação de séries como "Clássicos da Literatura" e como responsável pela seção de Literatura na Enciclopédia publicada pela editora. Ver Helga Iracema Landgraf Piccolo, "Inauguração do retrato do prof. Angelo Ricci", p. 95-103.

tempo depois. Ironicamente, era a única do grupo que de fato tinha atuação política. Consequências imediatas óbvias desses eventos políticos foram a eliminação de um dos grupos mais ativos da Faculdade, a expulsão (temporária ou permanente) de alunos e a sobrecarga dos docentes que permaneceram.[52]

A ditadura civil-militar que se instalou no poder a partir de 1964 implantou, desde sua chegada ao poder, um projeto de modernização conservadora que tinha na educação uma de suas principais frentes. O resultado foi uma ampliação inédita, e rápida, do sistema brasileiro de ensino superior, mas com resultados passíveis de questionamento em vários aspectos. Ao mesmo tempo, as instituições universitárias tornaram-se mais complexas, abrigando currículos e cursos mais heterogêneos. Como exemplo, basta o contraste entre a oferta de disciplinas do curso de Letras em 1967, acima descrito, praticamente limitada ao chamado "currículo mínimo", com a de 1973, por exemplo, quando já haviam sido implementadas uma série de disciplinas de conteúdo bem mais especializado, particularmente no campo dos estudos linguísticos: "História da Linguística", "Fonética e Dicção em Língua Portuguesa", "Linguística Aplicada", "Conteúdos Básicos para o Ensino de Português" e, mais tarde, "Gramática Transformacional do Português" e "Linguística Algebrizada".[53]

Vimos anteriormente algumas iniciativas de valorizar a pesquisa e a difusão de conhecimento sobre a literatura do Rio Grande do Sul na formação universitária e na promoção de atividades de divulgação cultural promovidas pelas instituições acadêmicas, durante as três primeiras décadas de sua história: cursos de extensão, conferências e publicações sobre a literatura regional acompanham o percurso dos Cursos de Letras no estado. Guilhermino Cesar, então professor catedrático de Literatura

52. Mansan, *op. cit.*

53. Universidade Federal do Rio Grande do Sul, *Catálogo dos cursos de graduação 1979* e *Catálogo de cursos 1973*.

Brasileira da UFRGS, havia lançado sua *História da literatura do Rio Grande do Sul* em 1956, estabelecendo-se como grande autoridade no assunto e tornando-se o formador de uma corrente de leitura histórica do fenômeno literário que viria a adquirir continuidade e exercer papel fundamental na consolidação da pesquisa na área de Letras no estado, situação consolidada com a fundação dos cursos de pós-graduação.

Um marco nesse processo foi a implementação da disciplina de "Literatura Sul-Rio-Grandense", idealizada e conduzida por ele. A disciplina foi incorporada à grade curricular do curso de Letras da UFRGS em 1975 como parte da oferta de disciplinas eletivas do Departamento de Letras Clássicas e Vernáculas, para os cursos de Licenciatura que compreendiam a língua e a literatura em língua portuguesa. A ementa, mantida nas décadas seguintes, propunha o estudo das seguintes matérias: "Literatura oral. O surgimento do Romantismo. O regionalismo na poesia e na prosa. A ficção: Simões Lopes Neto, Erico Verissimo e outros. A poesia simbolista. O Modernismo. A obra de Augusto Meyer".[54]

A incorporação de uma disciplina específica sobre o tema surge apenas à medida que os cursos crescem em número de alunos e professores, se diversificam e passam a gozar de autonomia para a organização de suas grades curriculares, desde que respeitado o conteúdo mínimo exigido pela legislação. Atualmente, entre vinte e oito instituições que oferecem cursos presenciais no estado, dezessete oferecem a cadeira, sendo que em metade destas como disciplina optativa. Há, ainda, quatorze instituições em que o curso foi descontinuado. Em cerca de dez instituições já foram oferecidos, ainda que na maioria delas eventualmente, cursos de extensão ou especialização em literatura regional.

Quanto ao sistema de ensino superior como um todo, um dos aspectos fundamentais observados a partir dos anos 1960 é sua interiorização, com a fundação de instituições públicas

54. Universidade Federal do Rio Grande do Sul, *Guia de matrículas* 1975/1976.

e privadas, universidades e faculdades isoladas. Alguns novos cursos de Letras criados no Rio Grande do Sul são anteriores ao período ditatorial: a Faculdade de Filosofia, Ciências e Letras Cristo Rei, hoje Universidade do Vale do Rio dos Sinos (UNISINOS), inaugurou seu curso de Letras Clássicas em 1953, seguida, em 1955, pela Faculdade de Filosofia, Ciências e Letras "Imaculada Conceição", ligada à Universidade Federal de Santa Maria (UFSM), e pela Faculdade de Filosofia do Consórcio Universitário Católico, de Passo Fundo, em 1957, hoje Universidade de Passo Fundo (UPF). Em seguida, foram criadas a Universidade de Caxias do Sul (UCS), em 1960, e a de Rio Grande, hoje Universidade Federal do Rio Grande (FURG), em 1964. Até o final da década de 1960, haviam sido criados cursos superiores de Letras em algumas das principais cidades-polo do interior do Rio Grande do Sul, e mesmo em algumas cidades de menor porte, como Santa Cruz do Sul (1967) e Cruz Alta (1969).[55]

Observe-se que a fundação de alguns cursos de Letras precede a das Universidades, uma vez que muitas delas nasceram da integração de faculdades isoladas já existentes. A interiorização do ensino superior deu-se também pela extensão e agregação de cursos. É o caso do curso de Letras oferecido pela UCS em sua extensão em Vacaria e daquele promovido por uma faculdade agregada à UFSM em Santa Maria. A mesma universidade possuía, em 1973, extensões em Frederico Westphalen, Santiago, Santo Ângelo e São Borja.[56]

A interiorização foi uma das faces de um processo de proliferação de cursos superiores, sobretudo nos campos do saber menos dependentes de infraestrutura de ensino mais sofisticada. No período entre 1968 e 1973, o curso de Letras passou da terceira para a segunda posição entre os cursos mais procurados, o que é explicado pelo baixo custo de sua implantação, sendo geralmente

55. Rio Grande do Sul, *Configuração do ensino de 3º grau no Rio Grande do Sul.*
56. *Ibid.*

um dos primeiros cursos a serem instalados nas faculdades do interior. Era, em 1972, o curso com maior número absoluto de concluintes e maior número de alunos por professor. Nas décadas subsequentes, uma série de fatores, dentre os quais merece destaque a desvalorização da carreira docente, fizeram com que o curso — como em geral todas as licenciaturas — tenha experimentado a perda de muitas posições entre os mais procurados.[57]

Outro aspecto desse processo é o crescimento do número de instituições privadas atuantes no estado, o que reflete a tendência nacional. Em um total de trinta cursos de Letras, apenas oito são oferecidos por instituições públicas. Onze delas são as chamadas "públicas não estatais", reconhecidas como comunitárias, ou seja, sem fins lucrativos e geridas por representantes de entidades locais e regionais — instituições bastante características do sistema de ensino no estado. Observe-se, ainda, que atuavam no Rio Grande do Sul, em 2015, onze instituições, sediadas em outras unidades da federação, que oferecem cursos de graduação em Letras à distância, dentro da política do governo federal de incentivo ao ensino não presencial.

Esses dados ilustram a evolução do sistema de ensino superior em Letras no Rio Grande do Sul desde os anos 1940, quando os cursos enfrentavam a escassez de professores, a rigidez da regulamentação federal, a concentração geográfica e a ausência generalizada de uma cultura acadêmica no país, questão particularmente sensível no campo da pesquisa. Esses problemas parecem distantes nas duas primeiras décadas do século XXI, em que, apesar da demanda decrescente, o acesso ao ensino superior em Letras foi consideravelmente expandido. No entanto, em paralelo, a universalização do ensino primário e secundário não tem se mostrado suficiente para uma democratização da leitura e para que a linguagem seja empunhada com maior destreza pela maioria dos egressos do sistema educacional. Em alguma

57. *Ibid.*

medida, ficamos a dever aos nossos "mestres da linguagem" a transmissão do seu legado.

## Referências

CESAR, Guilhermino. Mestres da linguagem: Machado de Assis. *In*: CAMPOS, Maria do Carmo Campos (Org.). *Guilhermino Cesar*: memória e horizonte. Porto Alegre: Ed. da UFRGS, 2010. p. 5.

CLEMENTE, Elvo. *Pilares da PUCRS*. Porto Alegre: EDIPUCRS, 2001.

CHAVES, Flávio Loureiro. Guilhermino. *In*: CAMPOS, Maria do Carmo Campos (Org.). *Guilhermino Cesar*: memória e horizonte. Porto Alegre: Ed.da UFRGS, 2010. p. 79-85.

COMPAGNON, Antoine. *Literatura para quê?* Trad. Laura Taddei Brandini. Belo Horizonte: Ed. da UFMG, 2012.

COMPAGNON, Antoine. *O demônio da teoria*: literatura e senso comum. Trad. Cleonice Pires Barreto Mourão, Consuelo Fortes Santiago. Belo Horizonte: Ed. da UFMG, 2012.

CONSELHO FEDERAL DE EDUCAÇÃO. Indicação n. 23. *Documenta*, n. 50, abr. 1966, p. 84.

CUNHA, Luiz Antônio. A *universidade temporã*: o ensino superior da Colônia à Era de Vargas. Rio de Janeiro: Civilização Brasileira, 1980.

DEPARTAMENTO DE LETRAS MODERNAS. Universidade de São Paulo. *Plano de objetivos e metas, 2010–2012*. São Paulo, 2009. Disponível em: http://dlm.fflch.usp.br/sites/dlm.fflch.usp.br/files/Plano%20Objetivos-Metras-2010-2012_0.doc. Acesso em: 12 abr. 2015.

DESENVOLVIMENTO do ensino secundário. *Revista Brasileira de Estudos Pedagógicos*. Rio de Janeiro: Instituto Nacional de Estudos Pedagógicos. Ministério da Educação e Saúde. v. 8, n. 23, jul./ago. 1946, p. 231-233.

DREYFUS, A. A Faculdade de Filosofia, Ciências e Letras da Universidade de São Paulo e sua reforma. *Revista Brasileira de Estudos Pedagógicos*. Rio de Janeiro, v. X, n. 26, jan./fev. 1947.

FACULDADE LIVRE DE EDUCAÇÃO, CIÊNCIAS E LETRAS DE PORTO ALEGRE. *Corpo docente de 1940, com as alterações havidas*. Arquivo morto da Faculdade de Filosofia e Ciências Humanas da Pontifícia Universidade Católica do Rio Grande do Sul, 1940a. [Datilografado].

FACULDADE LIVRE DE EDUCAÇÃO, CIÊNCIAS E LETRAS DE PORTO ALEGRE. *Programa de Literatura Brasileira*. Ano letivo de 1940. Curso de Letras clássicas. 1ª série. Prof. Dr. Francisco Juruena. Porto Alegre, 1940b. [Datilografado].

FACULDADE CATÓLICA DE FILOSOFIA DO RIO GRANDE DO SUL. *Anais*. Porto Alegre: Livraria Continente, 1945.

FACULDADES CATÓLICAS DE PORTO ALEGRE. *Anais*. Porto Alegre: Livraria Continente, 1948.

FIORIN, José Luiz. A criação dos cursos de Letras no Brasil e as primeiras orientações da pesquisa linguística universitária. *Línguas e Letras*, Cascavel, v. 7, n. 12, p. 11-25, 2006.

HESSEL, Lothar Francisco; MOREIRA, Earle Diniz Macarthy. *Faculdade de Filosofia*: 25 anos de atividade (1942–1967). Porto Alegre: Ed. da UFRGS, 1967.

LAYTANO, Dante de. Bibliografia do Rio Grande do Sul: obras de literatura. *Boletim Bibliográfico da Biblioteca Central da Universidade de Porto Alegre*, ano 1, n. 1, p. 59-84, 1945.

MANSAN, Jaime Valim. *Os expurgos na UFRGS*: afastamentos sumários de professores no contexto da ditadura civil-militar (1964 e 1969). Dissertação (Mestrado em História) – Pontifícia Universidade Católica do Rio Grande do Sul, Porto Alegre, 2009.

MEYER, Arno. A *força da tradição*: a persistência do Antigo Regime, 1848–1914. Trad. Denise Bottman. São Paulo: Companhia das Letras, 1987.

NUÑES, Antônio Cláudio. A face oculta da luta (a universidade e a ditadura). *In*: GUEDES, Paulo Coimbra; SANGUINETTI, Yvonne (Org.). *UFRGS*: identidade e memórias. 1934–1994. Porto Alegre: Ed. da Universidade/UFRGS, 1994.

PAIVA, Vera Lúcia Menezes de Oliveira e. O novo perfil dos cursos de licenciatura em Letras. *In*: TOMICH, L. M. *et al.* (Org.). *A interculturalidade no ensino de inglês*. Florianópolis: Ed. da UFSC, 2005. p. 345-363.

PICCOLO, Helga Iracema Landgraf. Inauguração do retrato do prof. Angelo Ricci. *In*: UNIVERSIDADE FEDERAL DO RIO

GRANDE DO SUL. *Instituto de Filosofia e Ciências Humanas*. Edição comemorativa. Porto Alegre: Ed. da UFRGS, 1993. p. 95-103.

PICCOLO, Helga Iracema Landgraf. "Lembranças (d)e vivências". *In*: GUEDES, Paulo Coimbra; SANGUINETTI, Yvonne (Org.). *UFRGS*: identidade e memórias 1934–1994. Porto Alegre: Ed. da Universidade/UFRGS, 1994, p. 31-35.

PICCOLO, Helga Iracema Landgraf. Lembranças (d)e vivências/2. *In*: UNIVERSIDADE FEDERAL DO RIO GRANDE DO SUL. *Instituto de Filosofia e Ciências Humanas da UFRGS*: memória, saber e cidadania. Porto Alegre: Ed. da UFRGS, 2004. p. 16-41.

PILLA, Luís. *Esboço de um plano orientador para a Faculdade de Filosofia da URGS* [*sic*]. Apresentado ao senhor Diretor e lido perante a Congregação a 25 de maio de 1963. Porto Alegre, 1963. [Datilografado].

PONTIFÍCIA UNIVERSIDADE CATÓLICA DO RIO GRANDE DO SUL. *25 anos de universidade*: 1948–1973. Porto Alegre: PUCRS, 1973.

PONTIFÍCIA UNIVERSIDADE CATÓLICA DO RIO GRANDE DO SUL. *Programa da cadeira de Metodologia da Pesquisa Linguística*. Curso de Letras. Porto Alegre, 1968a. [Datilografado].

PONTIFÍCIA UNIVERSIDADE CATÓLICA DO RIO GRANDE DO SUL. *Viagens internacionais do corpo docente para viagens culturais, estágios e congressos*. Porto Alegre, 1968b. [Datilografado].

PONTIFÍCIA UNIVERSIDADE CATÓLICA DO RIO GRANDE DO SUL. *Conferências e seminários do Prof. Paul Rivenc, professor de Linguística da Universidade de Toulouse*. 20 a de 30 de maio 1968. Porto Alegre, 1968c. [Datilografado].

PONTIFÍCIA UNIVERSIDADE CATÓLICA DO RIO GRANDE DO SUL. *Anuário da Pontifícia Universidade Católica do Rio Grande do Sul*. Porto Alegre: PUCRS, 1967.

PONTIFÍCIA UNIVERSIDADE CATÓLICA DO RIO GRANDE DO SUL. *Anuário da Pontifícia Universidade Católica do Rio Grande do Sul*. Porto Alegre: PUCRS, 1966.

PONTIFÍCIA UNIVERSIDADE CATÓLICA DO RIO GRANDE DO SUL. *Quadro do corpo docente*. Ano letivo de 1964. Porto Alegre, 1964. [Datilografado].

PONTIFÍCIA UNIVERSIDADE CATÓLICA DO RIO GRANDE DO SUL. *Cadeira: Teoria Literária*. Curso de Letras. Primeira, segunda e terceira séries. 1964. Porto Alegre, 1963a. [Datilografado].

PONTIFÍCIA UNIVERSIDADE CATÓLICA DO RIO GRANDE DO SUL. *Cadeira: Linguística*. Curso de Letras. Primeira, segunda e terceira séries. 1964. Porto Alegre, 1963b. [Datilografado].

PROFESSOR de Heidelberg falou aqui sobre a obra de B. Brecht. 29 set. 1968. [Recorte de jornal].

PROGRAMA do prof Friedrich Irmen. 27 set. 1968. [Recorte de jornal].

RAZZINI, Márcia de Paula Gregório. *O espelho da nação*: a antologia nacional e o ensino de Português e de Literatura (1838–1971). Tese (Doutorado em Letras) – Universidade Estadual de Campinas, Campinas, 2000.

REGIMENTO da Faculdade Nacional de Filosofia da Universidade do Brasil. *Revista Brasileira de Estudos Pedagógicos*. Rio de Janeiro: Instituto Nacional de Estudos Pedagógicos. Ministério da Educação e Saúde. v. 11, n. 31, p. 587-638, nov./dez. 1947.

RIO GRANDE DO SUL. Secretaria da Educação e Cultura. Departamento de Assuntos Universitários. *Configuração do ensino de 3º grau no Rio Grande do Sul*. Maio de 1974. Porto Alegre: [*s.n.*], 1974.

SOARES, Mozart Pereira, SILVA, Pery Pinto Diniz da. *Memória da Universidade Federal do Rio Grande do Sul*: 1934–1964. Porto Alegre: Ed. da UFRGS, 1992.

UNIVERSIDADE DE PORTO ALEGRE. *Processo de verificação para efeito de autorização federal para o funcionamento dos cursos de Filosofia, Pedagogia, Geografia e História, Letras Clássicas, Letras Neo-Latinas e Letras Anglo-Germânicas*. Relatório remetido no dia 26 de dezembro de 1942. Porto Alegre, 1942.

UNIVERSIDADE FEDERAL DO RIO GRANDE DO SUL. *Catálogo dos cursos de graduação 1979*. Porto Alegre: Edições UFRGS, 1979.

UNIVERSIDADE FEDERAL DO RIO GRANDE DO SUL. *Catálogo de cursos 1973*. Porto Alegre: Edições UFRGS, 1973.

UNIVERSIDADE FEDERAL DO RIO GRANDE DO SUL. *Guia de matrículas 1975/1976*. Porto Alegre: Edições UFRGS, 1975/1976.

UNIVERSIDADE DO RIO GRANDE DO SUL. *Anuário de 1955*. Porto Alegre: URGS, 1956a.

UNIVERSIDADE DO RIO GRANDE DO SUL. *Boletim Universitário*. Departamento de Educação e Ensino. Porto Alegre, ano II, v. 1, jan. 1956b.

UNIVERSIDADE DO RIO GRANDE DO SUL. *Curso de férias*: programas. Julho de 1949. Porto Alegre: Departamento Cultural, 1949. [Folheto].

# Autores do volume

## Carla Cristiane Martins Vianna

Professora do Instituto Federal de Educação, Ciência e Tecnologia Sul-Rio-Grandense (IFSul, *campus* Novo Hamburgo). Graduada, mestre e doutora em Letras pela Universidade Federal do Rio Grande do Sul (UFRGS). Autora do posfácio e das notas de rodapé da edição de *Quincas Borba*, de Machado de Assis, pela L&PM.

## Carlos Cortez Minchillo

Professor no Departamento de Espanhol e Português de Dartmouth College (New Hampshire, EUA). Graduado em Letras Francês-Português pela Universidade de São Paulo (USP); mestre em Teoria e História Literária pela Universidade Estadual de Campinas (UNICAMP); doutor em Literatura Brasileira pela USP.

## Cássia Daiane Macedo da Silveira

Professora do Instituto de Filosofia e Ciências Humanas da Universidade Federal do Rio Grande do Sul (UFRGS). Licenciada, bacharel e mestre em História pela UFRGS; doutora em História Social pela Universidade Estadual de Campinas (UNICAMP). Tem experiência na área de História, com ênfase em História do Brasil República, atuando principalmente nos seguintes temas: história da literatura, história social da cultura, história dos intelectuais, imprensa e política.

### Daniel Baz dos Santos

Professor do Instituto Federal de Educação, Ciência e Tecnologia do Rio Grande do Sul (IFRS, *campus* Rio Grande). Graduado, mestre e doutor em Letras pela Universidade Federal do Rio Grande (FURG). Tem publicações de artigos e capítulos de livros nas áreas de história da literatura, literatura brasileira e histórias em quadrinhos. Poeta e cronista, é autor do livro de poemas *Antes que o mundo aconteça* (2016) e dos volumes de crônicas *Formas de fingir pássaros* (2021, finalista do Prêmio AGES Livro do Ano 2022) e *Da água que se faz onda e espelho* (2023).

### Elizabeth W. Rochadel Torresini

Foi professora da Pontifícia Universidade Católica do Rio Grande do Sul (PUCRS). Graduada e mestre em História pela PUCRS; doutora em História pela Universidade Federal do Rio Grande do Sul (UFRGS). Principais publicações: *Editora Globo*: uma aventura editorial nos anos 30 e 40 (1999); *História de um sucesso literário: Olhai os lírios do campo*, de Erico Verissimo (2003); *História e literatura*: ensaios (2007); *Construção do campo médico*: liberdade e regulamentação profissional (1891–1932) (2013). Curadora das exposições: "Por amor à vida: 100 anos de Erico Verissimo" (2005); "Hospital Moinhos de Vento: 80 anos de Porto Alegre" (2007); e "Ponto de memória: patrimônio inventariado e itinerários culturais da Lomba do Pinheiro" (2011). Atualmente, dedica-se à pesquisa histórica e à edição de livros.

### Fábio Augusto Steyer

Professor no Departamento de Estudos da Linguagem da Universidade Estadual de Ponta Grossa (UEPG), Paraná, atuando na graduação em Letras e na pós-graduação em Estudos da Linguagem. Graduado em Letras/Português, História e Comunicação

Social/Jornalismo pela Pontifícia Universidade Católica do Rio Grande do Sul (PUCRS), e Gastronomia (Unicesumar); especialista em Cinema pela PUCRS; mestre em História pela PUCRS; doutor em Letras/Literatura pela Universidade Federal do Rio Grande do Sul (UFRGS). Entre suas publicações, estão *Cinema, imprensa e sociedade em Porto Alegre* (1896–1930) (2001) e *Literatura e história: estudos sobre a formação do Brasil* (2015).

## Fernando Cerisara Gil

Professor de Literatura Brasileira da Universidade Federal do Paraná (UFPR) e pesquisador do CNPq. Graduado e mestre em Letras pela Universidade Federal do Rio Grande do Sul (UFRGS); doutor em Teoria e História Literária pela Universidade Estadual de Campinas (UNICAMP). Publicou *Ensaios sobre a formação do romance brasileiro: 1830–1901* (2014), *A matéria rural e a formação do romance brasileiro: configurações do romance rural* (2020) e *Pelo prisma rural: ensaios de literatura brasileira* (2023, vencedor do Prêmio Jabuti Acadêmico).

## João Luis Pereira Ourique

Professor da Universidade Federal de Pelotas (UFPel). Graduado em Letras-Português e Inglês, pelo Centro Universitário Franciscano, mestre em Letras pela Universidade Federal de Santa Maria (UFSM), doutor em Letras (UFSM) e estágios de pós-doutorado realizados na Universidade Federal do Rio Grande do Sul (UFRGS) e na Universidade Federal de Minas Gerais (UFMG). Líder do grupo de pesquisa do CNPq “Ícaro” (UFPel) e pesquisador dos grupos de pesquisa do CNPq “Literatura e Autoritarismo” (UFSM) e “História da Literatura do Rio Grande do Sul” (UFRGS). É um dos editores da revista eletrônica *Literatura e Autoritarismo*.

## Juliana Santos

Foi professora na Faculdade Porto-Alegrense (FAPA), no Centro Universitário Ritter dos Reis (UNIRITTER), no Centro Universitário Cenecista de Osório (UNICNEC) e no Instituto Federal de Educação, Ciência e Tecnologia do Rio Grande do Sul (IFRS, *campus* Bento Gonçalves). Graduada, mestre e doutora em Letras pela Universidade Federal do Rio Grande do Sul (UFRGS). Pós-doutorado junto à Fundação Biblioteca Nacional sobre o tema "O romance de formação feminino no Brasil: de 1930 a 1950".

## Luciana Murari

Professora de História da Escola de Humanidades da Pontifícia Universidade Católica do Rio Grande do Sul (PUCRS), onde atua no Programa de Pós-Graduação em História. Graduada em Ciências Econômicas e mestre em História pela Universidade Federal de Minas Gerais (UFMG); doutora em História Social pela Universidade de São Paulo (USP). Pós-doutorado em História pela PUCRS. Autora de *Brasil, ficção geográfica: ciência e nacionalidade no país d'Os Sertões* (2007) e *Natureza e cultura no Brasil* (2009), além de capítulos de livros e de diversos artigos publicados em periódicos nacionais e estrangeiros. Desde março de 2013 é bolsista de produtividade em pesquisa do CNPq.

## Luís Augusto Fischer

Professor de Literatura Brasileira da Universidade Federal do Rio Grande do Sul (UFRGS). Graduado, mestre e doutor em Letras pela UFRGS. Estágio de pós-doutorado na Sorbonne, Paris VI (2014–2015), França. Professor visitante na Universidade de Princeton (2023), EUA. Autor de vários livros, entre os quais *Machado e Borges* (Arquipélago, 2008), *Duas formações, uma história: das "ideias fora do lugar" ao "perspectivismo ameríndio"* (Arquipélago, 2021) e A *ideologia modernista: a Semana de 22 e sua consagração* (Todavia, 2022).

## Luís Bueno

Professor de Literatura Brasileira na Universidade Federal do Paraná (UFPR) e bolsista produtividade do CNPq. Graduado em Letras, mestre e doutor em Teoria e História Literária pela Universidade Estadual de Campinas (UNICAMP). Publicou, entre outros, o livro *Uma história do Romance de 30* (2006), *Capas de Santa Rosa* (2016) e o romance *Paradeiro* (2018).

## Paulo Becker

Professor da Universidade de Passo Fundo (UPF). Graduado em Letras pela Universidade Federal do Rio Grande do Sul (UFRGS); mestre e doutor em Letras (Teoria da Literatura) pela Pontifícia Universidade Católica do Rio Grande do Sul (PUCRS).

## Pedro Brum Santos

Professor da Universidade Federal de Santa Maria (UFSM) e bolsista produtividade do CNPq. Graduado em Letras pelo Centro Universitário Franciscano; mestre e doutor em Letras (Teoria da Literatura) pela Pontifícia Universidade Católica do Rio Grande do Sul (PUCRS). Pós-doutorado no Departamento de Letras Clássicas e Vernáculas da Universidade de São Paulo (USP), com a pesquisa "O romance histórico no Brasil" (2007). Coordena o grupo "Literatura e História" e o projeto "Literatura, memória e realidade: tensões do Brasil moderno na ficção do século XX".

## Sergius Gonzaga

Professor de Literatura Brasileira no Instituto de Letras da Universidade Federal do Rio Grande do Sul (UFRGS). Graduado e doutor em Letras pela UFRGS. Autor de vários estudos sobre literatura brasileira e latino-americana. Publicou, entre outros livros, *Curso de literatura brasileira* (2004).

## Soraya Patricia Rossi Bragança

Foi professora na Universidade Estadual do Rio Grande do Sul (UERGS). Bacharel e licenciada em Letras pela Pontifícia Universidade Católica do Rio Grande do Sul (PUCRS); especialista em Organização de Arquivos pela Universidade de São Paulo (USP); mestre e doutora em Letras pela PUCRS. Coordenou o Acervo Literário Pedro Geraldo Escosteguy (ALPGE), de 1994 a 2008.

Este livro foi composto com fonte tipográfica
Transit BT 11pt e impresso sob papel pólen 80g/$m^2$
pela Pallotti, em Porto Alegre, às vésperas da
70º Feira do Livro, na primavera de 2024.